LA
GUERRE DE 1870-1871

CAUSES ET RESPONSABILITÉS

PAR

A. DUCHATEL

PARIS

AUGUSTE GHIO, ÉDITEUR

PALAIS-ROYAL, 1, 3, 5 ET 7, GALERIE D'ORLÉANS

1889

LA GUERRE DE 1870-1871

LA
GUERRE DE 1870-1871

CAUSES ET RESPONSABILITÉS

PAR

A. DUCHATEL

PARIS

AUGUSTE GHIO, EDITEUR

PALAIS-ROYAL, 1, 3, 5 ET 7, GALERIE D'ORLÉANS

1889

INTRODUCTION

La guerre de 1870-1871 a causé à la France des désastres tels que l'histoire a eu rarement à en enregistrer de pareils. Les conséquences de cette guerre ont pesé et pèseront bien longtemps encore sur ses destinées. La responsabilité en est tellement grande, qu'il ne faut pas s'étonner que chaque parti cherche à en rejeter le fardeau sur ses adversaires politiques.

La guerre inopinément déclarée, lorsque peu de temps avant le gouvernement avait affirmé ses intentions pacifiques ; nos armées manquant de tout, disséminées, mal commandées ; les populations abandonnées sans défense ; les défaites immédiates, successives ; le territoire envahi ; les villes fortes assiégées et prises ; des armées entières prisonnières avec leur matériel de guerre ; le chef de l'État se rendant au vainqueur et laissant la France sans armées et sans soldats ; Paris bloqué, bombardé et pris ; trente départements en proie aux horreurs de l'invasion, des réquisitions et de la dévastation ; cinq milliards de rançon payés à l'ennemi ; autant dépensés en frais de guerre et en perte de matériel ; enfin et surtout, deux provinces perdues en même temps que notre prestige militaire.

Tel est le bilan de cette guerre désastreuse.

Sur qui doit peser la responsabilité de tant de deuil, de sang répandu, de douleurs et de misères ?

Aux termes de la constitution faite par lui-même, l'Empereur était seul responsable devant la nation des actes de son gouvernement, seul il avait le droit de demander compte à ses ministres de leur gestion des affaires publiques, à laquelle du reste il ne cessa de présider, et de prendre la plus large part.

Je ne crois pas que l'histoire doive se renfermer dans ce cercle étroit : je crois au contraire qu'elle a le devoir de rechercher, en dehors de la responsabilité légale qui incombe au souverain, la part encourue par ceux qui, investis de sa confiance, l'ont aidé à préparer ou à déterminer cette horrible catastrophe.

Il me paraît qu'il convient aussi de rechercher les causes de l'état pitoyable dans lequel se trouvait notre armée lors de son entrée en campagne, et les faits généraux relatifs au commandement supérieur.

Il faut également savoir comment s'est faite la révolution du 4 septembre, si elle pouvait être évitée, si, après Sedan, la paix était possible et à quelles conditions, et enfin, comment le gouvernement nouveau a rempli jusqu'à la fin des hostilités le pouvoir que les événements lui avaient imposé.

En 1871, l'Assemblée nationale nomma une commission d'enquête à laquelle elle donna mission de rechercher les causes de nos défaites. La plupart des hommes qui, à divers titres, prirent part à ces événements furent appelés à déposer devant elle, et à lui fournir leurs explications ou justifications. D'autres révélations se sont produites depuis qui ont jeté un jour plus complet sur cette époque.

Cette page douloureuse de notre histoire contemporaine, qui devrait être connue de tous, l'est à peine de quelques-uns. D'abord les événements se sont accomplis avec une rapidité telle qu'il eût été difficile alors de les bien étudier. Ensuite et surtout, les écrivains qui depuis ont décrit ces événements n'ont abordé et élucidé que des questions spéciales. De là pour le lecteur désireux de se rendre un compte exact des responsabilités de nos désastres, la nécessité d'avoir recours à une grande quantité de sources d'informations qu'il lui est bien difficile de se procurer, et qui exigerait beaucoup de temps.

J'ai essayé de combler cette lacune.

Dans ce but j'ai étudié avec le plus grand soin, d'abord tous les documents officiels relatifs à la politique extérieure de l'Empire, et surtout ceux ayant trait à la préparation et à la déclaration de cette guerre néfaste, ensuite tous les témoignages qui se sont produits jusqu'à ce jour, et enfin la plus grande partie des ouvrages qu'ont publiés des hommes auxquels leur situation d'alors a permis de jeter un certain jour sur les causes de nos désastres.

J'ai résumé avec impartialité et condensé dans le moins de pages possibles le résultat de l'étude de tous ces documents, et c'est ce travail, qui défie tout démenti appuyé de preuves, que j'offre au lecteur désireux de connaître l'une des pages les plus importantes et les plus tristes de notre histoire contemporaine.

Laissant à d'autres le soin d'écrire l'histoire complète du second Empire, je me suis borné à l'exposé des faits corrélatifs de la guerre de 1870-1871 et sans m'occuper, à partir du siège de Paris, de ceux qui se sont accomplis en province et qui, au point de vue des responsabilités générales, n'ont qu'une importance relative.

Depuis la paix, le parti le plus intéressé à intervertir les rôles n'a pas manqué de le faire en répandant à profusion, surtout dans nos campagnes, les affirmations les plus contraires à la vérité.

Ayant les documents sous les yeux, le lecteur jugera et fera lui-même à chacun sa part de responsabilité dans nos désastres.

DUCHATEL.

Juin 1888.

LA GUERRE DE 1870-1871

—

CAUSES ET RESPONSABILITÉS

Origine de l'Empire.

Avant de commencer l'exposé des faits ayant un rapport direct avec les événements de 1870-1871, il nous paraît nécessaire de rappeler brièvement, d'abord, les moyens à l'aide desquels Louis-Napoléon Bonaparte devint empereur des Français, et ensuite les traits principaux de la politique extérieure de la France qui ont précédé et préparé la catastrophe finale.

Louis-Napoléon, par ses tentatives de Strasbourg et de Boulogne, avait témoigné depuis longtemps son désir de rétablir en France, et à son profit, le trône de Napoléon Ier.

Rentré en France, à la suite de la révolution de 1848, il fut peu de temps après nommé député, et ensuite président de la République. En cette qualité, il prêta le serment suivant : « En présence de Dieu et des hommes, « et devant le peuple français représenté par l'Assem- « blée nationale, je jure fidélité à la République démo- « cratique et de défendre la Constitution. »

Louis-Napoléon qui, pendant sa captivité à Ham, avait dans divers écrits affiché des idées très libérales, et même socialistes, ne tarda pas, arrivé au pouvoir, à en manifester de toutes contraires. Aidé par une nouvelle assemblée dont la majorité était animée de sentiments réactionnaires, il fit l'expédition de Rome au profit de la papauté, des lois restreignant la liberté de la presse, et surtout, il fit proposer par ses ministres et il promulgua la loi dite du 31 mai 1850 qui supprimait trois millions d'électeurs.

En 1851, la République n'était contestée par personne, sinon par celui-là même qui avait juré de la défendre. Au lieu d'exécuter loyalement son mandat constitutionnel, Louis-Napoléon laissait percer en toutes circonstances son désir d'être le seul maître. Son entourage affectait de l'appeler : prince et Monseigneur, et marquait ainsi une hostilité à peine déguisée contre l'Assemblée.

Tout fonctionnaire suspecté d'être sympathique à cette dernière était par lui remplacé par un autre notoirement hostile. C'est ainsi qu'il révoqua le général Changarnier de ses fonctions de commandant des forces militaires de Paris.

Ses embarras d'argent n'étaient un secret pour personne ; mais ce qui surtout rendait sa situation précaire, c'est que ses pouvoirs présidentiels devaient expirer en mai 1852, et que la Constitution prescrivait un intervalle de quatre années avant une nouvelle réélection.

Louis Napoléon passait des revues à Satory pendant lesquelles des soldats criaient impunément : vive Napoléon, vive l'Empereur ! L'Assemblée nationale, ne se sentant plus protégée par le pouvoir exécutif, se vit forcée de pourvoir elle-même à sa sécurité en constituant une commission de permanence, et en donnant à ses questeurs le droit de requérir au besoin la force armée pour l'assurer.

Ce fut dans ces circonstances que M. Thiers prononça ces paroles prophétiques : « l'Empire est fait ». L'événement devait bientôt lui donner raison.

Dans la nuit du 2 décembre 1851, violant son serment de fidélité à la République et toutes les lois constitutionnelles, Louis-Napoléon fit arrêter et emprisonner les députés et les généraux qu'il savait les plus capables de résister à ses projets. Les citoyens qui essayèrent de défendre la loi furent traités d'insurgés et massacrés de la façon la plus impitoyable. La France entière fut mise en état de siège, les journaux hostiles furent supprimés, des déportations en masse eurent lieu, et enfin, sous l'empire d'une terreur générale, le suffrage universel ratifia ce coup d'État. Un an plus tard, il vota le rétablissement de l'empire, et Louis-Napoléon Bonaparte atteignait son but en devenant l'empereur Napoléon III.

Tels furent les moyens criminels à l'aide desquels fut renversée la République de 1848 pour faire place au régime autoritaire et personnel que nous allons juger par ses actes.

Les partisans du nouveau régime, pour en justifier l'origine, ont prétendu depuis que Louis-Napoléon en faisant son coup d'État avait sauvé la France de l'anarchie, et n'avait fait que se défendre contre les projets de l'Assemblée. Il est facile d'invoquer en faveur d'un accusé le cas de légitime défense, mais ce moyen n'a de valeur qu'autant qu'il est bien établi, et c'est ce qu'on n'a jamais pu faire.

Malgré les sujets de mécontentement donnés aux républicains par la politique réactionnaire d'alors, le calme le plus complet régnait partout. La France ne demandait qu'à travailler paisiblement. Tous les pouvoirs publics étaient debout et fonctionnaient régulièrement. Les magistrats rendaient la justice ; l'armée ne demandait qu'à faire son devoir en assurant la sécurité des pouvoirs publics et le maintien du bon ordre.

Le 25 novembre 1851, soit sept jours avant son coup d'État, s'adressant aux exposants français de Londres réunis à Paris dans la salle du Cirque, Louis-Napoléon président de la République leur disait : « Entreprenez sans crainte de nouveaux travaux, ils « empêcheront le chômage cet hiver. Ne doutez pas de « l'avenir, la tranquillité sera maintenue quoi qu'il « arrive. »

Nous le demandons à tout homme de bonne foi, le chef de l'État aurait-il tenu un pareil langage dans un pays en proie à une anarchie morale prête à dégénérer en anarchie matérielle ? évidemment non.

Il ne devait pas en outre éprouver de craintes sérieuses pour lui-même d'une assemblée hétérogène, peu sympathique à la population parisienne. Sur le terrain légal et constitutionnel, ayant le commandement en chef de l'armée, il n'avait absolument rien à redouter.

Le coup d'État ne saurait donc être justifié, et il sera toujours considéré comme un crime, commis pour satisfaire l'ambition personnelle d'un homme porteur d'un grand nom.

Le clergé acclama le succès, et chanta des *Te Deum* en son honneur. Tout commentaire serait inutile.

Politique extérieure de l'Empire.

Les grandes puissances de l'Europe ont toutes un idéal, un but à atteindre.

L'Angleterre poursuit la domination sur toutes les mers au profit de son immense commerce. Rien ne peut l'en détourner ; elle la poursuit avec un soin jaloux, s'emparant de tous les points stratégiques du globe à sa convenance pour l'assurer.

La Russie, dépositaire du testament de Pierre le Grand, vise la domination à Constantinople, et ne cesse d'agrandir ses possessions en Orient.

La Prusse, depuis sa défaite d'Iéna en 1806, a poursuivi sans relâche son organisation militaire en vue d'assurer sa prépondérance dans la confédération, et finalement, les circonstances aidant, restaurer l'empire germanique au profit des Hohenzollern.

L'Autriche, au faîte de sa puissance, avait l'ambition de maintenir sous son sceptre les nations hétérogènes qui composaient l'empire des Habsbourg.

La France, elle aussi, avait un but, un idéal à réaliser.

Depuis que les traités de 1815 lui avaient été imposés à la suite de la chute du premier Empire, en présence de l'agrandissement des autres puissances de l'Europe, la France, aiguillonnée par le sentiment de sa sécurité, ambitionnait ce qu'on appelait ses limites naturelles : le Rhin et les Alpes. Ces limites faisaient en quelque sorte partie du domaine national.

En se rappelant que pendant sa captivité de Ham le nouvel empereur dans l'un de ses écrits : *les Idées napoléoniennes*, avait qualifié les traités de 1815 de **traités maudits**, on devait croire que, moins pusillanime que le roi Louis-Philippe, il se proposerait comme but de sa politique extérieure l'abrogation de ces mêmes traités.

Par son avènement au trône, après un coup d'État dont l'accomplissement avait révélé chez son auteur une combinaison de moyens d'une grande conception, Napoléon III produisit comme un éblouissement, non-seulement en France, mais encore en Europe où il gagna les souverains eux-mêmes. Toutefois, cette prévention favorable ne tarda pas à disparaître aux yeux des esprits réfléchis qui, ne se contentant pas des apparences, regardent au fond des choses.

Après avoir dit à Bordeaux : L'Empire c'est la paix, une année ne s'était pas écoulée que, allié avec les Anglais, il déclarait la guerre à la Russie.

On connaît le but que poursuivait l'Angleterre : détruire la marine russe naissante, entraver la Russie dans son expansion vers l'Orient, et trouver dans son affaiblissement des garanties pour la libre communication avec ses possessions des Indes.

L'Angleterre, puissance exclusivement maritime, ne pouvait rien, seule contre la Russie ; notre alliance lui était donc indispensable.

La nation française ayant absous le coup d'État et reconnu à l'Empereur seul le droit de déclarer la guerre et de faire la paix, il n'eut besoin de consulter personne pour s'allier à l'Angleterre et déclarer la guerre à la Russie.

Comment s'expliquer une telle agression contre une puissance qui fut toujours considérée comme l'alliée naturelle de la France, et qu'aucun intérêt français ne justifiait ?·

Était-ce par sympathie pour la Turquie et les Musulmans ? évidemment non. Les motifs de cette guerre, qui a coûté à la France cent mille hommes et trois emprunts de 500 millions chacun, étaient surtout des motifs personnels à l'Empereur.

L'empereur de Russie Nicolas Ier avait été le dernier souverain de l'Europe qui consentît à reconnaître le nouvel empire français, et il avait manifesté son aversion pour Napoléon III jusqu'à refuser de l'appeler : Mon bon frère, selon l'usage entre souverains.

De là un ressentiment violent que les Anglais surent exploiter fort habilement. Napoléon III rêvait en outre pour son règne l'éclat des victoires militaires qui avaient illustré celui de son oncle.

C'est ainsi que par la volonté de son empereur, la France fut lancée dans une guerre meurtrière et coûteuse, et qui, à part la gloire de nos armes,ne pouvait dans aucun cas lui être profitable.

Après la prise de Sébastopol, l'Empereur comprit sans doute sa faute, car tandis qu'après la destruction de la plus grande partie des forces navales russes du midi, les Anglais voulaient continuer la guerre pour obtenir le même résultat au nord, il les obligeait à faire la paix à des conditions humiliantes pour la Russie, et sans aucune compensation pour la France.

On voit que les débuts de l'Empire ne furent pas heureux.

L'empereur de Russie Nicolas Ier mourut de chagrin avant la paix de 1856, léguant à son fils Alexandre II le soin de le venger et de réparer les défaites infligées aux armées russes. On verra comment en 1870 il s'acquitta de cette mission, en assurant à la Prusse une neutralité bienveillante qui lui permit d'utiliser contre nous, en toute sécurité, les forces de l'Allemagne entière.

Profitant des événements et de l'état général de l'Europe, au mois de novembre 1870, la Russie dénonça le traité de 1856 dont les clauses qui lui étaient le plus défavorables furent abrogées par une conférence européenne, réunie à Londres au commencement de l'année 1871.

La guerre d'Italie.

Les traités de 1815 avaient replacé sous la domination de l'Autriche les provinces italiennes Lombardo-Vénitiennes, mais ces populations, n'ayant avec les dominateurs aucune affinité d'origine, de mœurs ou de langage, avaient toujours supporté à regret le joug des Autrichiens.

Les souverains des autres États composant l'Italie, partisans du système politique de l'Autriche, ayant besoin de son appui pour maintenir leurs sujets dans l'obéissance, s'étaient mis volontairement à la remorque de cette puissance, et lui avaient même accordé par des traités le droit de tenir garnison dans certaines villes, telles que Plaisance et Parme. Le Pape de son côté lui avait aussi concédé celui d'occuper Ferrare et Bologne, pour maintenir les populations des Romagnes.

L'Autriche exerçait par suite sur la plus grande partie des États de l'Italie une influence prépondérante.

Le Piémont seul avait résisté à cette absorption morale, et arborant fièrement le drapeau du libéralisme, avait doté ses États d'une constitution et d'un gouvernement parlementaire, en opposition complète avec le despotisme qui existait dans tous les autres États de l'Italie. Il était par suite devenu le défenseur des populations opprimées et de l'indépendance italienne.

Telle était la cause de l'antagonisme qui existait depuis longtemps entre l'Autriche et le Piémont.

En 1848, après la révolution de Février, les provinces Lombardo-Vénitiennes essayèrent de secouer le joug de l'Autriche ; le roi de Piémont Charles-Albert se porta à leur secours, mais vaincu à Novarre le 23 mars 1849, il abdiqua en faveur de son fils Victor-Emmanuel, et mourut peu de temps après. Son fils jura sur la tombe de son père de sacrifier sa vie, lui aussi, à la délivrance de l'Italie.

A la même époque, les populations des Etats romains réclamèrent du souverain pontife des réformes libérales et une administration laïque. Ne voulant ou ne pouvant y souscrire, le pape Pie IX abandonna ses États le 16 novembre et se retira à Gaëte dans le royaume de Naples.

Un gouvernement provisoire fut installé, et une assemblée constituante fut convoquée. Elle se réunit le 6 février 1849, et, à la majorité de 143 voix contre 11, elle vota la déchéance du Pape comme souverain temporel, mais avec la garantie de son indépendance comme souverain spirituel, et enfin elle proclama la République.

Le Pape y répondit en faisant appel aux puissances catholiques pour le rétablissement de son pouvoir temporel.

Ne voulant pas abandonner cette tâche à l'Autriche, Louis Napoléon-Bonaparte, président de la République française, se chargea de l'entreprise, sous prétexte de protéger le souverain pontife. Au moment où l'assemblée constituante de Rome venait de promulguer la nouvelle constitution qu'elle avait élaborée, Louis-Napoléon fit bombarder Rome qui fut prise quelque temps après, et après une défense héroïque.

Le gouvernement des cardinaux, à l'abri des bayonnettes françaises, se livra à une réaction effroyable. Louis-Napoléon essaya de la modérer, et adressa le 18 août 1849 au colonel Edgar Ney une lettre rendue publique, dans laquelle il indiquait les réformes qu'il jugeait nécessaire d'introduire dans les États romains et qu'il définissait en disant : « Je résume ainsi le pouvoir temporel du Pape : amnistie générale, sécularisation · de l'administration, code Napoléon et gouvernement libéral. »

Le Saint-Père refusa de faire ces réformes qu'il jugea incompatibles avec les doctrines de l'Eglise. Il fit plus, il manifesta en toutes circonstances son peu de sympathie pour les Français, qu'il aurait voulu voir remplacés à Rome par des Autrichiens.

En 1853, lors de la guerre de Crimée, le roi Victor-Emmanuel secondé par le comte de Cavour, homme d'État d'une rare capacité, déclara la guerre à la Russie sans avoir contre cette puissance le moindre grief, dans le but unique de complaire à l'empereur Napoléon, mais avec la secrète espérance de lui faire payer plus tard ce service par un concours bien autrement important.

Le Piémont, comme belligérant, fut admis à prendre part au congrès de Paris en 1856. M. de Cavour profita de la circonstance pour y soulever la question des relations déjà fort difficiles entre le Piémont et l'Autriche, en même temps qu'il se fit l'écho des plaintes des populations des États romains contre le gouvernement du Pape.

Le mariage du prince Napoléon avec la fille du roi Victor-Emmanuel, qui eut lieu le 30 janvier 1859, acheva de consolider les bonnes relations qui existaient déjà entre les deux maisons régnantes.

Les mesures que l'Autriche adopta depuis dans les provinces italiennes pour y comprimer le sentiment national, augmentèrent encore la tension des relations entre les deux États, au point qu'en décembre 1858 l'Autriche faisait des préparatifs de guerre alarmants pour le Piémont, et qui obligeaient cet État à des mesures défensives.

Le 23 avril 1859, l'Autriche adressa au Piémont une sommation d'avoir à désarmer dans les trois jours, avec menace d'employer la force pour l'y contraindre.

Le 26 avril, l'Empereur fit savoir à l'Autriche qu'il considérerait comme une déclaration de guerre à la France la violation de la frontière piémontaise. En même temps il faisait adresser aux Chambres la demande de porter le contingent de 100 à 140 mille hommes, et l'autorisation de contracter un emprunt de 500 millions.

Le 29 avril l'armée autrichienne passa la frontière.

La France ne devait pas évidemment laisser écraser le Piémont.

Ce petit État fut toujours considéré comme une tête de pont, comme un boulevard naturel sur les Alpes, indispensables à la sécurité de la France, et dont la perte nous aurait obligés à l'entretien d'une armée importante sur cette partie de nos frontières.

Dans quelles conditions la France devait-elle le secourir ? Telle était la question qui divisait les esprits.

Les uns, les catholiques, redoutant pour le pouvoir temporel du Pape les conséquences de l'intervention française, la voyaient d'un mauvais œil et avec les plus grandes appréhensions.

D'autres, connaissant les aspirations des populations italiennes vers l'unité, voyaient avec regret que la France allât aider cette unité et la constitution à nos portes d'une grande puissance, avec laquelle nous serions peut-être un jour obligés de compter. Ceux-là étaient les plus clairvoyants, mais les moins nombreux.

Par contre, tous les libéraux en France proclamaient à l'envie le principe de la souveraineté du peuple italien, et son droit de disposer librement de ses destinées ; mais ce droit, ils voulaient qu'il soit reconnu sans exception, aussi bien aux populations des États romains qu'à celles des autres provinces italiennes.

Dans la séance du 30 avril où furent votées les propositions du gouvernement, M. J. Favre rappela qu'en 1849, le gouvernement du Pape, repoussé des populations, leur fut imposé de nouveau ; il ajouta que dans sa pensée la guerre était faite pour chasser l'Autriche de l'Italie et lui rendre sa liberté, que déjà l'émotion qui venait de se produire avait renversé les trônes de deux des lieutenants de l'Autriche. Il demanda au gouvernement si on voulait les relever, et si, le gouvernement des cardinaux étant renversé, on verserait de nouveau le sang des Romains pour le rétablir.

M. Baroche rassura les députés catholiques au sujet du gouvernement du Saint-Père qui, dit-il, ne courait aucun risque, mais laissa sans réponse les questions posées par M. J. Favre.

L'annonce des événements qui se préparaient produisit dans toute l'Italie une émotion considérable. Depuis 1849 les troupes françaises tenaient garnison à Rome, où elles protégeaient le pouvoir temporel du Pape contre le mécontentement de ses sujets.

Dès le 25 avril des manifestations favorables à la guerre y avaient lieu, et le 27, le commandant des troupes françaises faisait connaître à la population que si ces manifestations se renouvelaient, elles seraient réprimées par la force.

Le 27 avril à Florence, des officiers supérieurs se réunirent et réclamèrent du grand-duc de Toscane de s'allier au Piémont dans la guerre contre l'Autriche ou d'abdiquer. Le grand-duc ne fit ni l'un ni l'autre, il abandonna ses États et se rendit à Vienne avec sa famille. Un gouvernement provisoire fut aussitôt installé, et il se plaça sous la protection du roi Victor-Emmanuel.

Il en fut bientôt de même dans le duché de Parme, et un peu plus tard dans celui de Modène.

En prenant le commandement de son armée le 27 avril, le roi Victor-Emmanuel lui adressa une proclamation qui se terminait ainsi : « Marchez donc con-« fiants dans la victoire et ornez de lauriers fraîche-« ment cueillis votre drapeau, ce drapeau qui, avec la « jeunesse d'élite accourue de toutes les parties de « l'Italie groupée sous ses plis, vous indique que vous « avez pour tâche l'**indépendance de l'Italie**, cette « œuvre sainte et juste qui sera votre cri de guerre. »

Une seconde proclamation du 30 adressée à la nation débutait ainsi :

Peuples d'Italie,

« L'Autriche attaque le Piémont parce qu'il a soutenu « la cause de la **patrie commune** dans les conseils de « l'Europe, et qu'il n'a pas été insensible à vos cris de « douleur.

« ..... Aujourd'hui en droit la **nation italienne** est li-« bre, et je puis accomplir le vœu que j'ai fait sur la « tombe de mon auguste père...

« ..... Je n'ai d'autre ambition que d'être le premier
« soldat de l'indépendance italienne. »

Le 3 mai l'empereur Napoléon fit notifier aux Chambres la déclaration de guerre qu'il faisait à l'Autriche

Le droit des populations.

Le *Moniteur* du 4 mai contenait une proclamation de
l'Empereur en date du 3, adressée à la nation, et dans
laquelle il disait : « L'Autriche, en faisant entrer son
« armée sur le territoire du roi de Sardaigne notre allié,
« nous déclare la guerre... l'Autriche a amené les choses
« à cette extrémité qu'il faut qu'elle domine jusqu'aux
« Alpes, ou que l'Italie soit libre jusqu'à l'Adriatique.

« Le but de cette guerre est donc **de rendre l'Ita-**
« **lie à elle-même** et non de la faire changer de maî-
« tre, et nous aurons à nos frontières un peuple ami qui
« nous devra son indépendance.

« Nous n'allons pas en Italie fomenter le désordre, ni
« ébranler le pouvoir du Saint-Père que nous avons
« replacé sur son trône, mais le soustraire à cette
« pression étrangère qui s'appesantit sur toute la Pé-
« ninsule ; contribuer à y fonder l'ordre sur des inté-
« rêts légitimes satisfaits....

« La Providence bénira nos efforts, car elle est
« sainte aux yeux de Dieu la cause qui s'appuie sur la
« justice, l'humanité, l'amour de la patrie et de **l'indé-**
« **pendance.**

Dans la proclamation de l'Empereur, comme dans
celles du roi Victor-Emmanuel, il n'est pas question
de limiter l'objet de la guerre à l'affranchissement des
provinces lombardo-vénitiennes, **mais bien de rendre**

l'Italie à elle-même et non de la faire changer de maître ; le but qu'on assigne à la guerre est d'obtenir **l'indépendance de la nation italienne.**

Quoique les deux souverains parussent d'accord sur le but de la guerre, à en juger d'après leurs proclamations, il est certain au contraire que ces mots : **indépendance de l'Italie,** avaient pour chacun d'eux une signification différente.

Le roi Victor-Emmanuel la comprenait par la libération du sol italien de la présence de l'étranger d'abord, mais aussi par l'introduction dans les États d'un régime libéral répondant dans sa pensée aux aspirations de l'Italie tout entière, et il ne se dissimulait pas l'opposition qu'y feraient les souverains actuels inféodés à l'Autriche.

En un mot il ne concevait pas qu'on puisse faire la guerre à cette puissance sans la faire en même temps à ses alliés dévoués.

L'Empereur, au contraire, raisonnait dans la croyance que les souverains des petits États italiens étaient sympathiques à leurs sujets, mais qu'ils étaient opprimés par l'Autriche, ce qui était tout à fait contraire à la réalité ; il ne pouvait cependant oublier que depuis 1849 le pouvoir temporel du Saint-Père ne subsistait que grâce à l'appui des bayonnettes étrangères, autrichiennes et françaises. Il savait aussi que le Pape avait toujours refusé d'introduire dans ses États ces réformes que lui-même avait recommandées dans sa lettre à Edgar Ney, et qui seules auraient pu lui concilier les sympathies qui lui manquaient comme souverain temporel.

Par suite de ce qui précède, pour Victor-Emmanuel le but de la guerre était de délivrer les populations de leurs souverains, et de les doter d'un gouvernement libéral, tandis que pour l'Empereur il s'agissait de délivrer les souverains de ce qu'il appelait l'oppression de l'Autriche.

Telle fut la cause des déceptions que les événements allaient bientôt lui infliger.

Les catholiques en France ne s'y trompèrent pas ; ils comprirent fort bien qu'une guerre entreprise pour l'affranchissement de l'Italie ébranlerait forcément le pouvoir temporel du Saint-Père.

De là leurs appréhensions et leurs alarmes.

Les libéraux, partisans avant tout de la souveraineté populaire, voyaient dans la reconnaissance de l'Italie affranchie par nos armes une garantie de sécurité pour la France.

Les événements militaires se précipitèrent. Le 4 juin les troupes franco-sardes remportèrent à Magenta une victoire éclatante sur les Autrichiens. Le lendemain 5, la population de Milan s'insurgea contre les autorités autrichiennes qui abandonnèrent la ville. L'Empereur et le roi Victor-Emmanuel y entrèrent le 7 en libérateurs aux acclamations enthousiastes de la population.

Le 8, l'Empereur adressa aux populations italiennes une proclamation dans laquelle il leur disait : « Je ne « viens pas avec un système préconçu pour déposséder « les souverains, ni pour vous imposer ma volonté.

« Mon armée ne s'occupera que de deux choses : « combattre vos ennemis et maintenir l'ordre intérieur. **« Elle ne mettra aucun obstacle à la manifestation « de vos vœux légitimes...** Unissez-vous donc dans « un seul but: l'affranchissement de votre pays. Organi- « sez-vous militairement. Volez sous les drapeaux du roi « Victor-Emmanuel, qui vous a déjà si noblement mon- « tré la voie de l'honneur. Souvenez-vous que sans dis- « cipline il n'y a pas d'armée, et, animés du feu sacré de

« la patrie, ne soyez aujourd'hui que soldats ; **demain**
« **vous serez citoyens libres d'un grand pays.** »

La victoire de Magenta et la proclamation de l'Empereur électrisèrent les populations italiennes. Cette agitation gagna même les provinces napolitaines les plus éloignées du théâtre de la guerre. Partout se développa chez elle le désir et l'espérance de se soustraire définitivement au joug de leurs gouvernants dévoués à l'Autriche, et de se ranger sous le sceptre du roi Victor-Emmanuel. L'unité italienne était devenue une aspiration générale.

La victoire de Magenta avait eu pour conséquence l'évacuation par les troupes autrichiennes des Romagnes, provinces des États-Romains. Les autorités pontificales se retirèrent également.

Aussitôt la population s'empressa de constituer des autorités laïques, et de s'offrir au roi Victor Emmanuel. Celui-ci répondit que, pour le moment, il ne pouvait accepter que leur concours militaire comme il avait accepté celui des troupes toscanes.

Il en fut de même dans le duché de Modène.

Le 24 juillet, une nouvelle victoire plus importante encore que la première fut remportée sur les Autrichiens à Solférino, et les armées alliées se préparèrent à l'attaque des forteresses formant le quadrilatère, en même temps que l'amiral Romain-Desfossés arrivait devant Venise à la tête de la flotte française.

A la surprise générale, le *Moniteur* du 8 juillet publia une dépêche de l'Empereur annonçant une suspension d'armes jusqu'au 15 août.

Le 12 juillet, nouvelle dépêche de l'Empereur ainsi conçue: «La paix est signée entre l'empereur d'Autriche et moi. »

Voici ce qui s'était passé. Le 7 juillet, l'empereur

Napoléon avait écrit à l'empereur d'Autriche pour lui proposer un armistice que ce dernier s'était empressé d'accepter. Cet armistice fut signé également par le roi Victor-Emmanuel. Une entrevue entre les deux empereurs fut convenue pour le 11 à Villafranca, mais, en prévision de son opposition, le roi Victor-Emmanuel ne fut pas admis à cette entrevue, dans laquelle furent signés les préliminaires de la paix, en réalité la paix elle-même.

Ces préliminaires étaient ainsi conçus :

« Les deux souverains favoriseront la création d'une
« confédération italienne sous la présidence honoraire
« du Pape.

« L'empereur d'Autriche cède à l'empereur des
« Français ses droits sur la Lombardie, à l'exception
« des forteresses de Mantoue et Peschiera. L'empereur
« des Français remettra les territoires cédés au roi de
« Sardaigne.

« La Vénétie fera partie de la confédération italienne,
« tout en restant sous la couronne de l'empereur
« d'Autriche.

« Le grand-duc de Toscane et le duc de Modène ren-
« treront dans leurs États, en donnant une amnistie
« générale.

« Les deux Empereurs demanderont au Saint-Père
« d'introduire dans ses États des réformes indispensa-
« bles. »

Telles furent les conditions acceptées par l'Empereur et qu'il imposa au roi Victor-Emmanuel.

Il n'était pas dit qu'on emploierait la force au besoin pour réinstaller les grands-ducs, et on n'avait pas prévu le cas où le Pape refuserait de faire les réformes qu'on s'engageait à lui réclamer.

Le 12 juillet, l'Empereur adressa une proclamation à son armée dans laquelle il disait que le but principal était atteint, et qu'il s'arrêtait au moment où la lutte allait prendre des proportions qui n'étaient plus en rapport avec les intérêts de la France.

De son côté et le même jour, l'empereur d'Autriche, dans un ordre du jour à son armée, déclara qu'en présence d'un ennemi supérieur en nombre, et **privé des alliés naturels sur le concours desquels il croyait pouvoir compter**, il se voyait obligé de faire la paix.

Ces deux déclarations sont contradictoires : nous pensons qu'en réalité l'Empereur s'arrêta afin de ne pas pactiser avec ceux qui renversaient les trônes, et qui étaient disposés à faire prévaloir le droit populaire dans toute l'Italie.

Voulant protester contre les stipulations de Villafranca, les ministres du roi Victor-Emmanuel donnèrent leur démission.

De leur côté, les autorités provisoires des duchés et celles des Romagnes votèrent la résolution de faire partie d'un royaume d'Italie sous le sceptre du roi Victor-Emmanuel.

Comme on le voit, l'ère des difficultés commençait pour l'Empereur, qui avait la prétention de concilier le droit des populations avec celui de la souveraineté du Pape.

Les préliminaires de Villafranca firent l'objet du traité de Zurich, qui fut signé le 10 novembre 1859. Le roi de Piémont s'engagea à indemniser la France en lui remboursant 60 millions sur ses dépenses, au moyen d'une inscription de rente annuelle de trois millions. Enfin les deux Empereurs convinrent qu'ils uniraient leurs efforts pour obtenir du Saint-Père un système de gouvernement qui répondît aux besoins des populations, et l'établissement d'une confédération italienne sous la présidence honoraire du Pape.

Le roi Victor-Emmanuel resta étranger à ces arrangements.

Les annexions.

Lié par les promesses qu'il avait faites à Villafranca à l'empereur d'Autriche, l'Empereur avait mis tout en œuvre pour entraver le mouvement annexioniste qui se dessinait de plus en plus; mais les événements étaient plus forts et surtout plus logiques que lui.

Poursuivant un but différent, le désaccord entre le roi Victor-Emmanuel et lui s'accentuait. Le 20 janvier 1860, le comte de Cavour reprit la direction des affaires et apporta à l'unification de l'Italie son précieux concours.

Voulant protester contre la façon dont les deux empereurs avaient disposé à Villafranca du sort des populations, les députés des duchés ainsi que ceux des Romagnes se réunirent à Turin aux députés piémontais, et proclamèrent solennellement en mars 1861 la constitution du royaume d'Italie sous le sceptre de Victor-Emmanuel.

M. de Cavour obtint de l'Empereur la reconnaissance de cet état de choses moyennant la cession à la France de Nice et de la Savoie, qui eut lieu le 24 mars après un vote favorable des populations. L'Angleterre reconnut le nouveau royaume, et jalouse de l'agrandissement de la France aida dès lors de toute son influence l'unité italienne.

Après la nouvelle perte qu'il faisait des Romagnes,

le Saint-Père fit appel aux catholiques de bonne volonté en vue de former une armée pour la protection du reste de ses anciens États. Le général de Lamoricière prit le commandement de ces volontaires au nombre de 20 à 25,000, et manifesta l'intention de reprendre les Romagnes.

Le 18 septembre le général de Lamoricière, battu à Castelfidardo par l'armée italienne, se réfugia à Ancône où il capitula 12 jours plus tard.

Au midi, Garibaldi à la tête d'un millier de partisans débarqua en Sicile au printemps de 1860. Le 21 juillet suivant, par suite de la défection des troupes du roi de Naples, il était maître de l'île entière, et le 9 août il débarquait sur la terre ferme en Calabre.

Un mois après, le 8 septembre, il entrait seul à Naples aux acclamations de toute la population qui saluait en lui le libérateur du royaume des Deux-Siciles, pendant que le roi de Naples se réfugiait à Gaëte avec les quelques troupes qui lui étaient restées fidèles.

Enfin, le 21 du même mois, Garibaldi fit voter par les populations la réunion du royaume de Naples à l'Italie.

Voulant témoigner son mécontentement au roi Victor-Emmanuel de cette nouvelle et importante annexion, l'Empereur rappela de Turin le 10 octobre son ambassadeur.

De plus il envoya la flotte française croiser devant Gaëte, se faisant ainsi le protecteur du roi de Naples.

Après la capitulation d'Ancône, le roi Victor-Emmanuel s'était mis à la tête de ses troupes, il avait occupé les provinces pontificales, les Marches et l'Ombrie, et en avait pris possession après un vote des populations favorables à leur annexion au royaume d'Italie. Dès lors le Souverain-Pontife ne régna plus que sur un territoire restreint avoisinant Rome et protégé par la présence des troupes françaises qui l'occupaient depuis 1849.

Libre de ses mouvements et comptant sur la non-intervention armée de la France et de l'Autriche, le roi Victor-Emmanuel, après avoir incorporé dans son armée les troupes de Garibaldi, entreprit le 3 novembre le siège de Gaëte. Cette place, grâce au secours de la flotte française qui assurait son ravitaillement par mer, ne pouvant être investie que par terre, put ainsi prolonger longtemps sa résistance au grand mécontentement des Italiens.

Enfin, par suite des réclamations de l'Angleterre et sur l'ordre de l'Empereur, la flotte française quitta Gaëte le 19 janvier 1861, et le 12 février suivant la place capitulait après un siège qui avait duré cent jours.

A partir de cette époque, il ne manqua à l'unité de l'Italie que la province de Venise restée sous la domination autrichienne, et comme capitale indispensable Rome occupée par les troupes françaises.

La question romaine avait pris dans les esprits de grandes proportions, elle était sortie du domaine politique pour entrer dans le domaine religieux. Par sa prétention de concilier ce qui est inconciliable, l'Empereur était arrivé à mécontenter les catholiques qui le rendaient responsable de la perte par le Saint-Père de la plus grande partie de ses États, en même temps qu'il avait exaspéré les Italiens en entravant comme il l'avait fait l'unité italienne, et ce, sans avoir empêché les événements de s'accomplir.

Ses combinaisons politiques avaient rencontré autant d'opposition auprès des populations qui réclamaient le droit de disposer de leur sort qu'auprès du Pape qui, de son côté, invoquait son droit d'être leur souverain malgré elles.

Enfin, ce qui était surtout fort pénible pour l'Empereur, c'était de savoir qu'en Italie, on confondait sous la même désignation de troupes étrangères souillant encore de leur présence le sol italien, les Autrichiens à Venise et les Français à Rome.

Fin de l'intervention italienne.

L'Empereur, fatigué de la fausse situation qu'il s'était faite en Italie, aurait bien voulu trouver le moyen de rappeler ses troupes de Rome, mais il ne pouvait le faire sans abandonner ouvertement le Pape qu'il avait restauré en 1849, lequel avait fait chanter des *Te Deum* en l'honneur de son coup d'État en 1851, qui avait été le parrain de son fils, et dont il avait solennellement promis aux catholiques de France de protéger le pouvoir temporel.

Le 15 septembre 1864, il fit avec le gouvernement italien une convention aux termes de laquelle l'Italie s'engageait à empêcher, même par la force, toute attaque qui serait dirigée contre le territoire actuel du Saint-Père.

De son côté, l'Empereur devait rappeler les troupes françaises des États-Romains graduellement et à mesure que l'armée du Saint-Père serait organisée, et ce, dans un délai de deux ans.

Cette armée pouvait être composée de volontaires étrangers, mais ne devait pas être assez forte pour inquiéter l'Italie.

Cette convention ne devait avoir de valeur que lorsque, dans un délai de six mois, le royaume d'Italie aurait fixé la ville où serait établie sa capitale.

Cette convention faite en dehors du Pape, et qui ne

l'obligeait pas à renoncer à ses anciennes provinces, produisit sur les populations italiennes la plus vive déception. Des troubles graves éclatèrent le 24 à Turin qui se croyait menacé de perdre sa situation de capitale.

Florence fut en effet désignée comme nouvelle capitale de l'Italie.

L'hostilité du Saint-Père n'était pas moins grande.

Non seulement il avait toujours refusé d'introduire des réformes dans ses États, mais encore, voulant manifester une fois de plus ses sentiments hostiles aux prétentions de l'Empereur de lui prescrire ce qu'il devait faire, il publia le 8 décembre 1864 une encyclique condamnant les principes libéraux sur lesquels reposent les sociétés de l'Europe entière, et dans laquelle sont anathématisés ceux qui diront que l'Église doit se réconcilier avec les idées modernes.

Par un décret du 5 janvier 1865, l'Empereur interdit la publication officielle en France de ce document.

On voit que l'Empereur n'obtenait pas plus de succès auprès du Pape qu'auprès des Italiens, et que le désaccord était complet.

En 1866, la Prusse voulant faire la guerre à l'Autriche trouva l'Italie prête à la seconder. La victoire de Sadowa lui valut la cession de la Vénétie que l'Autriche dut lui faire par l'intermédiaire de l'empereur Napoléon le 24 août 1866.

Pour être complète, l'unité italienne n'attendait plus que de posséder Rome comme capitale de l'Italie.

L'impatience de Garibaldi à compléter cette unité en marchant sur Rome, fut un obstacle à l'exécution de la convention du 15 septembre. En octobre 1867, et malgré l'opposition du gouvernement italien, il organisa une expédition contre cette ville. Il lança une proclamation des plus violentes contre les Français, qu'il qualifia de soutiens du despotisme papal. Après quelques succès obtenus les 20 et 26 octobre, il se dirigea sur Rome. Le 4 novembre les garibaldiens rencontrèrent à Mentana les troupes françaises, commandées par le général de Failly, qui leur infligèrent une sanglante défaite.

Ce fut à la suite de cet engagement que le général de Failly adressa un rapport dans lequel il disait que les nouveaux fusils Chassepot avaient fait merveille ; expression malheureuse, surtout si l'on tient compte que Garibaldi ne combattait nullement contre la France, mais bien pour la libération des populations des États-Romains.

Dans la séance du 6 décembre 1867, M. Rouher déclara au Corps législatif que **jamais** l'Empereur ne laisserait les Italiens faire de Rome leur capitale. Cette déclaration bien imprudente porta à son comble l'exaspération contre l'Empereur et la France. Elle devait bientôt, du reste, recevoir des événements le plus cruel démenti. En effet, nos premières défaites en 1870 nous obligèrent à utiliser nos troupes de Rome sur le champ de bataille. A peine eurent-elles quitté cette ville que, le 21 septembre de la même année, le gouvernement italien s'y installait, et la proclamait capitale de l'Italie, après un vote des populations qui avait donné une majorité favorable de plus de 400,000 voix.

Cette intervention qui nous avait coûté 27,250 hommes tués ou blessés et 500 millions, par la façon dont l'Empereur l'avait dirigée, ne nous avait pas même fait de l'Italie nouvelle une alliée.

Le service immense que nous lui avions rendu en 1859, se trouvait en partie effacé dans l'esprit des Italiens par les entraves de toutes sortes apportées par l'Empereur à l'unité italienne, et par le ton hautain avec lequel les journaux français, qui soutenaient le gouvernement, leur reprochaient tous les jours le service que la France leur avait rendu.

Sans doute le secours accordé à l'Italie par l'Empereur ne pouvait pas l'autoriser à exiger que par reconnaissance un peuple renonçât à tout sentiment d'indépendance et de grandeur ; mais, par contre, ce sentiment ne saurait se concilier davantage avec la défiance et la malveillance même qui ont caractérisé depuis les rapports de l'Italie avec la France.

S'il est compréhensible que cette puissance ne nous ait pas secourus en 1870, et qu'au contraire elle ait profité de nos revers pour compléter son unité, en faisant de Rome sa capitale, elle ne devrait pas néanmoins oublier que sans notre intervention en 1859, l'Italie serait restée morcelée. Il n'est pas plus juste de rendre la nation française responsable d'une politique qu'elle a reniée depuis longtemps.

Oubliant trop facilement les services que la France lui a rendus, l'Italie se montre tous les jours envers elle d'une ingratitude révoltante. Ne pouvant s'appuyer franchement sur l'Autriche son ennemie séculaire, elle ne veut pas davantage s'appuyer sur la France à laquelle elle reproche d'une part, d'avoir accepté la cession de Nice et de la Savoie, et de l'autre surtout, d'être menacée dans son unité par un parti catholique puissant, tout dévoué aux intérêts de la papauté. Elle s'inféode à la Prusse, puissance protestante, dont elle sait parfaitement que les sympaties pour la papauté se traduiront par des formules polies, mais banales, qui n'iront jamais jusqu'aux actes.

Telles sont, croyons-nous, les causes déterminantes de la politique italienne à l'égard de la France, et qu'à tous les points de vue nous devons condamner.

La guerre du Mexique.

En 1858, Juarez, président de la Cour suprême, occupait par *intérim* la présidence de la République mexicaine, remplaçant Comonfort déchu pour violation de la constitution.

Comme cela avait eu lieu en France, le parti libéral mexicain avait, depuis déjà longtemps, confisqué et vendu au profit de la nation les biens du clergé. Le parti réactionnaire crut l'occasion favorable pour fomenter une insurrection en vue de s'emparer du pouvoir, en promettant au clergé duquel il était soutenu la restitution de ses biens. Le soulèvement, aidé par un *pronunciamento* militaire qui eut lieu à Mexico, lui permit bientôt de proclamer président le général Miramon. Juarez se retira dans les provinces, suivi par la délégation des Cortès, et établit à Vera-Cruz le siège de son gouvernement.

Le gouvernement insurrectionnel de Miramon, appuyé par le parti clérical, riche, remuant, et jouissant d'une certaine influence sur des populations ignorantes, ne s'exerçait guère que sur la capitale, ensuite à Puebla et dans un rayon restreint environnant.

Malgré son illégalité, les puissances monarchiques européennes l'avaient reconnu et avaient accrédité auprès de lui leurs chargés d'affaires. Au contraire, les États-Unis, et quelques autres États de l'Amérique, avaient continué de reconnaître celui de Juarez.

Le 3 novembre 1858, Juarez avait rendu un décret déclarant que toute personne qui prêterait aide et assistance au gouvernement insurrectionnel de Miramon, soit par prêt d'argent, soit par fournitures quelconques, en perdrait le montant, et de plus serait passible envers le Trésor du double de leur valeur.

A la fin de 1859, après deux années de guerre civile, Miramon réduit aux abois, mais voulant continuer la lutte et retarder sa chute, consentit à un banquier suisse nommé Jecker un traité, aux termes duquel celui-ci lui remit en espèces la somme de trois millions 750 mille francs, et reçut en échange pour 75 millions de bons négociables que son gouvernement s'obligeait à recevoir jusqu'à concurrence de vingt pour cent des paiements à lui faire. Le bénéfice pour Jecker était énorme, mais il fallait pour le réaliser que ces bons fussent payés.

Le 11 janvier 1861, Miramon battu par les troupes de Juarez prit la fuite, et ce dernier se rendit de Vera-Cruz à Mexico sans tirer un coup de fusil. Il y fut reçu en libérateur. Peu de temps après eurent lieu les élections de nouvelles Cortès, et il fut nommé à une grande majorité président de la République mexicaine.

Juarez reprenait ainsi l'exercice intégral du pouvoir.

Son premier acte fut de déclarer qu'il ne reconnaissait pas comme valable le traité consenti par Miramon au sieur Jecker, invoquant à l'appui de cette déclaration le décret rendu par lui le 3 novembre 1858. En effet, Juarez n'avait pas succédé à Miramon, ce dernier n'avait eu qu'un pouvoir insurrectionnel fonctionnant à côté du pouvoir légitime, qui, à ce titre, avait seul le droit d'engager la nation mexicaine. Si en 1871 le gouvernement insurrectionnel maître de Paris avait contracté un emprunt, pense-t-on qu'après la défaite le gouvernement régulier siégeant à Versailles l'eût reconnu ? Évidemment non.

Le 2 mai 1861, le chargé d'affaires de France remettait au gouvernement mexicain une note dans laquelle il lui demandait la reconnaissance d'abord et le paiement ensuite du montant de la créance Jecker, en outre la somme de 60 millions destinée à indemniser nos nationaux des dommages qu'ils avaient éprouvés dans leurs biens et leurs personnes par suite de l'insurrection de Miramon et de ses partisans, n'admettant pas de discussion pour ce dernier chiffre.

Et d'abord à quel titre s'exerçait notre intervention en faveur de Jecker ? Ce dernier n'était pas Français, il était Suisse. Interrogé à ce sujet par le gouvernement mexicain, le consul général suisse résidant à Mexico répondit par une note en date du 8 février 1862, qu'il était seul chargé par son gouvernement des intérêts de ses nationaux, et en cas de besoin autorisé à réclamer la protection des agents diplomatiques des États-Unis.

A la demande relative à la créance Jecker, Juarez répondit d'abord par un refus de la reconnaître, en se basant sur son décret du 3 novembre 1858, sur l'illégalité de son origine et enfin sur son caractère usuraire.

Plus tard, et dans un but de conciliation, il consentit à reconnaître cette créance, mais seulement pour la somme de trois millions 750 mille francs versés réellement.

Juarez acceptait en principe la réclamation du gouvernement français en faveur de ses nationaux, mais il demandait que le chiffre en fût discuté par les parties intéressées, alléguant que toute créance est un titre intéressant à la fois le créancier et le débiteur, et qui par suite doit être débattu contradictoirement. Il en est toujours ainsi quand on veut se conformer aux lois de l'équité.

D'un autre côté quand des étrangers sont assassinés ou dévalisés en France, et que les coupables restent inconnus, réclament-ils à la France par l'entremise de leurs gouvernements la réparation du dommage causé? Non. Celui qui s'expatrie pour ces contrées lointaines, en vue d'y faire fortune, peut-il compter y trouver une sécurité aussi grande que dans son pays natal ?

Pour démontrer ce qu'avait d'exorbitant le chiffre de 60 millions réclamé en faveur de nos nationaux, voici comment s'est exprimé M. Thiers dans la séance du Corps législatif du 8 juillet 1867 :

« Au milieu des révolutions du Mexique, les étran-
« gers avaient beaucoup souffert. Il y en avait, il est vrai,
« qui faisaient de leurs souffrances un moyen de spé-
« culations souvent odieuses.

« Je n'en citerai qu'un exemple. A l'époque de l'ex-
« pédition de St-Jean d'Ulloa, le gouvernement fran-
« çais estima les demandes de nos nationaux à trois
« millions. Eh bien ! on ne trouva que deux millions à
« distribuer, il resta un million qui fut distribué plus
« tard pour d'autres souffrances.

« Notre dernier règlement avec le Mexique datait de
« 1853. A cette époque nous avions reçu une somme
« considérable, et, bien que sept ans seulement se fus-
« sent écoulés depuis, le plénipotentiaire français de-
« mandait 60 millions. La somme parut forte. Depuis
« nous avons traité avec Maximilien, et nous avons
« évalué la dette à 40 millions payables en papier,
« ce qui ne représente pas plus de 20 millions effectifs.
« Il y avait en outre la part des négociants pour qui,
« nous dit-on, l'expédition a été faite, la part de ceux
« qui ont souffert depuis le commencement de la

« guerre ; la part des premiers n'était donc guère que
« de 8, 9, ou 10 millions. Ainsi d'après notre propre
« évaluation, alors que nous demandions 60 millions,
« dix auraient suffi pour indemniser nos nationaux.

Toutefois, il est permis de supposer que le gouvernement français aurait fait des concessions sur le chiffre de 60 millions, car dans la note du 2 mai 1861 il
était dit que **l'affaire Jecker était la seule qui
puisse susciter de graves difficultés entre les
deux pays.**

Le 17 juillet 1861 Juarez, qui se trouvait dans une
pénurie extrême, rendit un décret suspendant pendant
deux ans le paiement des conventions étrangères. Ce
fut pour la France un troisième grief qui la détermina, d'accord avec l'Angleterre, à rompre toutes relations diplomatiques avec le gouvernement mexicain.
Le chargé d'affaires d'Espagne, dont la participation
aux intrigues des partisans de Miramon était bien connue, avait reçu ses passeports aussitôt la chute de ce
dernier.

Le prétexte de l'intervention armée des trois puissances était trouvé. Nous disons prétexte, car en réalité d'autres motifs tenus secrets y poussaient chaque
puissance.

L'Espagne, blessée du renvoi de son chargé d'affaires,
non seulement rêvait d'en tirer vengeance, mais encore
elle rêvait d'établir au Mexique une monarchie à la
tête de laquelle elle comptait placer un prince de la
famille des Bourbons. L'Empereur de son côté faisait le
même rêve, mais au profit d'un archiduc de la maison
d'Autriche.

Aux États-Unis, les Américains du Nord soutenaient
une lutte acharnée contre ceux du Sud qui voulaient la
sécession. Il avait reconnu à ces derniers la qualité

de belligérants et souhaitait leur succès, mais sans oser se prononcer ouvertement en leur faveur. Les États du Nord connaissaient fort bien ces dispositions de l'Empereur et ne s'en montraient que plus favorables à la cause de Juarez. Sans la guerre qu'ils avaient à soutenir, il est bien certain qu'ils eussent pris, dès le début, la défense du Mexique et que l'intervention française n'aurait pas eu lieu.

Le rêve de l'Empereur fut de mettre un frein à l'extension de plus en plus grande des Etats-Unis, et d'opposer l'inflence de la race latine à celle de la race anglo-saxonne. C'est là ce que plus tard M. Rouher appela **la plus grande pensée du règne.**

Cette pensée était certainement juste au point de vue abstrait ; et il est facile de prévoir de quel danger l'inflence de la race anglo-saxonne menace dans ces contrées celle de la race latine.

Les États-Unis, dont la population double tous les trente ans, (voir *Bertillon, Statistique humaine*), s'avancent à pas de géants vers l'Amérique du Sud. Il est facile de prévoir que dans 50 ans le Mexique, et même le Brésil, ne pourront plus résister à cette invasion d'un nouveau genre, et qu'ils seront absorbés par les Anglo-Saxons supplantant dans ces parages la race latine dont nous faisons partie.

Un grand État constitué et soutenu par les puissances latines, l'Autriche, la France, l'Italie, l'Espagne et la Belgique, aurait évidemment servi de barrière à l'expansion des États-Unis et conservé à ces puissances, en même temps que l'influence légitime à laquelle elles ont droit, le commerce de ces contrées, qui bientôt sera tout entier entre les mains des États-Unis.

Cette combinaison, grande dans sa conception et prévoyante dans ses résultats, aurait dû, pour avoir chance d'aboutir, faire l'objet d'un accord intime entre ces puissances, et une expédition dans ce but bien défini être faite en commun.

Même dans ces conditions, une telle entreprise eut eu peu de chances d'aboutir à un bon résultat.Elle aurait eu en effet à soutenir constamment la malveillance d'abord et plus tard l'hostilité ouverte des États-Unis, dont cette tentative d'empire à côté d'eux eût été une menace perpétuelle pour leur influence, en même temps que l'atteinte la plus directe à leur doctrine de Monroë.

Comment s'expliquer que l'Empereur ait pu avoir la prétention de tenter et de résoudre seul une telle entreprise ? n'est-ce pas de sa part du don-quichotisme pur, et la preuve d'une très grande aberration d'esprit ?

Après sa chute, Miramon et ses partisans vinrent en Europe y nouer de nouvelles intrigues contre le gouvernement de leur pays. Ils surent tirer parti des dispositions de l'Empereur et l'encourager en lui assurant que les populations mexicaines, opprimées par le gouvernement de Juarez, recevraient nos soldats en libérateurs. Ils surent en outre intéresser l'Impératrice à l'intervention en invoquant ses sentiments religieux et son origine espagnole. Toutefois ces véritables motifs, ainsi que ceux dérivant de l'affaire Jecker dont nous allons parler, furent tenus secrets, et on ne mit en avant pour motiver l'intervention que la réclamation de l'indemnité due à nos nationaux.

On se demanda longtemps le motif de notre intervention en faveur de Jecker. Cette question est aujourd'hui résolue, et par Jecker lui-même. Dans les papiers de la famille impériale trouvés aux Tuileries au 4 septembre, on a en effet trouvé une lettre adressée par Jecker le 8 décembre 1869 à M. Conti, secrétaire particulier de l'Empereur, et dans laquelle il le prie de rappeler à ce dernier qu'il est traité par le gouvernement français avec trop d'indifférence . Il continue ainsi :

« Vous ignorez sans doute que j'avais pour associé
« dans cette affaire M. le duc de Morny, qui s'était en-
« gagé, moyennement trente pour cent des bénéfices de
« cette affaire, à la faire respecter et payer par le gou-
« vernement mexicain, comme elle avait été faite dès
« le principe. Il y eut là-dessus une correspondance
« volumineuse échangée avec son agent M. de Mar-
« pon.

« En janvier 1861 on est venu me trouver de la
« part de ces Messieurs pour traiter cette affaire. Aus-
« sitôt que cet arrangement fut conclu, je fus parfaite-
« ment soutenu par le gouvernement français et sa lé-
« gation au Mexique. Celle-ci avait même assuré, au
« nom de la France, que ma créance serait entière-
« ment payée, et avait passé des notes très fortes au
« gouvernement mexicain sur l'accomplissement de
« mon contrat avec lui, au point que *l'ultimatum* de
« 1862 exigeait l'exécution pure et simple des décrets...

« L'affaire en resta là jusqu'à l'occupation du Mexi-
« que par les Français sous l'empire de Maximilien, et,
« aux instances du gouvernement français, on s'occupa
« de nouveau du réglement de mon affaire. En avril
« 1863 je parvins, aidé par des agents français, à faire
« une transaction avec le gouvernement mexicain.

« A la même époque le duc de Morny vint à mourir,
« de sorte que la protection éclatante que le gouverne-
« ment français m'avait accordée cessa complétement...

L'Empereur connut-il alors cette spéculation honteuse ? nous l'ignorons ; peut-être fut-il la première

victime de la rapacité de ceux qui l'avaient aidé lors de son coup d'État du Deux-Décembre.

Quant à l'Angleterre, connaissant les intrigues espagnoles et françaises, elle allait participer à l'intervention afin de ne pas laisser le champ libre à ces deux puissances.

L'intervention armée.

L'intervention des trois puissances donna lieu à une convention conclue à Londres le **31** octobre **1861** et qui fut surtout l'œuvre de l'Angleterre. Elle stipulait que les trois puissances réuniraient leurs forces pour occuper les différentes forteresses et positions militaires **du littoral** mexicain, en vue d'assurer la sécurité de leurs nationaux.

En outre, les trois puissances s'engagaient à ne rechercher aucune acquisition de territoire, ni aucun avantage particulier, et à **ne pas intervenir dans les affaires intérieures de la nation mexicaine**, et stipulaient enfin, que les sommes recouvrées au moyen des droits de douane seraient attribuées aux parties contractantes eu égard à leurs droits respectifs.

Les États-Unis d'Amérique invités à adhérer à cette convention s'y refusèrent.

Cette intervention comblait les vœux des émigrés mexicains qui voyaient déjà Juarez remplacé par l'archiduc Maximilien. L'Angleterre toutefois ne fut jamais la dupe du but qu'ils poursuivaient, témoin cette dépêche de lord John Russell à l'ambassadeur anglais à Vienne datée des premiers jours de janvier **1862** :

« J'ai reçu la dépêche de Votre Excellence au sujet
« de placer l'archiduc Maximilien sur le trône du Mexi-

« que, et vous observez que ce projet a été imaginé
« par des réfugiés mexicains à Paris..... Le gouverne-
« ment de Sa Majesté n'accordera aucun appui à un
« pareil projet. Il faudrait longtemps pour consolider
« un trône au Mexique, ainsi que pour rendre le sou-
« verain indépendant de toute nation étrangère.

« Si le soutien venait à être retiré, le souverain
« ourrait être chassé par les républicains du
« Mexique. Cette position ne serait .ni digne ni
« sûre.

Signé : RUSSELL.

Débarqués au Mexique dans les premiers jours de
janvier 1862 en même temps que les escadres, les représentants des trois puissances alliées déclarèrent que
l'intervention était pacifique, et se réunirent pour examiner les réclamations que chacun d'eux avait à faire
valoir.

Les réclamations présentées par l'Espagne et l'Angleterre furent admises sans difficulté, mais il n'en fut
pas de même lorsque le représentant français parla de
celle relative à Jecker montant à 75 millions de francs.
Le commissaire anglais déclara que cette proposition,
qu'il repoussait,ne pouvait que causer un mécontentement général qui empêcherait tout accord, et que la
guerre en serait la conséquence.

Ce désaccord les obligea à en référer à leurs gouvernements.

Voici la dépêche qu'à ce sujet sir Charles Wyke
adressa à son gouvernement en date de Vera-Cruz
19 janvier 1862.

« L'objection présentée ensuite par le général Prim

« et par moi à l'*ultimatum* de M. Dubois de Saligny,
« était la demande fondée sur la réclamation de la
« maison suisse Jecker et Cie, à Mexico.

« Je vais tâcher de m'expliquer aussi brièvement que
« possible, et votre seigneurie sera d'accord avec moi
« que cette réclamation est au moins extraordinaire.
« Lorsque le gouvernement de Miramon était à sa fin,
« et était sans le sou, la maison Jecker lui prêta 750
« mille dollars et reçut en retour de cette avance des
« bons payables à une future époque pour le montant
« de 15 millions de dollars. Peu de temps après cet
« acte énorme, Miramon fut renversé et remplacé par
« son rival Juarez. Celui-ci fut sommé par M. Jecker,
« qui a été placé sous la protection française, de lui
« payer l'énorme somme ci-dessus mentionnée par le
« motif qu'un gouvernement doit être tenu pour res-
« ponsable des actes et des obligations de son prédé-
« cesseur. Juarez refusa et sa résolution fut appuyée
« par les personnes impartiales de Mexico.

« J'ai toujours compris que son gouvernement con-
« sentait à payer la somme originairement prêtée de
« 750 mille dollars avec intérêts à 5 0/0, mais qu'il re-
« jetait l'idée d'être responsable de 15 millions de
« dollars. J'ai à peine besoin de dire que des condi-
« tions pareilles ne pourraient jamais être acceptées,
« et que toute tentative d'imposer de pareilles demandes
« par la force conduirait à des hostilités entre le gou-
« vernement mexicain et les puissances alliées.

Signé : Ch. WYKE.

Cette dépêche fut communiquée par le ministre anglais au gouvernement français, qui répondit que sa
confiance en son représentant lui faisait admettre

comme bien fondées les réclamations par lui présentées.

Le 11 mars suivant, le comte Russell adressa au gouvernement français une nouvelle dépêche dans laquelle il déclara que : « Lorsqu'une réclamation exces-
« sive et exorbitante était présentée, il était du devoir
« du commissaire de sa Majesté de ne pas appuyer cette
« demande ; que la demande de 60 millions en bloc
« sans aucun compte et celle du paiement de 75 millions
« de bons en retour d'un prêt frauduleux de trois
« millions 750 mille francs fait à un gouvernement
« banqueroutier, et sur le point de tomber, étaient des
« demandes de cette nature. Enfin que si la réclama-
« tion Jecker était complétement abandonnée, le gou-
« vernement anglais appuierait la réclamation fran-
« çaise. »

Ces deux dépêches constituent la démonstration la
plus complète des causes du désaccord survenu dès le
début de l'expédition entre l'Angleterre et l'Espagne
d'une part, et la France de l'autre.

En attendant les instructions de leurs gouvernements,
les représentants des puissances alliées donnaient au
gouvernement mexicain les assurances les plus pacifiques, et en même temps le prévenaient, qu'en raison
des mauvaises influences climatériques du littoral, les
troupes de débarquement allaient s'avancer dans
l'intérieur du pays.

Le gouvernement mexicain répondit en se déclarant
prêt à un arrangement satisfaisant pour les puissances
alliées, en invitant les représentants à se rendre à la
ville d'Orizaba pour en discuter avec calme les conditions, et à se faire accompagner par une garde d'honneur de 2,000 hommes. Ceux-ci refusèrent et annoncè-

rent au contraire que vers le 20 février toutes leurs troupes s'avanceraient sur Orizaba.

En présence du caractère d'hostilité que prenait l'intervention, malgré toutes les assurances contraires, le gouvernement mexicain, à la date du 6 février, déclara aux représentants des puissances alliées qu'il ne pouvait accepter de voir leurs forces s'avancer dans l'intérieur du pays sans connaître d'une façon précise leurs intentions, et il leur proposait encore d'entamer des négociations d'ici le 15 février et de s'entendre sur l'emplacement à faire occuper par les troupes alliées.

Après entente, les représentants donnèrent au général Prim la mission de se rendre à La Soledad et de s'entendre sur ce sujet avec les ministres de Juarez, Doblado et Zaragoza.

Dès le 25 janvier, se conformant à une décision prise par les Cortès mexicaines, Juarez avait fait publier la proclamation suivante :

« La peine de mort est décrétée contre tous ceux qui
« attenteront à l'indépendance et à la sûreté de la
« nation. »

Le général Prim et les ministres mexicains réunis à La Soledad signèrent le 19 février une convention dans laquelle il était dit : que, le gouvernement mexicain n'ayant pas besoin du concours des puissances alliées pour le maintien de l'ordre intérieur, celles-ci auraient recours à des traités pour régler les réclamations qu'elles auraient à faire en faveur de leurs nationaux. Il était dit en outre que les représentants des puissances alliées n'avaient nullement l'intention de nuire à la souveraineté et à l'intégrité de la République mexicaine, et que des négociations seraient ouvertes à

Orizaba. Enfin par les articles 3, 4 et 5, il était convenu que pendant les négociations qui allaient avoir lieu, les troupes alliées occuperaient les villes de Cordova, Orizaba et Tehuacan, et que, dans le cas où les négociations n'aboutiraient pas, les troupes se retireraient de ces places sur la route de Vera-Cruz.

Cette convention fut approuvée et signée par les représentants français et anglais. Elle fut également approuvée par les gouvernements anglais et espagnol, qui ne trouvèrent à en blâmer que certains détails de forme. Seul, le gouvernement français la rejeta et infligea dans le *Moniteur* du 2 avril 1862 un blâme public à ses représentants, M. Dubois de Saligny et l'amiral Jurien de La Gravière.

Ce refus de ratification de la part du gouvernement impérial était la conséquence de la détermination qu'il avait prise de renverser la République mexicaine et de la remplacer par un Empire. En effet, dès le 18 janvier précédent, alors que les troupes venaient de débarquer, et qu'aucun dissentiment n'avait pu encore se produire, le gouvernement impérial avait envoyé au Mexique le général Lorencez à la tête de quatre mille hommes de troupes.

Jugeant le moment favorable, les émigrés mexicains revinrent dans leur pays, et se placèrent sous la protection de nos troupes pour fomenter par leurs intrigues de nouveaux bouleversements en faveur de l'archiduc Maximilien.

Après le refus du gouvernement impérial d'approuver la convention, ainsi que l'avaient fait les gouvernements anglais et espagnol, l'accord était rompu. Lord John Russell, ne doutant plus des intentions du gouvernement français, lui déclara qu'il ne devait pas compter sur le concours de l'Angleterre pour aider à créer au Mexique un gouvernement par les bayonnettes.

De son côté, le général Prim écrivit au représentant français pour lui signaler le danger d'une intervention en faveur d'émigrés politiques cherchant à troubler l'ordre de choses établi, laquelle pouvait en outre nuire aux relations amicales de la France avec l'Angleterre et l'Espagne. Tout fut inutile, les ordres venus de Paris étaient formels. Il fallait bien, puisque Juarez refusait de payer les bons Jecker sur lesquels le duc de Morny devait recevoir trente pour cent, il fallait bien, disons-nous, le renverser et le remplacer par un empereur qui, devant son trône à l'empereur Napoléon, n'aurait rien à lui refuser.

Telles furent les circonstances à la suite desquelles les Anglais et les Espagnols se rembarquèrent, laissant au gouvernement impérial seul la responsabilité de la rupture de l'accord intervenu, et de la guerre inique qu'il allait faire à un peuple qui ne demandait qu'à travailler et à se relever de ses ruines.

Les hostilités. — Le dénouement.

Ce travail n'ayant pour but que d'établir les responsabilités, nous ne pouvons exposer dans tous ses détails les péripéties de cette malheureuse guerre.

Restées seules au Mexique, les troupes françaises commandées par le général Lorencez s'avancèrent dans l'intérieur du pays, sous le prétexte de protéger nos soldats malades dans les hopitaux d'Orizaba, violant ainsi ouvertement la convention de Londres.

D'Orizaba elles se dirigèrent sur Mexico en passant par Puebla, que les Mexicains s'apprêtaient à défendre. En effet, devant cette place nos troupes furent repoussées le 5 mai 1862 et obligées de se replier en arrière en attendant des renforts.

Cette nouvelle produisit en France une stupeur profonde. M. Billault, au nom du gouvernement impérial, déclara que la France ne pouvait rester sous le coup d'un pareil échec, que l'honneur du drapeau était engagé et qu'il fallait le venger. Sans tenir compte des avertissements des députés de l'opposition, le Corps législatif, avec sa docilité habituelle, vota l'envoi de trente mille hommes qui partirent bientôt sous les ordres du général Forey.

Ce dernier arriva au Mexique avec son corps d'armée fin octobre 1862. Le 22 mars 1863, il était devant Puebla, et s'en emparait le 18 mai suivant après un siège de 55 jours pendant lesquels les Mexicains se défendirent avec acharnement. Quelques jours plus tard Mexico était occupé par le général Bazaine, et Juarez se retirait encore une fois dans les provinces emportant les archives du gouvernement.

Aidé des troupes françaises, le parti réactionnaire triomphait.

Le 16 juin, sous l'inspiration des émigrés Miramon, Almonte et autres, le général Forey décréta la formation d'une *junte* supérieure chargée de désigner les membres du nouveau gouvernement, et de réunir une assemblée composée de 215 membres qu'on appela notables, et qui seraient invités à faire connaître les vœux de la nation. Les membres de cette assemblée, choisis parmi les anciens partisans de Miramon, décrétèrent à la presqu'unanimité un empire à la tête duquel serait placé l'archiduc Maximilien d'Autriche.

Voilà ce qu'on osa appeler alors le vœu de la nation.

Juarez et ses troupes furent dès lors considérés comme des insurgés, et les troupes françaises furent envoyées contre eux afin de pacifier le pays.

Dans le courant de septembre 1863, l'Empereur rappela du Mexique le général Forey qu'il nomma maréchal de France et le remplaça par le général Bazaine.

Pendant que le général Forey et après lui le général Bazaine guerroyaient contre les troupes mexicaines, une députation quittait Mexico pour aller offrir le trône à l'archiduc Maximilien. Celui-ci avant d'accepter désirait voir le pays pacifié et être certain que tel était bien le vœu de la nation. Enfin après bien des hésitations, et sur les sollicitations et les promesses de Napoléon III, il accepta la couronne le 10 avril 1864. En attendant la prise de possession de son empire, il désigna pour son lieutenant-général l'un des émigrés le plus remuants, le général Almonte. Ce choix fit comprendre l'esprit politique qu'allait apporter au Mexique le nouvel empereur.

Cette acceptation de la couronne fut suivie d'une convention dite de Miramar, aux termes de laquelle le gouvernement français s'engageait à mettre à la disposition du nouvel empereur un corps d'armée de 25 mille hommes, lesquels à partir du 1er juillet 1864 seraient à sa charge à raison de mille francs par homme et par an pour nourriture, solde et entretien. Ce nombre devait diminuer au fur et à mesure de l'organisation d'une armée mexicaine destinée à les remplacer.

Au mois de septembre suivant, le général Bazaine était nommé maréchal de France.

Sous la protection des armes françaises le nouvel empereur, accompagné de l'impératrice Charlotte sa femme, débarquèrent au Mexique fin mai 1865 et peu après firent une entrée solennelle dans leur capitale.

Les illusions de Maximilien ne furent pas de longue durée ; il ne tarda pas à s'apercevoir que son gouvernement n'avait pour soutien que les chefs du parti réactionnaire, mais que la masse de la nation restait fidèle au gouvernement légitime de Juarez.

Les troupes françaises furent au Mexique ce qu'elles furent partout, valeureuses et infatigables ; elles parcoururent les provinces mexicaines presque toujours victorieuses d'un ennemi insaisissable, protégé par la sympathie des populations.

Les États-Unis d'Amérique ayant vu enfin cesser la guerre de sécession par la défaite des États du Sud, qui eut lieu dans les derniers temps de 1865, recouvrèrent leur liberté d'action et réclamèrent du gouvernement français l'évacuation du Mexique. La fin de la guerre permit en outre à un certain nombre d'officiers d'offrir à Juarez un concours précieux que celui-ci s'empressa d'accepter.

Malgré les efforts du gouvernement français pour vaincre la résistance, elle se prolongeait au-delà de toutes les prévisions. En France, l'opinion publique se montrait impatiente de voir la fin d'une entreprise très impopulaire. Au sein du Corps législatif, l'opposition reprochait amèrement au gouvernement les sacrifices imposés à la nation par la volonté seule de l'Empereur qui avait entraîné le pays dans une telle aventure. Napoléon III pressait l'empereur Maximilien d'organiser une armée nationale et de subvenir avec ses seules ressources aux dépenses de son gouvernement ; ce qui lui était impossible.

Ce pauvre Maximilien se trouvait aux prises avec des difficultés énormes résultant de faits de guerre, du manque de ressources financières, et enfin de ses mauvaises relations avec le maréchal Bazaine. Ce qu'il y avait encore de plus poignant pour lui, c'était de sentir que le gouvernement français cherchait par tous les moyens à l'abandonner à son triste sort.

Ce fut dans ces circonstances pénibles que, vers la fin de juin 1866, il chargea l'impératrice Charlotte d'aller en Europe solliciter la continuation de la toute-puissante protection de l'empereur Napoléon III.

Elle arriva en France au moment où venait d'avoir lieu la bataille de Sadowa ; les meilleures raisons ne purent lutter contre la résolution qu'avait prise l'Empereur d'abandonner Maximilien, après l'avoir engagé dans une aussi dangereuse aventure. Ce fut lorsqu'elle connut cette résolution que sa raison commença à s'ébranler pour disparaître complétement un peu plus tard. Elle vécut depuis dans cet état auprès de son frère le roi des Belges comme une seconde victime expiatoire.

Les choses se traînèrent ainsi jusqu'à l'époque du départ de nos troupes du Mexique, conformément à l'engagement qu'en avait dû prendre le gouvernement impérial vis-à-vis des États-Unis.

A la fin de février 1867, seize mille hommes furent embarqués à Vera-Cruz pour rentrer en France, et le reste le fut le mois suivant. Le maréchal Bazaine quitta le Mexique le 12 mars avec sa famille. Ce départ combla de joie le parti libéral et consterna par contre les partisans de l'empereur Maximilien dont l'exaspération contre Napoléon III ne connut plus de bornes.

Les places étaient à peine abandonnées par nos troupes qu'elles étaient occupées par celles de Juarez, dont les forces augmentaient sans cesse. L'empereur Maximilien, avec un courage digne d'une meilleure cause, chercha à réagir contre une situation désespérée. A la tête de sept à huit mille hommes, il essaya de lutter contre les troupes de Juarez et de rétablir ses communications avec Vera-Cruz.

Hélas ! le dénouement ne se fit pas attendre ; trahi et vaincu à Queretaro, il y fut fait prisonnier avec toutes ses troupes le 15 mai 1867. Jugé par un conseil de guerre, il fut condamné à mort et fusillé le 19 juin suivant, en même temps que les généraux Miramon et Mejia.

Deux jours plus tard Mexico assiégé par le général Porfirio Diaz tombait au pouvoir de l'armée nationale, et Juarez y rentrait aux acclamations enthousiastes de la population.

La mort de l'empereur Maximilien produisit en France une stupeur profonde et douloureuse, car chacun sentait que sur le gouvernement impérial français pesait la responsabilité de ce fatal événement.

A cette occasion, dans la séance du 9 juillet suivant, M. J. Favre prononça les paroles suivantes du haut de la tribune : « Je compatis davantage au sort d'un obs- « cur soldat français qui trouve la mort sur le sol « étranger en accomplissant son devoir, qu'à celui d'un « prétendant qui y est allé volontairement et qui y « meurt en y cherchant une couronne. »

Paroles sévères, mais justes.

Ainsi finit par une horrible catastrophe une guerre inique faite par Napoléon III contrairement au senti- ment public et aux intérêts de la France. En entrepre- nant cette guerre, il commit la faute de fouler aux pieds le principe de non-intervention qu'il avait pro- clamé lui-même, violant ainsi la convention de Lon- dres portant la signature de la France. Il y fut poussé par des intrigues de cour ayant pour but, en flattant les sentiments religieux de l'Impératrice, de favoriser des spéculations honteuses.

M. Rouher a prétendu devant le Corps législatif que cette guerre n'avait coûté à la France que 300 millions. C'est une erreur manifeste. Dans le *Journal officiel* du 25 juin 1867 *page 815*, on trouve l'indication des dé- penses année par année et qui se montent, recettes déduites, à 380 millions. En outre ce chiffre ne repré- sente que les sommes dépensées en dehors des budgets ordinaires ; mais il en est d'autres qui résultent de som- mes portées chaque année au budget du ministère de la guerre pour divers services, qui ont été détournées de leur destination et employées au service des troupes au Mexique ; plus tard, il est vrai, il fallut combler les vides faits par ces virements de fonds, mais l'em- ploi de ce moyen permit de dissimuler les dépenses réelles occasionnées par cette guerre. Il convient encore d'y ajouter la valeur de tout le matériel de guerre laissé au Mexique, des approvisonnements de toute nature, sept mille chevaux dont trois mille de trait, d'après le *Journal officiel* du 30 avril 1867.

Il est donc impossible de connaître exactement ce que cette entreprise à coûté à la France, surtout si l'on veut tenir compte de la ruine de tous ces malheureux souscripteurs aux divers emprunts mexicains faits sous la garantie morale de la France.

Ce qui n'est que trop certain, c'est que cette guerre nous coûta, outre la vie d'un grand nombre de nos soldats, une partie de notre honneur et de notre prestige militaire.

De même que la guerre d'Espagne marqua le déclin du premier Empire, de même celle du Mexique marqua celui du second auquel jusque-là la fortune n'avait que trop souri.

Depuis la mort de l'empereur Maximilien, Juarez fut réélu deux fois et à de grandes majorités, et mourut en 1872 à l'âge de 66 ans président de la République mexicaine qu'il avait tant contribué à maintenir dans son pays.

Avant Sadowa.

Après les défaites qu'elle avait essuyées sous le premier Empire et notamment après celle d'Iéna en 1806, la Prusse n'eut qu'une seule préoccupation ; organiser son armée en vue d'une revanche contre la France. Le général Stein établit les premières bases de cette organisation, et depuis, tous ses hommes de guerre y travaillèrent activement et sans relâche. Dans les quinze années qui précédèrent les événements de 1870, le comte de Moltke, doué d'un génie militaire exceptionnel, la porta à son plus haut degré de perfection.

La Confédération germanique, dont la Prusse faisait partie en même temps que l'Autriche et beaucoup de petits États secondaires, était organisée de façon à ce que l'influence de ces deux grandes puissances s'y fasse contre-poids.

La guerre faite en 1865 au Danemark par l'Autriche et la Prusse, et suivie bientôt d'un dissentiment entre elles, au sujet du partage des dépouilles, fournit à cette dernière puissance le prétexte désiré de dominer en Allemagne en abaissant l'Autriche par une guerre heureuse.

Si le roi de Prusse fit preuve de jugement en plaçant le comte de Moltke à la tête de son armée, il le fit encore dans le choix de M. Bismarck comme ministre des affaires étrangères. En outre, il sut les soutenir de toute son autorité contre les intrigues de cour auxquelles sont souvent en butte les hommes vraiment supérieurs.

En diplomate habile, M. de Bismarck s'assura la neutralité de la Russie, qui déjà sans doute entrevoyait le moyen de s'affranchir des stipulations du traité de 1856. Il se préoccupa ensuite de celle de la France. A cet effet, eut lieu à Biarritz entre l'empereur Napoléon et lui quelque temps avant la guerre, une entrevue à la suite de laquelle la neutralité de la France lui fut acquise.

A quelles conditions le fut-elle ? Le maréchal Randon, qui était ministre de la guerre lors des événements de 1866, va nous l'apprendre.

Renvoyé du ministère de la guerre le 20 janvier 1867 et remplacé par le maréchal Niel, il a écrit ses mémoires qui ne furent publiés qu'en 1877, six ans passés après sa mort.

Voici comment s'exprime le maréchal Randon dans ses Mémoires (*pages 143 et 144*): « Le gouvernement « français était au mieux avec celui de Berlin ; l'am- « bassadeur de Prusse à Paris était chargé en mars « 1866 de demander à l'Empereur quel agrandissement « la France désirait. En retour, l'Empereur conseillait à « l'Italie de s'unir à la Prusse pour une action com- « mune, et de son côté M. de Bismarck disait au géné- « ral Govone: tout cela bien entendu si la France le « veut, car si elle venait à montrer de la mauvaise hu- « meur rien ne pourrait se faire.

« Le 2 juin 1866 il avait dit au général Govone: je « suis moins Allemand que Prussien, et je ne verrais « aucune difficulté à consentir à la cession à la France « de tout le pays compris entre le Rhin et la Moselle,

« le Palatinat, l'Oldembourg, une partie du territoire
« prussien, etc. Il est vrai qu'il tenait en réserve un re-
« fus du roi de Prusse ».

M. de Bismarck ayant du côté de la France ses cou-
dées franches, comme du côté de la Russie, n'hésita
plus, il conclut avec l'Italie une alliance offensive et
défensive, et se prépara à la guerre.

Il est facile de comprendre que la Prusse ne pouvait
rien entreprendre sans l'assentiment du gouvernement
français, dès lors l'Empereur pouvait à son gré empêcher ou autoriser la guerre.

S'il s'était décidé pour la première alternative, rien
ne lui eût été plus facile que d'empêcher la guerre
d'éclater. Il lui eût suffi de déclarer à la Prusse qu'il ne
lui permettrait pas de troubler la paix de l'Europe pour
satisfaire son ambition.

Dès lors le traité avec l'Italie n'était pas conclu, et
la paix était assurée.

Favoriser au contraire les projets de la Prusse et de
l'Italie, c'était rendre la guerre inévitable, et certaine
la rupture à notre détriment de l'équilibre européen.
Il est vrai que l'Empereur avait reçu de M. de Bismarck
la promesse de compensations territoriales par la cession des bords du Rhin. Cette seconde alternative le
flatta plutôt que la première ; elle était certes de nature à satisfaire le sentiment national français.

Dans l'un comme dans l'autre cas, il fallait réunir
sur les bords du Rhin une armée assez forte pour ga-
rantir à la France, le cas échéant, l'exécution des promesses faites, et ne pas s'exposer à devenir la victime
de la duplicité de la Prusse. Le motif de la guerre était
connu, il s'agissait de la réorganisation de la Confédération germanique, et pour la Prusse de conquérir la
suprématie en Allemagne au détriment de l'Autriche.

Si cette dernière eût été victorieuse, ainsi que prétendirent plus tard l'avoir prévu l'Empereur et ses ministres, n'était-il pas évident que dans ce cas elle eût conquis en Allemagne la prépondérance rêvée par la Prusse, et que d'une façon comme de l'autre une compensation territoriale pouvait seule prévenir l'amoindrissement relatif de la France ? La prudence la plus élémentaire faisait donc à l'Empereur un devoir strict de réunir sur le Rhin une armée capable de sauvegarder nos intérêts.

Il n'en fut rien, et l'Empereur allait assister les bras croisés aux graves événements qui se préparaient.

Le *Moniteur officiel* du 11 juin 1866 publia la lettre suivante adressée au ministre des affaires étrangères, et dont il fut donné lecture au Corps législatif et au Sénat : « Si la conférence avait eu lieu, votre langage de-« vait être explicite, vous deviez déclarer en mon nom « que je repoussais toute idée d'agrandissement de « territoire **tant que l'équilibre européen ne** « **serait pas rompu.**

« En effet nous ne saurions songer à l'extension de nos « frontières que si la carte de l'Europe venait à être « modifiée au profit exclusif d'une grande puissance, et « si les populations limitrophes demandaient, par des « vœux librement exprimés, leur annexion à la « France... Dans cette lutte qui est sur le point d'écla-« ter, nous n'avons que deux intérêts : la conservation « de l'équilibre européen et le maintien de l'œuvre « que nous avons contribué à édifier en Italie. »

Elle se terminait par l'assurance que, quels que soient les résultats de la guerre, aucune des questions qu'elle soulevait ne serait résolue sans l'assentiment de la France.

Cette lettre fut très bien accueillie par l'opinion publique, elle était claire et précise, elle pouvait se résumer ainsi : nous ne laisserons pas reprendre la Lombardie à l'Italie et, si la puissance victorieuse s'agrandit, nous aurons une compensation territoriale.

L'esprit public en France était généralement favorable à la Prusse ; son alliance avec l'Italie la faisait bénéficier des sympathies que les libéraux français avaient toujours témoignées à cette dernière. Le gouvernement prussien représentait les idées de progrès comparéé à celui autoritaire et rétrograde de l'Autriche. On n'avait pas oublié en France les cruautés commises par les généraux autrichiens en Hongrie, et surtout en Italie où des femmes furent fouettées sur la place publique à Milan.

En outre, la paix de Villafranca ayant laissé la Vénétie sous la domination autrichienne, on nourrissait l'espoir de sa délivrance dans le cas où la Prusse serait victorieuse. Par contre, le parti réactionnaire faisait ouvertement des vœux pour le succès de l'Autriche qu'il considérait, avec raison, comme le soutien le plus assuré du pouvoir temporel du pape.

Tel était l'état des esprits en France lorsque la guerre éclata le 15 juin 1866. Elle fut de courte durée ; après des défaites partielles mais successives, l'armée autrichienne fut écrasée à Sadowa le 3 juillet suivant ; les Prussiens marchaient sur Vienne.

Le *Moniteur officiel* du 4 juillet portait ce qui suit en tête de ses colonnes : « L'empereur d'Autriche cède « la Vénétie à l'empereur des Français et accepte sa « médiation pour la paix. »

Cette offre n'avait pour but que de désintéresser l'Italie et de permettre à l'Autriche de continuer la guerre contre la Prusse seule. Elle fut repoussée par l'Italie, et il fallut arriver à s'entendre pour la conclusion d'un armistice général et la signature de préliminaires de paix.

Dans son livre *Ma mission en Prusse*, publié en 1871, M. Benedetti, ancien ambassadeur de France à Berlin (*page 223*), dit : « Les préliminaires de paix qui « furent signés à Nikolsburg le 26 juillet avaient été « préparés à Paris, et ils avaient été offerts par la « France aux deux puissances belligérantes qui les « avaient acceptés ; ils stipulaient notamment que les « États du midi de l'Allemagne conserveraient une si- « tuation internationale indépendante. »

Près d'un mois après, le 23 août 1866, l'Autriche signa le traité de paix de Prague.

Dans l'article premier de ce traité il est dit, que d'a- près les préliminaires de paix signés le 26 juillet, la Vénétie était cédée par l'empereur d'Autriche à l'em- pereur des Français, et que depuis celui-ci a déclaré qu'il l'abandonnait à l'Italie sauf ratification de la population.

Par l'article deux, l'empereur d'Autriche accepte cette cession contre le paiement par l'Italie de la part de la dette afférente à cette province.

L'article quatre porte que l'Autriche adhère à la dissolution de la Confédération germanique et à une nouvelle organisation sans sa participation. Elle pro- met en outre de reconnaître la confédération restreinte que la Prusse fondera au nord du Mein, et déclare consentir à ce que les États du sud de cette ligne forment une association dont l'union nationale avec la Confédération du nord demeure réservée à un arran- gement ultérieur, et qui aura une existence nationale indépendante.

Par l'article cinq l'Autriche cède à la Prusse tous ses droits acquis sur les duchés du Holstein et du

Schleswig, avec la réserve que les populations des districts septentrionaux du Schleswig, si elles expriment par un suffrage libre le désir d'appartenir au Danemarck, devront être cédées à cet Etat.

La Prusse s'annexait le royaume de Hanovre, la Hesse électorale, le duché de Nassau et la ville libre de Francfort.

Enfin l'Autriche s'engagea à payer à la Prusse, à titre d'indemnité de guerre, la somme de 40 millions de thalers soit 148 millions de francs.

Indépendamment de ce traité, la Prusse en imposa d'autres aux différents états secondaires qui avaient pris part à la guerre en faveur de l'Autriche.

Pendant cette campagne de si courte durée, la Prusse prouva qu'elle possédait une organisation militaire et un armement tout à fait supérieurs. Les fusils à tir rapide dont ses soldats étaient armés et son admirable artillerie contribuèrent largement à sa victoire. M. de Moltke se révéla comme stratégiste de premier ordre, secondé en outre par un état-major reconnu par tous les hommes de guerre de cette époque comme supérieur à celui de l'Autriche.

Après Sadowa.

En se reportant à la lettre de l'Empereur du 11 juin,
on voit que le traité de Prague avait légitimé l'agrandissement territorial prévu dans cette lettre. En effet,
par suite des annexions faites par la Prusse, la carte
de l'Europe venait d'être modifiée à son profit ; l'équilibre européen était rompu par l'exclusion de l'Autriche de la confédération dont la Prusse s'était réservé l'organisation. Nous avons vu quel devait être le
prix de notre neutralité bienveillante, nous verrons
bientôt comment furent tenues les promesses qui nous
furent faites par la Prusse avant la guerre.

Peu de temps avant l'ouverture des hostilités, et
avant la lettre de l'Empereur, le gouvernement avait
été interpellé sur les événements qui se préparaient,
M. Rouher refusa de répondre en raison des inconvé-
nients que pourrait avoir une telle discussion, et fît appel au patriotisme de la Chambre pour ne pas insister.

Pour connaître l'impression produite en France sur
l'esprit public et sur notre gouvernement par la défaite de l'Autriche, nous n'avons qu'à consulter le livre de M. Benedetti *Ma mission en Prusse* et les *Mémoires du maréchal Randon*. Le premier dit à la *page
251* : « Au moment où ils entreprenaient la campagne
« de 1866, le roi de Prusse et M. de Bismarck deman-
« daient uniquement à la fortune des armes de consti-

« tuer une grande Prusse, tel était encore leur princi-
« pal dessein à Nickolsbourg et quand ils étaient de
« retour à Berlin. Cependant l'importance des succès
« remportés par les armées prussiennes produisit dans
« tous les esprits une émotion profonde et générale.
« L'opinion libérale en Allemagne ne jugeait pas que le
« moment opportun était venu de fonder l'unité ger-
« manique ; elle proclamait hautement et elle se mon-
« trait prête à se rallier au gouvernement du roi qu'elle
« avait si énergiquement combattu, s'il consentait à
« patronner ces aspirations nationales. Au dehors, et
« notamment en France, éclatait un sentiment d'inquié-
« tude, et nous intervenions pour demander des com-
« pensations à la Prusse. »

De son côté, le maréchal Randon, dans ses mémoires, *tome II pages 145 et 146*, écrit : « La bataille de
« Sadowa avait été gagnée le 3 juillet. Le 5, la journée
« aux angoisses patriotiques, le ministre des affaires
« étrangères, M. Drouyn de Lhuys, se rendit auprès de
« l'Empereur avant ses collègues et insista sur la né-
« cessité de convoquer les Chambres, afin d'obtenir
« d'elles les subsides nécessaires pour mobiliser l'ar-
« mée et soutenir l'Autriche vaincue. L'Empereur dé-
« clara partager cette manière de voir, et lorsqu'un
« peu plus tard le conseil des ministres fut réuni, la
« discussion s'ouvrit aussitôt sur les deux questions qui
« venaient d'être posées.

« La résolution proposée par M. Drouyn de Lhuys
« et hautement appuyée par le ministre de la guerre
« fut adoptée. En conséquence on décida que le *Moni-*
« *teur officiel* du lendemain contiendrait un décret
« convoquant d'urgence le Sénat et le Corps législatif.
« Cependant l'*Officiel* du 6 parut sans le décret.

« Dans la soirée du 5, le prince Napoléon, M. Rou-

« her et M. de La Valette, avaient fait ensemble ou
« successivement auprès de l'Empereur les plus grands
« efforts pour obtenir que les Chambres ne fussent pas
« appelées. »

Quand le maréchal Randon connut ce changement
de décision de l'Empereur il s'écria avec amertume :
« C'est nous qui avons été battus à Sadowa. »

On a cherché alors à lui imputer l'inaction de la
France, prétendant qu'il aurait avoué à l'Empereur
que nous n'étions pas en mesure de faire aucune démonstration militaire.

Le maréchal déclare cette allégation absolument
fausse. Il dit qu'il assura pouvoir en un mois réunir
sous les drapeaux 450.000 hommes et mettre en marche immédiatement 80.000 hommes ; à quoi M. Drouyn
de Lhuys, parfaitement renseigné sur l'épuisement
momentané de la Prusse , aurait répondu : 80.000
hommes, c'est trop, 40.000 suffiraient, des gardes
champêtres suffiraient. Ces derniers mots n'étaient pas,
dit le maréchal, l'expression d'une jactance ridicule,
mais l'affirmation de ce fait que la seule déclaration
de la France d'intervenir dans le débat les armes à la
main aurait suffi alors pour tout arranger et sauvegarder la situation de la France.

Le maréchal continue ainsi :

« Cinq jours après, le 11 juillet, M. Drouyn de Lhuys
« fit une nouvelle tentative, il remit à l'Empereur sur
« les réformes fédérales proposées par le cabinet de
« Berlin un mémoire où il démontrait que si ces réfor-
« mes s'exécutaient, l'Allemagne entière se trouverait
« absorbée par la Prusse. En conséquence, il proposait
« d'arrêter cette puissance par une démonstration mi-
« litaire ou par une médiation armée. »

Le maréchal Randon ajoute qu'un autre ministre,

qu'il ne nomme pas, aurait fait connaître au Conseil qu'au moment de la campagne de Bohême, il ne restait dans les provinces rhénanes que deux régiments qu'on faisait voyager en chemin de fer, et auxquels on faisait un changement de numéros pour faire croire à l'existence de troupes nombreuses ; qu'avant la défaite de l'Autriche il avait, lui maréchal Randon, demandé à l'Empereur la réunion à Metz de cinquante mille hommes qui eussent suffi pour arrêter la Prusse.

L'Empereur refusa constamment toute intervention, et M. Drouyn de Lhuys donna par suite sa démission de ministre des affaires étrangères.

Après la guerre de 1870-1871, M. de Bismarck a fait devant le Reischtag allemand la déclaration suivante qui corrobore parfaitement les dires du maréchal Randon : « Après la bataille de Sadowa, dit-il, « l'empereur Napoléon fit entrevoir son immixtion, « et l'apparition de la France sur le théâtre de la guerre « nous eût exposés à perdre le fruit de nos succès. « Bien que la France eût alors peu de forces disponi- « bles, l'addition d'un corps français eût alors suffi à « faire une très bonne armée des nombreuses troupes « de l'Allemagne du Sud qui avaient un matériel ex- « cellent mais qui manquaient d'organisation, ce qui « nous aurait aussitôt forcés de couvrir Berlin **et de** « **renoncer à tous nos succès en Autriche.**

Le maréchal Randon déclare que malgré le refus de l'Empereur, il fit alors dresser par les colonels de Miribel et Colson les tableaux de mobilisation de l'armée, lesquels sont reproduits en entier dans ses mémoires. Il avait constitué deux armées, celle dite du Nord comprenant 132.638 hommes et 35.030 chevaux, et celle du Sud-Est comptant 127.238 hommes et 32.630 chevaux. En outre, la garde impériale comptait 31.899

hommes et 6.566 chevaux. Total général 291.775 hommes, 74.226 chevaux et 592 bouches à feu. Il estimait à vingt jours le temps nécessaire à la réunion de ces deux armées.

L'Empereur refusa encore de signer le décret de mobilisation.

Le maréchal termine par ces tristes réflexions :
« L'Autriche écrasée et chassée de la confédération ger-
« manique ; la Prusse triomphante et maîtresse de
« l'Allemagne ; la France jouée et humiliée en voyant
« s'établir à ses portes un voisin formidable au lieu de
« la lourde et pacifique diète de Francfort ; tel fut le
« résultat de quelques jours de combats, et de quel-
« ques semaines de négociations dérisoires.

« Ce fut le commencement des insultes que la Prusse
« dirigea contre la France. Le sentiment public se
« souleva contre ces fautes multipliées ; il s'en prit à
« l'Empereur lui-même qui, aux termes de la constitu-
« tion, était seul responsable des actes de son gouver-
« nement. »

Ces réflexions sont sévères mais justes.

On ne connaît pas encore aujourd'hui exactement les causes de cette inaction, qui fut si fatale à la France par ses conséquences. Des révélations nouvelles se produiront sans doute qui jetteront un jour plus complet et suffisant pour en apprécier les causes. Nous savons déjà que d'autres personnages officiels que le maréchal Randon et M. Drouyn de Lhuys agirent, mais inutilement, pour faire sortir l'Empereur de cette apathie. C'est ainsi que dans son livre *La France et la Prusse avant la guerre* (*page 35*) M. le duc de Gramont, alors ambassadeur de France à Vienne, écrit : « J'avais amèrement regretté notre
« inaction en 1866, et agi dans la mesure de mes forces
« pour provoquer alors notre intervention armée. »

En attendant, nous ne pouvons nous expliquer cette inaction que par l'influence très grande qu'eurent sur l'esprit de l'Empereur les événements qui s'accomplissaient au Mexique. Ce fut en effet à cette époque que l'impératrice Charlotte vint en France solliciter l'Empereur de ne pas abandonner l'empereur Maximilien ; abandon qui était résolu et rendu inévitable par l'attitude des États-Unis.

Outre que cette guerre néfaste avait affaibli notre armée, ses résultats généraux avaient surtout considérablement diminué la confiance que l'Empereur avait eue jusque-là dans son étoile, et l'avaient jeté dans une sorte de prostration morale qui lui enleva tout esprit de décision.

La guerre de 1870, qu'on le remarque bien, fut la conséquence de l'inaction de l'Empereur après Sadowa.

A cette époque, comme nous venons de le voir, la France dominait complètement la situation en Europe, l'Empereur pouvait à son gré empêcher la Prusse de profiter de sa victoire sur l'Autriche, ou s'assurer les compensations promises par la possession des bords du Rhin.

Les avertissements ne lui firent pas défaut, cependant il préféra laisser passer l'occasion favorable. Il donna à la Prusse le temps d'organiser toutes les forces militaires de la Confédération du nord et d'enchaîner par des traités les États du sud, et ce fut, ainsi que nous le verrons plus tard, quand toute cette organisation fut complète, qu'en 1870 il déclara la guerre à la Prusse disposant de toutes les forces militaires de l'Allemagne.

Nous estimons qu'à part cette déclaration de guerre qui fut un crime, la faute la plus grande dont la responsabilité incombe à l'Empeur fut celle commise après Sadowa.

Discussion des affaires étrangères.

L'opinion publique attendait toujours des renseignements officiels sur les conséquences des graves événements dont l'Europe venait d'être le théâtre, lorsque le 17 septembre, trois semaines après la signature du traité de Prague, parut au *Journal officiel* une circulaire signée de M. de la Valette adressée à nos agents diplomatiques.

On leur exposait que la France avait tout lieu d'être satisfaite des résultats de la guerre. L'ancienne Confédération germanique n'existait plus, et allait être remplacée par celle du Nord qui ne pourrait nous porter ombrage ; que l'Autriche ne serait plus liée à la Prusse ; que celle-ci ayant donné au sentiment unitaire allemand une satisfaction suffisante, nous n'avions qu'à nous en féliciter, puisque c'était la France qui, la première, avait invoqué le principe des nationalités en faveur de l'Italie, laquelle aujourd'hui voyait son unité s'accomplir par l'obtention de la Vénétie.

Après avoir énuméré toutes ces causes de satisfaction, la circulaire concluait à l'obligation pour nous de réorganiser nos forces militaires afin d'être prêts à parer à toutes les éventualités.

La contradiction était flagrante ; en effet notre organisation militaire avait été jugée suffisante, alors que nous avions en face de nous la Confédération germanique avec ses dangers, et aujourd'hui que sa disparition et son remplacement par celle du Nord et celle du Sud nous étaient présentés comme un sujet de sécurité pour la France, le gouvernement déclarait nécessaires la réorganisation et l'augmentation de nos forces militaires.

Cette circulaire fut l'objet d'un étonnement général.

Les Chambres furent convoquées dans le courant de février 1867. Quelque temps après, M. Thiers et plusieurs de ses collègues ayant demandé à interpeller le gouvernement sur sa politique extérieure, la discussion en fut fixée au 14 mars suivant.

M. Thiers prit le premier la parole. Dans un long discours, il accusa le gouvernement de n'avoir pas su empêcher la rupture de l'équilibre européen à notre détriment, et même d'en être la cause. Il exposa que la France devait soutenir les petits États, qui ne disparaissent qu'au profit des grands. La politique de Napoléon Ier invoquée par le second Empire pouvait se résumer ainsi : prenez de votre côté, je me charge de prendre du mien ; mais à la fin, il s'est trouvé que la France a dû rendre ce que Napoléon Ier avait pris, tandis que les autres puissances gardaient leurs conquêtes.

M. Thiers approuva la guerre de Crimée qui a empêché la Russie de rompre l'équilibre européen à son profit, mais ajouta-t-il, il fallait s'en tenir là, et ne pas faire la guerre d'Italie, et surtout celle du Mexique. J'avais pour amis des Italiens, je leur disais : si j'avais l'honneur de diriger les affaires de la France, tout ce que j'ai de force je l'emploierais pour empêcher l'unité de l'Italie, sa liberté oui, son unité, non.

Il combattit le principe des nationalités qu'il trouvait mal défini ; la Suisse est composée d'Italiens, de Français et d'Allemands, il faudrait d'après ce principe la démembrer. Si on invoque la langue, il faut abandonner l'Alsace à l'Allemagne. En 1864 il a dit : « l'unité italienne sera la mère de l'unité allemande. » Les aspirations unitaires allemandes se comprenaient sous la forme d'un parlement allemand et n'offraient pour nous aucun danger. Ce qui leur a donné une homogénéité plus grande, c'est la crainte inspirée par la France chez laquelle l'Allemagne voit un pouvoir personnel pouvant la lancer dans des aventures dictées par la résolution d'un seul homme, témoin la guerre du Mexique.

Il reprocha au gouvernement de n'avoir pas empêché la guerre contre le Danemarck. L'Angleterre, dit-il, vous a proposé alors de joindre votre flotte à la sienne et de les envoyer croiser dans la Baltique, la Russie était prête à participer à cette démonstration qui eût suffi, vous avez refusé et proposé une guerre continentale que l'Angleterre et la Russie ont jugée inutile.

M. de Bismarck a fort bien compris qu'allié à l'Italie, l'Autriche serait obligée de diviser ses forces, et que moralement la France ne pouvait pas combattre les Italiens ses alliés de la veille, mais cette alliance de l'Italie avec la Prusse, vous deviez l'empêcher, et du même coup vous rendiez impossibles les changements survenus en 1866. Après Sadowa, vous avez demandé à la Prusse des compensations qu'elle vous a refusées au nom de votre propre principe des nationalités.

La conséquence actuelle, dit M. Thiers, c'est que la Prusse qui ne comptait que 19 millions d'habitants en possède aujourd'hui 31 millions, en y comprenant la Confédération du nord dont elle commande les troupes ; en s'assimilant bientôt les États du sud, ce sera une puissance de 40 millions d'habitants à notre frontière, avec des places fortes de premier ordre comme Mayence,

Coblentz, etc. Voilà la situation présente. Pour l'avenir, elle est encore plus dangereuse. La Russie menace l'Orient, maîtresse de Constantinople elle posséderait 100 millions d'habitants. Nous devons donc y maintenir les Turcs, non par amour pour eux, mais pour ne pas y laisser arriver les Russes. La Prusse et la Russie seront tentées de s'entendre pour nous réduire à l'impuissance. Si elles n'ont pas encore fait de traité, elles le feront, le moment venu, comme l'Italie, leurs intérêts étant communs.

Que faire ? Devons-nous chercher des compensations en Belgique, non, nous serions arrêtés par la Prusse et par l'Angleterre ; acceptons, ou plutôt subissons les événements accomplis et que vous n'avez pas su empêcher, mais déclarons que nous ne souffrirons pas qu'on aille plus loin. Proclamez-vous avec l'Angleterre les protecteurs des petits États, l'Autriche reconstituée vous y aidera, et, pour leur inspirer confiance, pratiquez à l'intérieur une politique franchement libérale.

En terminant, M. Thiers prononça ces paroles qui eurent un très grand retentissement ; **après toutes les fautes commises, il n'y en a plus une seule à commettre.**

On s'est longtemps mépris sur le sens de ces paroles, M. Thiers n'a pas entendu dire qu'il ne restait plus de faute à commettre, mais bien qu'il n'en fallait plus commettre.

Ce fut M. Rouher qui répondit à M. Thiers dans la séance du 16 mars. Relativement à la guerre d'Italie, il répondit en substance : « Depuis longtemps le libé- « ralisme français avait condamné la domination « autrichienne en Italie. Une lutte s'était engagée entre « l'Italie et l'Autriche ; si l'Empereur n'avait pas sou-

« tenu l'Italie, les indignations et les attaques en France
« n'auraient pas tari ; l'Autriche sans notre intervention
« aurait étendu son influence sur toute l'Italie.

« La question de Rome n'est que factice, et l'Italie,
« dans son intérêt même, respectera le pouvoir tem-
« porel du Pape. Après Villafranca nous avons voulu
« une fédération italienne ; les Italiens n'en ont pas
« voulu, et ils ont pensé que leur indépendance ne pou-
« vait être assurée que par l'unité de l'Italie. Pouvions-
« nous nous y opposer et leur dire : puisque vous ne
« voulez pas de la confédération, vous ne serez pas li-
« bres. L'unité de l'Italie est-elle un péril pour la France?
« Non, car l'Italie se montrera reconnaissante et amie
« de la France.

« Après la défaite du Danemark, une conférence a
« eu lieu à Londres, l'Autriche et la Prusse ont refusé
« de s'en tenir au traité de 1852, il eût fallu faire la
« guerre pour le maintien de ce traité : M. Thiers vous
« a dit que nous devions signifier à l'Italie la défense de
« s'allier à la Prusse en 1866 pour conquérir la Vénétie,
« et à la Prusse celle de troubler la paix en Europe ;
« mais M. Thiers ne vous a pas dit que nous n'avions
« aucune chance de nous faire écouter. La Prusse seule
« n'aurait pas vaincu l'Autriche, je le reconnais ; à
« Sadowa jusqu'à deux heures, l'Autriche avait toutes
« les chances de son côté, il ne lui a manqué pour
« vaincre que 50 mille hommes sur son aile droite, et
« elle en avait plus de cent mille employés au sud
« contre les Italiens.

« Si l'empereur d'Autriche eût été mieux inspiré, il
« eût suivi le conseil qui lui fut donné, et cédé avant
« la guerre la Vénétie à l'Italie, ce qui lui eût per-
« mis de régler son différend avec la Prusse à son avan-
« tage. Il n'eût pas dû dans tous les cas refuser le

« congrès que nous avons proposé pour s'en remettre
« au sort des armes.

« La guerre éclate, chacun croyait au succès de
« l'Autriche ; devant celui de la Prusse nous avons eu
« des angoisses patriotiques. Nous n'avons pas voulu
« recourir aux armes, mais nous avons accepté le rôle
« de médiateurs. Nous avons ainsi obtenu pour l'Autri-
« che des conditions moins dures. M. Thiers vous a
« dit qu'il n'y a plus une faute à commettre, la vérité,
« c'est qu'il n'y a pas eu une seule faute commise.

« L'aspiration vers l'unité existait en Allemagne
« depuis longtemps.

« La France est-elle amoindrie par la situation nou-
« velle ? Quant à moi, je préférerais les orages solen-
« nels de la guerre et la foudre qui éclate et jette dans
« les rangs la mort et l'immortalité, à une situation
« dans laquelle, sous un ciel sombre et un soleil blafard,
« dans un malaise morbide s'éteindraient graduellement
« la force, la grandeur et la prospérité de la France.

« La Confédération germanique était une menace
« pour la France, en 1859 l'Autriche a pu passer sur
« son territoire, et nous, nous ne l'aurions pas pu ;
« bien plus, la Prusse a mobilisé 300 mille hommes
« qu'elle allait porter sur le Rhin, de là, le traité de
« Villafranca.

« Quelle est la situation actuelle ? Voilà l'Allemagne
« constituée qui pourra arriver à 30 millions d'habitants
« par l'alliance de la Prusse et de la Confédération du
« Nord, et à 38 millions si on suppose des liens plus ou
« moins intimes avec celle du Sud. Ce nombre est bien
« inférieur à celui de l'ancienne Confédération.

« En présence se trouve l'Autriche avec 33 millions
« d'habitants dont les forces vont se réparer. L'ancienne
« Confédération se trouve divisée en trois tronçons qui

« ont besoin de l'amitié de la France. M. Thiers prête
« à la Prusse des visées plus vastes encore ; c'est une
« erreur, la Prusse sous ce rapport a donné à la France
« les garanties les plus absolues ; si la France n'y
« avait pas cru, elle n'aurait pas souffert de tel-
« les ambitions.

Ce fut M. J. Favre qui dans la séance du 18 mars répondit à M. Rouher : « Si vous avez des motifs de vous
« féliciter comme vous le faites des événements de
« 1866, pourquoi votre projet de réorganisation mili-
« taire ? L'Angleterre et la Russie vous ont proposé une
« alliance pour protéger le Danemarck, vous l'avez re-
« fusée ; c'est ce refus qui a rendu possible la guerre
« contre le Danemarck, car si la Prusse et l'Autriche
« avaient vu se dresser contre elles les forces de la
« France, de la Russie et de l'Angleterre, elles auraient
« remis l'épée au fourreau. Après sa défaite, le Dane-
« marck a été abandonné comme va l'être l'Autriche à
« son tour.

« Où est donc la preuve de l'intention de la Prusse
« de venir en aide à l'Autriche en 1859 ? Elle aurait
« aidé sa rivale ! Il n'a jamais été démontré que nous
« ayons eu devant nous les contingents allemands ; c'est
« là un fantôme. Si l'Italie a traité avec la Prusse,
« c'est que le gouvernement français a tout encouragé
« pour tout déserter ensuite.

« Quand M. de Bismarck est venu en France, il y
« est venu pour chercher un appui qu'on aurait dû lui
« refuser. On l'a encouragé dans ses espérances parce
« que lui-même en a laissé concevoir d'autres. La
» France avait prévu la victoire de l'Autriche, l'abat-
« tement de la Prusse et l'extension de nos frontières
« jusqu'au Rhin. Si la France avait montré à l'Autriche
« la pointe de son épée, elle aurait cédé la Vénétie à

« l'Italie, surtout si la France s'était engagée à la sou-
« tenir ensuite contre la Prusse.

« Les angoisses patriotiques se conçoivent, en voyant
« la Prusse victorieuse, on sentait qu'elle ne tiendrait
« aucun compte de ses promesses. Depuis, on se félicite
« du résultat et on nous demande une armée de 1,200
« mille hommes. L'Empereur peut déclarer la guerre,
« mais le Corps législatif peut l'arrêter en refusant de
« voter des subsides. L'avons-nous fait pour le Mexi-
« que ? La guerre du Mexique a été pour beaucoup
« dans les événements de l'Allemagne ; qu'en est-il
« résulté ? l'or et le sang français gaspillés pour créer
« un empire de fantaisie.

« Ce qui a développé l'idée unitaire en Allemagne,
« c'est le spectacle qui lui était donné en France, où il
« suffisait de la volonté de l'Empereur pour qu'une
« armée française passe le Rhin. L'Allemagne s'est crue
« menacée ; or, **menacer l'Allemagne c'est la con-**
« stituer.

La France humiliée.

Dans son discours du trône, lors de l'ouverture du parlement de la Confédération du nord, et comme s'il eût voulu répondre à la circulaire du gouvernement français, le roi de Prusse avait dit : « Les succès de la « Prusse ne sont que des étapes pour arriver au réta- « blissement et à l'élévation de la puissance et de l'hon- « neur de l'Allemagne, et reconquérir au peuple alle- « mand la grandeur de son passé. »

Quelque temps après, le comte de Moltke déclarait à la tribune que « rien n'arrêterait l'unité allemande, « et que la Prusse ne pouvait être détournée ou ralen- « tie par nulle considération ; qu'elle ne désarmerait « ni armée ni flotte avant d'être arrivée à l'unité alle- « mande. »

Le masque était jeté ; et la Prusse avouait que le but qu'elle poursuivait, c'était l'unification de l'Allemagne à son profit.

La France allait-elle s'incliner ? Allait-elle obtenir les compensations territoriales auxquelles elle avait droit, ou bien la lettre de l'Empereur du 11 juin 1866 serait-elle lettre morte ?

A la *page 253 et suivantes* de son livre *Ma mission en Prusse*, M. Benedetti dit : qu'aussitôt la paix signée, M. de Bismarck, pour s'assurer la bienveillance de la Russie, y envoya en mission le général Manteuffel, qu'un accord intime a dû être conclu entre ces puissances, et que depuis, rien dans les agissements de chacun n'a pu porter ombrage à l'autre, enfin, il constate la résolution bien arrêtée du cabinet de Berlin de préparer l'union allemande en attendant de pouvoir y substituer l'unité à son profit.

Nous avons vu dans un chapitre précédent les promesses faites par M. de Bismarck à l'Empereur pour s'assurer la neutralité de la France ; nous avons vu le refus persistant de ce dernier de profiter des circonstances favorables pour intervenir activement et obtenir l'exécution de ces promesses ; mais, lorsqu'après avoir laissé à la Prusse le temps nécessaire pour assurer le fruit de ses succès il réclama les compensations qui lui avaient été promises, soit les bords du Rhin, M. de Bismarck, fort de l'appui de la Russie, répondit de la façon la plus nette et la plus hautaine qu'il n'y fallait pas songer, et que le sentiment public allemand ne le permettrait pas.

Par contre, et comme dédommagement, il suggérait à l'Empereur l'idée de chercher un agrandissement en Belgique et promettait de le favoriser. Il dicta même à notre ambassadeur un projet de traité que celui-ci écrivit de sa main et qu'il commit la faute de lui laisser.

En 1870, au moment de la déclaration de guerre, M. de Bismarck fit connaître à l'Europe, qu'après les événements de 1866, le gouvernement français lui avait proposé une entente en vue de s'emparer de la Belgique. Il ajouta que M. Benedetti, notre ambassadeur, lui avait laissé ce projet écrit de sa main. Malgré les dénégations formulées alors par M. E. Ollivier, l'existence de cette proposition est aujourd'hui établie.

Dans les papiers découverts aux Tuileries après le 4 septembre, on a trouvé et publié une note, sans date, de l'écriture de M. Conti, secrétaire de l'Empereur, et qui paraît lui avoir été dictée par ce dernier ; la voici textuelle : « Si la France se place hardiment sur « le terrain des nationalités, il importe d'établir dès à « présent qu'il n'existe pas une nationalité belge et de « fixer ce point avec la Prusse. Le cabinet de Berlin « semblant d'autre part disposé à entrer avec la France « dans les arrangements qu'il peut convenir à la « France de prendre avec lui, il y aurait lieu de négo- « cier un acte secret qui engagerait les deux parties. « Sans prétendre que cet acte fût une garantie parfai- « tement sûre, il aurait le double avantage de compro- « mettre la Prusse et d'être pour elle un gage de la « sincérité de la politique ou des intentions de l'Empe- « reur. Il convient de ne pas se dissimuler, quand on « connaît le caractère du roi de Prusse et celui de son « premier ministre, que les derniers incidents diplo- « matiques, comme les dispositions actuelles du senti- « ment public en France, ont dû les raffermir dans la « conviction que nous n'avons pas renoncé à revendi- « quer la frontière du Rhin.

« Pour être certain de trouver à Berlin une confiance « qui est nécessaire au maintien d'une entente intime, « nous devons nous employer à dissiper les appré- « hensions qu'y a toujours entretenues cette éventua- « lité.

« Appréhensions qui ont été réveillées et même « surexcitées par nos dernières communications. Ce « résultat ne peut être obtenu par des paroles, il faut « un acte, et celui qui consisterait à régler le sort ulté- « rieur de la Belgique de concert avec la Prusse, en « prouvant à Berlin que l'Empereur cherche décidé-

« ment ailleurs que sur le Rhin l'extension nécessaire
« à la France depuis les événements dont l'Allemagne
« vient d'être le théâtre, nous vaudra du moins une
« certitude relative que le gouvernement prussien ne
« mettra pas obstacle à notre agrandissement dans le
« nord. »

Cette note nous révèle qu'en dépit des dénégations
et des apparences publiques de satisfaction et de désin-
téressement, le gouvernement français, sentant enfin
l'amoindrissement de la France par rapport à la Prusse,
cherchait avec juste raison des compensations territoriales propres à satisfaire le sentiment public. Tout en
faisant croire qu'il n'avait pas abandonné ses prétentions sur les bords du Rhin, il recherchait le concours
de la Prusse pour l'annexion de la Belgique en invoquant le principe des nationalités et le vote favorable
des populations.

Il est curieux de connaître sur ce vote éventuel le
sentiment de M. Emile Ollivier. Voici ce qu'en pensait
celui qui allait bientôt renier tout son passé politique
pour devenir ministre de l'Empereur, et l'un des plus
fermes soutiens du pouvoir personnel qu'il avait combattu jusque-là.

Dans le journal *la Liberté* du 29 mai 1866, il
s'exprimait ainsi en parlant des compensations que la
France pourrait réclamer :

« La Belgique, j'en conviens, serait désirable. Des
« motifs stratégiques de premier ordre justifieraient
« son annexion à la France. Malheureusement, les ins-
« titutions politiques de la Belgique **sont tellement**
« **supérieures aux nôtres** que nous ne saurions es-
« pérer que le peuple belge consentît volontairement à
« devenir français, et nous n'avons pas le droit de lu
« imposer par la force une telle résolution. »

A ces propositions, M. de Bismarck répondit en invoquant les traités européens qui garantissent l'existence et la neutralité de la Belgique.

Après le discours du roi de Prusse et celui du comte de Moltke, révélant publiquement les projets de la Prusse, on a peine à concevoir que le gouvernement français par l'organe de M. Rouher ait persisté à se féliciter des événements de 1866, et á présenter l'ancienne Confédération germanique divisée en trois tronçons qui avaient besoin de l'amitié de la France. Ce qui surtout dépassa toute mesure, ce fut cette affirmation que la Prusse n'avait pas de visées plus vastes que celles résultant du traité de Prague ; il ajoutait solennellement qu'elle avait sous ce rapport donné à la France **les garanties les plus absolues**, et que si la France n'y avait pas cru, elle n'aurait pas souffert de telles ambitions.

Un pareil langage indiquait clairement qu'on ne tenait aucun compte des discours du roi de Prusse et du comte de Moltke. M. de Bismarck se chargea d'éclairer une aussi aveugle confiance. En effet, les débats terminés au Corps législatif, et comme pour répondre aux affirmations de M. Rouher, il révéla par le *Moniteur prussien* du 20 mars 1867 les traités secrets que la Prusse avait imposés au grand duché de Bade et au royaume de Bavière, en même temps que le traité de paix, le premier en date du 17 août 1866, le second du 22 suivant. Par ces traités, ces États concluaient avec la Prusse une alliance offensive et défensive pour la garantie de leurs territoires respectifs. En outre ils conféraient au roi de Prusse le commandement de leurs forces militaires.

Pour comprendre toute la portée de ces traités, il faut se rappeler que l'article 4 du traité d Prague stipulait que les États du Sud formeraient une association ayant une existence nationale **indépendante**. Ce traité porte la date du 23 août, et ceux imposés au grand-duché de Bade et à la Bavière l'avaient précédé, de sorte que la Prusse reconnaît par le traité de Prague l'indépendance des États du Sud alors qu'elle venait par avance d'annuler cette indépendance par les susdits traités secrets.

En réalité, quel rôle avait-on fait jouer à la France dont la Prusse avait accepté la médiation ? Cette puissance pouvait-elle lui infliger un outrage plus grand que de faire connaître qu'elle avait violé le traité de Prague avant même qu'il fût signé avec la coopération et la garantie morale de la France ?

Par l'article 5 de ce traité, la France avait obtenu pour les populations des districts septentrionaux du Schleswig le droit de voter leur réunion au Danemarck. Lorsqu'elle réclama à la Prusse l'exécution de cette clause, M. de Bismarck dénia à la France tout droit d'intervention, et prétendit que la Prusse et l'Autriche ayant seules signé ce traité, il ne reconnaissait qu'à cette dernière le droit d'en réclamer l'exécution.

A ce sujet M. Benedetti — *page 225* — écrit: « A la pré-« tention de nous dénier tout droit dans cette affaire, M. « de Bismarck ajouta des procédés que nous aurions pu « ressentir vivement et qui auraient fourni au gouver-« nement de l'Empereur, s'il l'avait cherché, un juste « et premier motif de désaccord. »

L'affaire du Luxembourg devait bientôt combler toute mesure.

Lors des traités de 1815 le Luxembourg fut érigé en duché et donné à la Hollande, mais en même temps déclaré faire partie de la Confédération germanique, dont par suite le roi de Hollande devenait membre.

Cette combinaison révélait une pensée hostile à la France. Ce duché par lui-même n'a pas grande importance, sa population n'est guère que de 200,000 habitants. Ce que les coalisés avaient voulu, c'était placer par ce moyen la forteresse de Luxembourg entre les mains de la Confédération germanique comme poste avancé contre la France.

Les Prussiens y tenaient garnison au nom de la Confédération germanique. Celle-ci détruite par le traité de Prague, ils n'avaient aucun titre pour continuer à l'occuper. Après avoir inutilement cherché un agrandissement territorial sur les bords du Rhin d'abord, et ensuite en Belgique, le gouvernement français se tourna vers le duché de Luxembourg. Le roi de Hollande consentit à le céder à la France, sous réserve du consentement des puissances européennes et du vote favorable de la population.

Ce vote n'était pas douteux, car ces populations avaient une aversion très grande contre la Prusse, et surtout contre son régime militaire. La Prusse informée de cet accord et invitée par le gouvernement français à évacuer la forteresse de Luxembourg s'y refusa, et provoqua la réunion d'une conférence européenne pour examiner la question.

Le sentiment public en France ressentit vivement la malveillance des procédés de la Prusse à notre égard. On parla beaucoup de rupture et de guerre ; on ne s'expliquait pas que l'Empereur, habitué jusque-là à parler haut en Europe, pût supporter de tels outrages infligés à l'honneur de la France. Finalement, il s'inclina de nouveau et consentit à la réunion de la conférence qui eut lieu à Londres.

Ce fut pour la politique prussienne l'occasion d'un nouveau triomphe. En effet, le 11 mai 1867, les ambassadeurs des grandes puissances signèrent un traité aux termes duquel le duché de Luxembourg devait continuer à faire partie du royaume de Hollande, mais était déclaré neutre sous la garantie des puissances européennes. Les fortifications de la place devaient être détruites et la ville ne devait avoir à l'avenir qu'une garnison destinée au maintien du bon ordre. La garnison prussienne ne devait évacuer la forteresse qu'après l'échange des ratifications qui devaient avoir lieu un mois plus tard.

Ce traité fut accueilli en France comme une humiliation nouvelle, et eut dans tous les cœurs un douloureux écho. C'est alors qu'il fut aisé de comprendre toute la portée des événements de 1866, en voyant la France obligée d'abdiquer son passé historique et de courber la tête devant l'arrogance de la Prusse qui avait acquis depuis une puissance militaire de premier ordre, capable de contrebalancer la sienne.

Se rappelant les paroles de M. Rouher au Corps législatif — où dans la séance du 16 mars, répondant à M. Thiers qui prêtait à la Prusse des visées plus vastes, il disait : « C'est une erreur, la Prusse, sous ce rapport « a donné à la France **les garanties les plus abso-** « **lues,** si la France n'y avait pas cru, **elle n'aurait** « **pas souffert de telles ambitions** » — on se demandait en quoi pouvaient bien consister ces garanties absolues, et on était obligé de reconnaître qu'elles ne consistaient qu'en paroles vagues qui n'obligeaient en rien la Prusse, et que nos gouvernants avaient eu la naïveté de prendre au sérieux.

Si la guerre du Mexique avait marqué le commencement du déclin de l'Empire, les conséquences des événements de 1866 l'accentuèrent singulièrement. Il n'en fallait pas tant pour alarmer le patriotisme de la nation, et la porter à juger sévèrement la conduite de son gouvernement, alors que la Prusse exerçait déjà une influence démesurée sur les deux rives du Rhin, et jusqu'aux frontières de la Russie. La France voyait ses traditions séculaires foulées aux pieds par le triomphe de la politique prussienne.

La jactance de M. Rouher n'avait trompé personne et, pour connaître sa pensée réelle, consultons encore les papiers trouvés aux Tuileries ; nous y verrons une lettre écrite par lui à l'Empereur quelques mois plus tard le 27 septembre 1867, et dans laquelle il lui dit :

« Au sujet de la prévision de la guerre, le débat se « concentre dans cette unique question : le gouverne- « ment impérial consentira-t-il ou non à l'incorpora- « tion imminente des États du Sud dans la confédéra- « tion du Nord ? Votre Majesté peut-elle dès aujourd'hui, « pour ainsi dire, *à priori*, donner à cette question une « solution précise et énergique ? La prudence et la ré- « serve du langage ne nous sont-elles pas imposées ?

« Les appréhensions suivent une proportion géométri- « que, et la stagnation des affaires chaque jour plus accen- « tuée excite déjà les plaintes vives des centres industriels. « Je suppose que Votre Majesté lassée de cette position « équivoque veuille faire une déclaration explicite ; que « dira-t-elle ? Réclamera-t-elle la ligne du Mein comme la « limite contractuelle de la confédération du Nord, et la « violation de cette ligne comme un *casus belli ?* Il est de « toute évidence qu'une pareille déclaration jetterait l'a- « larme dans tous les intérêts et nous conduirait précipi- « tamment à la guerre avec l'Allemagne. Or, sommes- « nous prêts ? »

— Comme on le voit, il n'était plus question des garanties données par la Prusse à la France, et la guerre paraissant inévitable, M. Rouher avait raison de dire : **sommes-nous prêts ?**

Situation militaire en 1854 et en 1859.

Pour tout homme au courant des choses militaires
en France, il était évident qu'en 1866 notre armée
était encore mal organisée, mal pourvue des choses
qui lui étaient nécessaires, et que la guerre du Mexique
avait été pour elle une cause de plus d'affaiblissement.

Le gouvernement français ne pouvait l'ignorer, il
n'avait pu oublier ce qui s'était passé en 1854 et en 1859,
et les plaintes formulées à ces époques, notamment
par le maréchal Saint-Arnaud en Crimée, et par l'Empereur lui-même en Italie.

Le 26 mai 1854 le maréchal Saint-Arnaud écrivait à
l'Empereur :

« Sire, je suis arrivé à Gallipoli dans la nuit, et de-
« puis la pointe du jour j'ai travaillé à me rendre un
« compte exact de la situation de l'armée, de ce qui
« lui manque, de ses besoins, de nos ressources.

« Je le dis avec douleur à Votre Majesté, nous ne
« sommes pas constitués, ni en état de faire la guerre
« tels que nous sommes aujourd'hui. Nous n'avons
« que 24 pièces d'artillerie attelées, prêtes à faire feu,
« et 500 chevaux, tant de chasseurs d'Afrique que du
« 6ᵐᵉ dragons. Notre situation est encore plus triste
« sous le rapport des approvisionnements ; j'ai pour
« dix jours de biscuit ; il m'en faudrait pour trois
« mois au moins.

« On a cru que je plaisantais quand je demandais
« trois millions de rations, qui ne font que vingt jours
« d'approvisionnements pour 50 mille hommes, et on
« m'en proposait un million. Il est impossible d'être
« plus loin de compte. On ne fait pas la guerre sans
« pain, sans souliers, sans marmites et sans bidons.
« On me laisse avec 250 paires de souliers, 40 mar-
« mites et 50 bidons. »

Le 30 mai suivant, le maréchal Saint-Arnaud écrit
de nouveau :

« On me demande si je suis en mesure de livrer ba-
« taille, non, je ne le serai pas de quelque temps. Je
« suis revenu à Gallipoli, et j'ai vu. Je n'ai pas le droit
« de hasarder et de compromettre l'honneur du dra-
« peau en mettant en ligne une armée non constituée,
« non organisée, n'ayant ni son artillerie, ni sa cavale-
« rie, ni son ambulance, ni son train, ni ses trans-
« ports, ni ses approvisionnements. »

Pour que nous ayons été vainqueurs dans de telles
conditions, il fallut vraiment que l'armée russe fût
encore plus mal organisée que la nôtre.

Si après avoir vu la mauvaise organisation de notre
armée on veut la connaître au point de vue sanitaire,
il faut consulter l'ouvrage du docteur Chénu : *La mortalité dans l'armée.*

Pendant le premier hiver de 1854-1855 passé devant
Sébastopol, les Anglais, qui n'étaient pas mieux organisés que nous sous ce rapport, subirent des pertes
plus grandes même que les nôtres ; mais, instruits par
l'expérience, ils surent se montrer prévoyants pour
l'hiver suivant, tandis que de notre côté la même incurie persistait.

Voici le tableau comparatif des deux armées présenté dans son ouvrage par le docteur Chenu :

Deuxième hiver 1855-1856 devant Sébastopol,
Plus d'hostilités régulières.
Armée française:
Effectif moyen 130,000 hommes. — 323 blessés ;
Entrés à l'hopital, blessés et malades divers 106,634 ;
morts 21,191.
Armée anglaise :
Effectif moyen 50,000 hommes. — 165 blessés ;
Entrés à l'hopital, blessés et malades divers 27,384 ;
morts 606.

Ainsi, tandis que l'armée anglaise perdait de son effectif 1 ¹/₄ pour cent seulement, la nôtre en perdait passé 16 pour cent.

Dans leur brutalité, de pareils chiffres font rêver.

Après la guerre de Crimée, et en présence de pareils faits, il semble que le gouvernement dût s'empresser de remédier à un état de choses aussi alarmant. Hélas ! il n'en fut rien, et la guerre de 1859 trouva notre armée tout aussi mal organisée et aussi mal pourvue.

Qu'on en juge ; voici ce que l'Empereur écrivait d'Italie au maréchal Randon, ministre de la guerre, le 16 mai 1859 :

« Il faut bien vous pénétrer de l'état des choses ;
« nous avons réuni une armée de 120,000 hommes
« avant d'y avoir réuni des approvisionnements ; c'est
« le contraire de ce qu'on fait ordinairement ; si on ne
« fait pas des efforts héroïques pour créer une réserve
« de biscuits et de fourrages qu'on ne peut former ici,
« où les administrations n'aboutissent qu'à peine à
« faire vivre l'armée au jour le jour, je me trouverai

« dans de grandes difficultés et je ne pourrai pas me
« porter en avant dans un pays dévasté par l'ennemi.
« Je vous conjure donc de faire des efforts inouïs pour
« cuire du biscuit dans toute la France, pour rassem-
« bler du foin et envoyer tout cela à Gênes par des
« bateaux à vapeur. Les chevaux mangeront l'herbe
« du pays plus tard, mais je ne puis être en repos que
« lorsque j'aurai à Alexandrie vingt jours d'approvi-
« sionnements de réserve. Il faut doubler le nombre
« d'employés d'administration, il faut envoyer au
« moins mille infirmiers de plus. L'administration de
« la guerre **a été bien coupable**. Il y a des corps qui
« n'ont pas encore de marmites pour faire la soupe.
« Je compte sur vous pour réparer tout cela. »

Le 20 mai suivant l'Empereur écrivait de nouveau :
« Il faut compter sur 20,000 malades ; 250 médecins
« et 400 aides seront nécessaires. En supposant que les
« 130 médecins du corps d'armée, et 222 du pays
« puissent être employés à ce service, il en manquerait
« encore 300.

« Il faudrait 40 pharmaciens pour les hôpitaux per-
« manents, en tout 72 ; il n'y en a que 33. »

(Mémoires du maréchal Randon, Tome II, pages 6 et 7.)

Enfin, le 29 mai 1859, l'Empereur écrivait encore au
maréchal Randon *(page 11)* : « Ce qui me désole dans
« l'organisation de l'armée, c'est que nous avons tou-
« jours l'air, en présence d'autres armées, et même de
« l'armée sarde, **d'enfants qui n'ont jamais fait la
« guerre** ; ainsi pour le train des équipages, pour les
« mulets de bagages des officiers d'administration et
« des médecins, rien n'est réglé d'une manière inva-
« riable. Ainsi, les uns demandent le double de ce qui
« est nécessaire, ou l'administration ne donne que la

« moitié de ce qui est indispensable. Vous concevez
« que ce n'est pas un reproche que je vous fais, je ne
« l'adresse qu'au système général qui fait qu'en France,
« **nous ne sommes jamais prêts pour la guerre.**

« Je soupire après mon parc de siège et surtout
« après mon canon de douze rayé. Si je les avais eus,
« je n'aurais pas été obligé de changer mon plan de
« campagne. Croyez, mon cher maréchal, que j'appré-
« cie toutes les peines que vous vous donnez pour orga-
« niser mes armées, et que cela ne m'empêche pas de
« regretter que vous ne soyez pas auprès de moi.

« Croyez à ma sincère amitié.　　NAPOLÉON. »

Au lendemain de Solférino, M. Levret, hydrographe
de la marine, écrivait à l'Empereur ce qui suit :

« Sire, les blessés de Solférino, entassés à Castiglione,
« n'ont pas même été pansés faute de moyens suffi-
« sants ; nous avons de la charpie, mais pas de linge,
« pas de chemises, pas de sucre, pas de vivres.

Terminons ces lamentables citations, que nous pour-
rions multiplier à l'infini, par celle du docteur Cham-
pollion, médecin en chef du 1er corps, qui contient ce
qui suit : « Je vous informe avec regret qu'après
« Solférino plus de 800 blessés ont été nourris par la
« commisération publique. »

Ainsi, après les leçons et les critiques de 1854, 1855
et 1856, voilà où nous en étions en 1859. Une armée
mal organisée, mal pourvue, sans vivres, sans médecins
en nombre suffisant ; une armée qui, selon l'expression
de l'Empereur lui-même, n'était pas prête pour la
guerre. Tel est l'état dans lequel nous la trouvons
en 1859.

Sur qui doit peser la responsabilité d'une telle incurie ?

Est-ce sur les députés qui toujours et docilement ont voté ce que le gouvernement leur a demandé ? Oui, sans doute, ils en ont une part en raison même de cette docilité ; mais combien elle est plus grande pour l'Empereur qui, par son coup d'État en 1851, avait supprimé le contrôle des députés, la responsabilité ministérielle, en se proclamant seul responsable devant le peuple français !

Il appartenait au Corps législatif de ne pas subir un tel effacement, et de ne voter les impôts qu'après un examen sérieux de leur emploi ; ce qu'il n'a pas fait.

Réorganisation militaire.

Après les événements qui venaient de s'accomplir en
Allemagne, et malgré la circulaire rassurante du 17
septembre, l'Empereur chargea les sommités de notre
armée de se réunir en commission, en vue d'élaborer
un projet de réorganisation militaire destiné à augmenter considérablement le nombre de nos soldats.

Cette commission, dite des maréchaux, ayant terminé
ses travaux, le *Moniteur officiel* du 12 décembre 1866
annonça que ce projet allait être soumis à l'examen du
conseil d'État, et en faisait connaître les bases qui
étaient les suivantes :

Nos forces militaires se composaient de 1° l'armée
active, 2° la réserve, 3° la garde nationale mobile. Le
service dans l'armée active et dans la réserve était fixé
à 6 ans, celui dans la garde nationale mobile à 3 ans.

L'armée active comprenait les engagés et réengagés,
et les hommes désignés par le tirage au sort. La réserve
se composait de tous les hommes non tombés au sort
divisés en deux parties, la première dite réserve du
1er ban, et la seconde dite du 2me ban ; elle était divisée
en deux parties égales désignées par le sort.

La réserve du 1er ban était à la disposition du ministre de la guerre qui pouvait l'appeler, même en temps
de paix, pour renforcer l'effectif des régiments de l'armée active. La réserve du 2me banc, au contraire, ne

pouvait être appelée à l'activité qu'en temps de guerre et par un décret de l'Empereur. Les deux réserves devaient être exercées à tour de rôle dans les dépôts de l'armée pendant un laps de temps plus ou moins long. Les hommes ne pouvaient se marier qu'après 4 ans accomplis dans la réserve.

La garde nationale mobile devait se composer des hommes ayant accompli leurs 6 années de service dans l'armée active ou dans la réserve, et des exonérés, et ne devait être soumise qu'à de rares rassemblements. Elle ne pouvait être appelée à l'activité que par une loi, et en l'absence du Corps législatif par un décret de l'Empereur qui aurait été converti en loi lors de sa prochaine réunion. La substitution de numéros était admise pour les jeunes gens du même canton et du même contingent. Enfin, le remplacement administratif était maintenu dans les limites du nombre des engagements et rengagements après libération de l'année précédente.

Sur 326,000 hommes atteignant tous les ans l'âge de 20 ans, 160,000 sont reconnus propres au service, et étaient incorporés : 80,000 dans l'armée active, et 80,000 dans la réserve.

Défalcation faite des exemptions légales et des non-valeurs, l'armée active devait donner un total de

	417,483 hommes.	
le premier banc de la réserve	212,373	—
le deuxième banc de la réserve	212,373	—
la garde mobile	390,000	—
Total	1.232,229 hommes.	

Tel était le projet de réorganisation soumis à l'examen du conseil d'État et à l'appréciation publique.

Après l'avoir reproduit, tous les journaux de Paris et de la province l'apprécièrent à des points de vue différents. Des critiques s'élevèrent de toutes parts contre ce projet. Voici les principales.

La commission étant exclusivement composée de militaires, on lui reprochait de n'avoir vu que le côté militaire et de n'avoir tenu aucun compte des besoins de l'agriculture, de l'industrie et du commerce. Si la durée de service était réduite d'un an et le contingent annuel de 20 mille hommes, ces réductions ne compensaient pas l'incorporation de 80 mille hommes dans la réserve et l'obligation de passer 3 ans dans la garde nationale mobile. L'autorisation de se marier après 4 ans de réserve était considérée comme illusoire, un homme pouvant être appelé d'un moment à l'autre préférerait attendre sa délibération complète, la réalité du mariage se trouvait reportée à 26 ou 27 ans pour toute la portion valide de la jeunesse française, ce qui devait entraîner une diminution de population.

Une autre critique était faite à la faculté donnée au ministre de la guerre d'appeler à l'activité le 1er ban de la réserve et d'engager ainsi les finances de l'État en dehors du Corps législatif.

Ce projet fut critiqué, non seulement par l'opposition, mais aussi et surtout par le parti bonapartiste, habitué cependant à une approbation systématique des actes de l'Empire. Voici en quels termes s'exprimait M. Granier de Cassagnac dans *le Pays* du 18 décembre 1866 :

« Petite armée active, énorme réserve — telle est la
« formule qui répondrait peut-être le mieux à ce qu'il
« nous a été donné de démêler dans le vœu des popu-
« lations, aux besoins généraux de l'agriculture et aux
« sentiments des familles.

« Tenir des masses de jeunes gens dans l'incertitude
« de l'avenir ou, comme on dit, toujours sur la bran-
« che, serait peut-être inquiéter les familles et paraly-
« ser sans nécessité les forces de la production agricole
« et industrielle.

« Autant le pays sera toujours disposé en face du
« péril évident à un effort énergique et irrésistible,
« autant on pourrait craindre de le trouver hésitant
« s'il s'agissait d'une organisation plaçant le sort de 2
« ou 300,000 familles dans la main du ministre de la
« guerre, c'est-à-dire sous l'action d'une volonté qui,
« pour être sage et patriotique, ne courrait pas moins
« la chance d'être accusée d'arbitraire.

« D'un autre côté, la levée de la réserve entraînerait
« des dépenses considérables ; le Corps législatif devrait
« naturellement être appelé à les voter, et, puisque les
« représentants du pays auraient leur rôle nécessaire
« dans les conséquences financières de la mesure, nous
« n'apercevons pas bien la raison qui pourrait les faire
« écarter d'une participation directe à la mesure elle-
« même. »

Revenant sur le même sujet, dans le journal *le
Pays*, n° *du 28 décembre 1866*, M. Granier de Cassagnac écrivait encore :

« Laisser aux campagnes en temps de paix les bras
« qui ne sont pas absolument nécessaires au service
« normal de l'armée, — voilà dans sa simplicité, dans
« sa sincérité, dans sa légitimité, le vœu des popula-
« tions, il ne va pas plus loin.

« La conséquence à tirer de ces dispositions morales
« nous paraît à la fois claire et facile ; — ne rien chan-
« ger à la loi actuelle sur l'armée, et s'en servir autre-
« ment.

« Supposons que l'intérieur, les frontières, l'Algérie,

« les colonies, plus une certaine marge d'imprévu,
« exigent en chiffres ronds 300,000 hommes, cela fait
« quatre classes à 75,000 hommes par classe, déchets
« déduits.

« Si cela est vrai et pratique, pourquoi les trois autres
« classes ne seraient-elles pas en temps de paix systé-
« matiquement renvoyées dans leurs foyers en congé
« illimité et sauf rappel en temps de guerre ? La durée
« du service serait réduite à quatre ans ; c'est-à-dire, le
« vœu des populations serait exaucé. La réduction du
« budget de la guerre serait possible ; c'est-à-dire le
« contribuable serait satisfait.

« Ce résultat serait évidemment atteint en temps de
« paix, c'est-à-dire presque toujours, l'agriculture en
« serait plus prospère, le Trésor plus riche.

« Au lieu de cet ordre d'idées qui paraît simple et
« pratique au bon sens peu raisonneur des campagnes,
« quel est celui dans lequel la haute Commission des
« maréchaux a cru devoir entrer ?

« D'un côté elle touche à notre loi militaire actuelle
« en réduisant d'une année la durée de service, et par
« conséquent elle affaiblit de ce chef l'armée active de
« 80,000 hommes.

« D'un autre côté elle renforce cette armée active à
« l'aide d'un appel facultatif, même en temps de paix,
« du premier ban de la réserve.

« La seconde idée du projet de la Commission des
« maréchaux, est une augmentation sérieuse et incon-
« testable des charges qui pèsent sur les contribuables
« en temps de paix. A l'heure qu'il est, l'agriculture et
« l'industrie supportent déjà la levée de sept contin-
« gents, la charge paraît lourde aux populations, et
« elle l'est réellement ; et cependant le projet des maré-
« chaux, même en temps de paix, met plus de neuf

« contingents à la disposition du département de la
« guerre ; n'est-ce point excessif ? »

Ces critiques présentées, comme on le voit, sous une
forme bienveillante par un des amis les plus dévoués
de l'Empire, furent reproduites par la plupart des journaux de Paris et des départements.

Le 20 janvier 1867 le maréchal Niel remplaça le maréchal Randon comme ministre de la guerre. En cette
qualité il collabora avec le conseil d'État à l'examen
du projet de loi que le gouvernement lui avait envoyé.

Ce projet dit des maréchaux fut remanié, ou plutôt
transformé par le conseil d'État en un projet nouveau
qui fut présenté à la Chambre dans la séance du 7 mars
1867. Quelque temps après, la Chambre nomma dans
ses bureaux une commission de dix-huit membres chargée de l'examiner, et selon son habitude la majorité
ne désigna pour en faire partie aucun membre de l'opposition, pas même M. Thiers dont la compétence était
reconnue de tous.

Pourquoi ce projet dit des maréchaux fut-il abandonné par le gouvernement et remplacé par le nouveau
projet du maréchal Niel ? La situation militaire de la
Prusse après Sadowa nous obligeait certainement à un
accroissement considérable de notre armée si nous voulions rétablir l'équilibre rompu à notre détriment.

Après s'être montré aussi satisfait des résultats de la
victoire de la Prusse sur l'Autriche, le gouvernement
était réellement embarrassé pour conclure d'un sujet
de satisfaction à la nécessité d'imposer à la nation de
nouvelles charges. Cette contradiction pesa beaucoup
sur l'action gouvernementale.

L'Empereur qui jusqu'alors avait commandé à l'opinion publique et qui, comptant sur la majorité nécessaire au vote de ses projets, avait tenu fort peu de

compte de l'opposition qu'ils pouvaient rencontrer, se sentait maintenant faiblir devant cette opposition tant dédaignée, et cela parce qu'à chaque élection il voyait s'augmenter le nombre des députés opposants, et décroître celui de ses approbateurs systématiques. De là, sa tendance à éviter de déplaire au suffrage universel par le maintien d'un projet de réorganisation militaire en contradiction avec les témoignagnes de satisfaction que le gouvernement se décernait.

Pour maintenir et faire voter un tel projet, il eût fallu que le gouvernement avouât franchement que la situation nouvelle acquise par la Prusse constituait pour la France un danger auquel nous devions parer par l'adoption d'un projet consacrant pour la France un accroissement considérable de charges militaires.

Le gouvernement n'eut pas l'énergie de faire un tel aveu, il préféra abandonner le projet dit des maréchaux et le remplacer par un nouveau projet élaboré par le conseil d'État et le maréchal Niel.

Projet du gouvernement et de la Commission.

La commission se mit à l'œuvre et entendit le maréchal Niel. On a souvent prétendu qu'elle avait profondément modifié le projet qui était soumis à son examen et imposé ses vues au ministre de la guerre.

Il n'en fut pas ainsi, et pour s'en rendre compte il suffit de comparer le projet du 7 mars qui lui fut soumis avec celui qui sortit de ses délibérations et qui fut voté en janvier 1868. Eh bien, ce projet était moins complet, moins détaillé que celui de la commission, mais après comparaison faite on ne reconnaît aucune différence sauf sur un point.

Dans le projet du conseil d'État il était dit :

« Les jeunes gens de la garde nationale mobile sont
« soumis à des exercices dont la durée ne peut excéder
« quinze jours par année et qui ont lieu soit au chef-
« lieu de département, soit au chef-lieu d'arrondisse-
« ment, soit au chef-lieu de canton de la résidence ou
« du domicile. »

Sur le même sujet il est dit dans la loi votée :

« Les jeunes gens de la garde nationale mobile sont
« soumis à des exercices qui ont lieu dans le canton de
« la résidence ou du domicile, et à des réunions par
« compagnies ou par bataillons qui ont lieu dans la
« circonscription de la compagnie ou du bataillon.

« Chaque exercice ou réunion ne peut donner lieu

« pour les jeunes gens qui y sont appelés à un dépla-
« cement de plus d'une journée. Ces exercices ou réu-
« nions ne peuvent se répéter plus de 15 fois par an-
« née.

Ainsi, dans le projet du gouvernement présenté le 7 mars 1867, les gardes nationaux mobiles pouvaient être appelés pendant quinze jours consécutifs, tandis que dans celui de la commission leur déplacement ne pouvait durer plus d'une journée, ni se répéter plus de quinze fois par année.

Cette modification qui est la seule fut du reste acceptée par le maréchal Niel. Voici l'économie de ce projet.

Le contingent annuel se composait des hommes ayant pris lors du tirage au sort les plus bas numéros. Il était divisé en deux portions, la première était mise en activité le 1er juillet et libérable à la même époque. La seconde était laissée dans ses foyers à la disposition du ministre de la guerre et n'était astreinte qu'à des revues et exercices périodiques. Elle pouvait être appelée à l'activité en tout temps par un décret de l'Empereur.

La durée du service était fixée à cinq années, après lesquelles les hommes entraient dans la réserve où ils passaient quatre ans.

Ils pouvaient se marier sans autorisation dans les trois dernières années de réserve. Ils pouvaient être appelés à l'activité par décret de l'Empereur, mais en temps de guerre seulement.

Des engagements volontaires pouvaient être contractés pour deux ans au moins.

Le remplacement administratif était supprimé et remplacé par celui libre conformément aux stipulations de la loi de 1832.

Une garde nationale mobile était constituée à l'effet de concourir, comme auxiliaire de l'armée active, à la défense des places fortes, des côtes et frontières, et au maintien de l'ordre à l'intérieur.

Elle ne pouvait être appelée à l'activité que par une loi.

Elle était organisée par département.

Elle était composée des hommes dispensés du service par leurs numéros de tirage au sort, de ceux qui s'étaient fait remplacer, des exemptés comme fils aînés de veuve ou d'un père aveugle ou septuagénaire, ou second de deux frères faisant partie du même contingent, ou bien encore de ceux exemptés par un frère mort au service, ou retraité pour causes de blessures.

Les élèves instituteurs et les séminaristes en étaient dispensés.

Le service durait cinq ans. Les officiers de la garde mobile étaient nommés par décret de l'Empereur, les sous-officiers et caporaux par l'autorité militaire, et sans que pour l'obtention de ces grades il soit exigé d'antécédents militaires.

Les gardes mobiles devaient être soumis à des exercices qui devaient avoir lieu dans le canton, et à des réunions par compagnies et bataillons dans la circonscription. Les déplacements ne devaient pas durer plus d'une journée, ni avoir lieu plus de quinze fois dans une année. Enfin les hommes qui justifieraient de la connaissance du maniement des armes et de l'école du soldat devaient être dispensés de tout service.

Voici quelle était alors l'organisation de l'armée prussienne, on pourra ainsi la comparer avec l'économie du projet présenté par le gouvernement d'accord avec la commission, et qui fut voté.

Jusqu'en 1860 l'armée prussienne était composée d'un

nombre égal de régiments actifs et de landwerh du premier ban, portant les mêmes numéros, et formant autant de brigades mixtes qu'il y avait de régiments permanents. La durée du service était de cinq ans dans l'armée active dont deux ans seulement sous les drapeaux. Au sortir de l'armée active, les soldats passaient dans le premier ban de la landwerh, où ils servaient jusqu'à leur trente-deuzième année. Un deuxième ban de la landwerh formait la réserve pour la garde des places et le maintien de l'ordre à l'intérieur.

En 1860, cette organisation fut modifiée profondément.

La réforme organique effectuée par le roi de Prusse et M. de Bismarck sous l'impulsion et la direction de M. de Moltke, malgré l'opposition de la majorité des députés prussiens, eut pour effet de rendre plus affective l'obligation du service pour tous, et de diminuer le rôle de la landwerh.

Tout Prussien valide servait dans l'armée active pendant sept ans, et le temps de présence sous les drapeaux était porté de deux ans à trois ans : il n'était admis, bien entendu, ni remplacement, ni substitution de numéros. Les seules atténuations apportées à l'obligation du service personnel furent les suivantes.

Les jeunes gens pourvus de certains diplômes, ou capables de subir certains examens, furent admis à s'enroler dès l'âge de dix-sept ans pour un an ; s'équipant et s'entretenant à leur frais, à l'expiration de leur année de service, ces jeunes gens étaient placés de suite dans la réserve et pourvus d'un grade proportionné à leur mérite.

De vingt-trois à vingt-sept ans, les soldats qui avaient accompli leurs trois années de service effectif étaient renvoyés dans leurs foyers, en congé de réserve. Leurs obligations se bornaient pendant ces quatre ans de congé à rentrer à leurs corps respectifs deux fois, à deux années d'intervalle, pour assister aux grandes manœuvres d'automne,lesquelles ne dépassaient jamais sept à huit semaines. De vingt-sept à trente-deux ans, les soldats libérés de l'armée active servaient dans la land-werh. Celle-ci,composée uniquement d'anciens soldats, formait la réserve de l'armée active, fournissait les garnisons, et devait marcher au besoin à la suite de l'armée pour couvrir ses lignes de communication, fournir des corps de blocus et, le cas échéant, seconder l'armée de ligne sur le champ de bataille. La land-werh avait ses cadres, son matériel d'équipement et d'armement nécessaire à la mise sur pied de guerre, le tout déposé dans les dépôts du train et dans les magasins des troupes de l'armée active.

Chaque régiment de l'armée active était doublé d'un régiment de la landwerh portant le même numéro, organisé et équipé l'un comme l'autre. Enfin, pour compléter, une sorte de garde nationale locale nommée la landsturm était chargée en temps de guerre du maintien de l'ordre intérieur.

Cette organisation générale était complétée par la formation des troupes en corps d'armée territoriaux se recrutant sur place, ce qui permettait à l'armée prussienne de passer du pied de paix au pied de guerre, et d'entrer en campagne avec une rapidité et une précision extraordinaires.

Il existait,comme on le voit,entre ces deux systèmes une différence fondamentale de la plus grande importance.

En Prusse le service actif était réduit à trois ans, et par exception à un an, et la totalité du contingent était incorporée ; il en résultait qu'en cas de guerre cette puissance comptait dans son armée trois catégories de troupes : la première comprenant l'armée active comme en France, mais moins nombreuse ; la seconde la landwerh, plus nombreuse que l'armée active, composée de tous les hommes ayant passé un an ou trois ans sous les drapeaux ; tandis qu'en France dans nos réserves figurait la seconde portion du contingent annuel, dont les hommes n'avaient reçu qu'une intruction insignifiante dans les dépôts.

Enfin la troisième catégorie, la landsturm, était composée d'anciens soldats ayant accompli leur temps de service dans l'armée active et dans la landwerh. En France au contraire, d'après le projet du gouvernement, notre garde nationale mobile, qui correspondait à la landsturm prussienne, ne devait recevoir qu'une instruction militaire dérisoire. Si nous ajoutons à cette cause de faiblesse celle résultant du mode de recrutement de ses cadres, nous aurons sous les yeux les motifs de son infériorité comparée à l'organisation militaire prussienne.

Cette organisation, le gouvernement impérial la connaissait dans tous ses détails par les rapports du colonel Stoffel, notre attaché militaire à l'ambassade de Berlin.

L'opposition qui fut faite à ce projet fut de deux sortes. Les uns lui reprochaient d'affaiblir l'armée par la diminution du temps de service et n'estimaient pas, comme une compensation suffisante, l'institution de la garde nationale mobile dont ils faisaient peu de cas. M. Thiers eût même préféré voir augmenter la durée de service de deux ans, et la voir portée à neuf ans plutôt que de la voir réduire à cinq.

L'opposition de gauche, au contraire, ne trouvait pas cette réforme assez démocratique, assez radicale, et préconisait un système se rapprochant beaucoup de celui de la Prusse.

La première opinion était partagée par la plupart des vieux généraux, tandis qu'au contraire les jeunes penchaient vers la seconde.

Cette question du reste n'était pas nouvelle. Vingt ans auparavant en 1848, lors de la discussion de la constitution, elle avait été soulevée par les républicains avancés, qui demandaient alors le service militaire personnel.

A cette époque M. Thiers exposa que ce qu'ils voulaient, c'était l'abolition du remplacement militaire, qui entraînerait une très grande réduction du temps de service. Il combattit cette théorie en disant que la meilleure armée était celle qui, comme en Angleterre, comptait le plus d'années de service, et que la moins bonne devait être celle de la Prusse. Une telle armée, disait-il, est succeptible d'un grand effort suscité par l'enthousiasme, mais ne saurait tirer parti d'une grande victoire, elle serait en outre impropre à soutenir le moindre revers. Enfin il s'écriait en terminant : « Adop- « ter un pareil système d'organisation militaire, ce « serait faire perdre à l'armée française sa qualité pre- « mière, celle de l'offensive, qui résulte d'un long « temps de service, pour ne lui laisser que celle de la « défensive qui convient à une armée nombreuse, mais « n'ayant passé sous les drapeaux qu'un nombre res- « treint d'années. »

Le général de Lamoricière, dont les idées étaient partagées par le général Cavaignac, répondant à M. Thiers, reconnut qu'en effet ce qu'il voulait, c'était une diminution du temps de service et l'introduction dans l'armée de tous les éléments de la société ; que le nombre de remplaçants allait toujours en augmentant,

et qu'on arriverait bientôt à n'avoir plus que des soldats mercenaires ; qu'en attendant on ne trouvait déjà
plus parmi les hommes faisant leur temps de service
pour leur propre compte que des hommes sortant ou
de la charrue ou de l'atelier, lesquels après avoir
perdu l'habitude de résider à la campagne éprouvent
une certaine répugnance à y retourner. Ils s'installent
dans les villes, ils connaissent le maniement des armes,
et ils ont faim. Cette situation constitue un immense
danger social.

Il terminna ainsi : « Ce qu'il faut, c'est que l'armée
« soit faite à l'image de la nation, qu'elle soit animée
« de son esprit, de son intelligence, de ses sentiments ;
« si vous avez une armée qui ne se retrempe pas cha-
« que année par un grand nombre de membres dans la
« nation, il arrivera un moment où elle aura un esprit
« à part, des sentiments à part différents de ceux de la
« nation. Une telle armée pourra bien un jour défen-
« dre bravement l'indépendance du pays, mais elle
« pourra aussi faire courir de grands risques à la li-
« berté. »

Ce mode de recrutement ne prévalut pas alors.

Sans contester ce qu'avait de bon la loi de 1832, on
ne saurait méconnaître que l'organisation de notre
armée avait le grand défaut de nous priver de toutes
réserves capables de la seconder et de la suppléer au
besoin. Le projet du gouvernement avait pour but de
combler cette lacune et d'empêcher que, l'armée vaincue, la nation se trouvât privée de nouvelles ressources militaires et obligée de subir la loi du vainqueur.

Ce projet sous ce rapport marquait un progrès réel ;
mais il n'en était pas de même de l'institution de la
garde mobile dont les éléments, privés d'une instruc-

tion militaire sérieuse, la faisaient considérer comme une innovation dérisoire appelée à ne nous donner que des mécomptes.

Tel était l'avis de l'opposition de gauche comme de celle du centre représentée par M. Thiers.

Discussion du projet du Gouvernement.

M.Rouher, s'appuyant sur les rapports du colonel Stoffel, esquissa à grands traits l'organisation militaire de la Prusse, grâce à laquelle elle pouvait mettre sur pied une armée de treize cent mille hommes, et il conclut à la nécessité de parer à une telle éventualité en adoptant le projet du gouvernement qui devait donner, avec la garde nationale mobile, plus d'un million de soldats.

Nous étions loin, comme on le voit, de la satisfaction manifestée après la bataille de Sadowa.

M. Thiers, qui prit une très grande part à la discussion, n'admettait même pas en principe l'institution d'une garde mobile. Il exposa que le tempérament de notre nation était favorable à une guerre offensive et prompte, que l'armée qui était la plus tôt prête et pouvait porter à l'ennemi les premiers coups, acquérait par là d'immenses avantages matériels et moraux ; qu'il fallait, en vue d'une telle guerre, une armée permanente comptant le plus de temps possible sous les drapeaux, et pourvue de tout ce qui lui était nécessaire.

Il démontra que notre armée ne serait pas impuissante à défendre nos frontières, mais qu'il fallait lui donner des cadres plus nombreux et un plus grand nombre de chevaux pour la cavalerie et l'artillerie ;

qu'on pouvait au moyen de la loi de 1832, et en maintenant la durée de service à sept ans, avoir une armée de 650,000 hommes. En en défalquant le cinquième pour les dépôts, il resterait encore en chiffres ronds 500,000 hommes à mettre en ligne ; une telle armée, bien pourvue du nécessaire et bien commandée, offrirait à la France toute sécurité.

Il contesta les chiffres attribués à l'armée prussienne qu'il traita de chimériques, et rappela que pendant la guerre de Crimée la Russie avait mis en ligne à peine 300,000 hommes ; la Prusse en 1866 en mit contre l'Autriche 330,000 et l'Italie au plus 180,000.

On nous assure, dit-il, que la garde mobile coûtera 10 millions ; c'est 25 à 30 millions qu'elle coûtera, et qu'il vaudrait mieux dépenser pour l'armée active afin qu'elle soit toujours prête à entrer en campagne.

Cette opinion était du reste partagée par certains membres de la majorité, mais tous n'eurent pas le courage de la manifester comme le fit M. le marquis d'Andelarre, qui disait dans la séance du 31 décembre 1867 (*Moniteur officiel du 17 janvier 1868, page 2*) : « Les « hommes que vous appellerez au chef-lieu de canton, « qui arriveront le matin et en repartiront le soir, qui « y auront passé peut-être trois heures à l'exercice, ces « hommes-là, on s'apercevra bientôt qu'ils n'ont rien « appris et qu'ils ont oublié beaucoup de choses. Ils « auront oublié la vie de cultivateur, et surtout la vie « de famille, et ils n'auront pas appris la vie de sol- « dat. »

Ce que l'opposition républicaine critiqua encore avec beaucoup de chaleur, ce fut le mode de recrutement des officiers de cette future garde mobile laissé au choix du gouvernement, et sans qu'il soit exigé d'eux aucun antécédent militaire.

L'expérience a démontré depuis que les nominations qui furent faites, le furent sur les indications des préfets et dans un but électoral. On devint officier parce qu'on était fils de haut fonctionnaire, d'électeur influent, de bonapartiste zélé. Des officiers en retraite, parmi lesquels un grand nombre, cassés par l'âge, usés, impotents, formèrent l'un des éléments, et le meilleur de la garde mobile. En outre, la hiérarchie n'ayant été aucunement respectée dans ces choix, tel capitaine en retraite se trouva le subordonné d'un ancien simple lieutenant, ou d'un fils de famille n'ayant jamais fait partie de l'armée.

L'opposition n'admettait pas que la France serait attaquée par aucune puissance européenne, et elle considérait que le danger que la paix courait ne viendrait que de la volonté de l'Empereur. Elle ne se rappelait pas sans grandes appréhensions pour l'avenir les guerres de Crimée, d'Italie et surtout celle du Mexique décidées par sa seule volonté ; elle aurait voulu une armée nombreuse, formée de tous les éléments qui composent une nation, propre à la défense du territoire, mais beaucoup moins propre à une guerre offensive.

Prétendre que la France ne serait attaquée par aucune puissance européenne, c'était de la part de l'opposition une affirmation purement gratuite. C'était oublier qu'une grande nation comme la France, qui a des droits à exercer et des devoirs à remplir dans le monde entier, peut à un moment donné se trouver dans l'obligation de faire appel à la force pour faire respecter ses droits ou ceux de ses nationaux.

Dans les discussions relatives aux choses militaires qui eurent lieu de 1867 à 1870, la conduite de la gauche républicaine fut parfois bien singulière. Elle prouva par certaines théories qu'elle n'avait pas la moindre idée des nécessités des temps présents. Sa haine de l'Empire, et surtout du pouvoir personnel de l'Empereur, la jeta dans des théories militaires qui ne pouvaient résister au moindre examen.

C'est ainsi qu'elle préconisa la suppression de toute armée permanente pour lui substituer une sorte de garde nationale sédentaire dont tous les citoyens auraient fait partie comme en Suisse. Elle aurait voulu voir disparaître ce qu'elle appelait l'excessive discipline qui tue le citoyen dans le soldat. M. Jules Simon notamment s'éleva avec force contre ce qu'il appelait le militarisme, qu'il désignait comme étant la plaie de l'époque. Il s'oublia jusqu'à dire : « Il n'y a pas d'armée « sans esprit militaire, me dit-on ; alors nous voulons « une armée qui n'en soit pas une. »

A côté de ce que nous n'hésitons pas à appeler des insanités, il nous faut reconnaître que, dans le cours de la discussion du projet de loi militaire, ce fut l'opposition irréconciliable qui proposa les amendements qui se rapprochaient le plus du système que nous avons adopté depuis la guerre.

Ces amendements, souvent fort justes, eussent beaucoup gagné à être développés par des militaires, tandis que des hommes de guerre haussaient les épaules en entendant des avocats discuter une organisation militaire.

En somme ce que demandait l'opposition en 1867-1868, c'est ce qu'avaient demandé vingt ans auparavant les généraux Cavaignac et de Lamoricière, l'abolition du remplacement militaire, le service obligatoire pour tous, la durée du service actif réduite à trois ans, et cinq ans dans la réserve. Avec ce système, on obtenait par la suite une armée comptant 1,200,000 hommes ayant passé trois ans sous les drapeaux. Le contingent annuel étant de 325,000 hommes, sur lesquels 165,000 sont reconnus impropres au service ou exemptés en vertu de la loi, 160,000 eussent été incorporés chaque année.

Les jeunes soldats reconnus après examen suffisamment instruits et exercés, auraient pu, les uns après un an de service, les autres après deux ans, être libérés du service actif et placés dans la réserve pour y compléter leurs huit années. Cette libération anticipée aurait eu pour effet de stimuler le zèle des jeunes soldats, surtout de ceux se destinant à des carrières libérales, en même temps qu'elle eût ramené l'effectif de l'armée permanente à 350,000 hommes.

Les soldats placés dans la réserve auraient été astreints comme en Prusse à passer tous les deux ans un mois ou six semaines sous les drapeaux, au moment des grandes manœuvres d'automne. Ils auraient été organisés et équipés comme l'armée active, avec laquelle en cas de guerre ils eussent été confondus. Voilà ce que l'opposition appelait la nation armée.

On lui reprocha alors de copier l'organisation militaire de la Prusse, ce à quoi elle répondait : Où donc serait le mal de faire ce que font nos voisins si nous le trouvons bon ? N'avez-vous pas vous-même adopté le fusil à aiguille prussien en transformant nos fusils en chassepots, ne cherchez-vous pas tous les jours à mettre notre artillerie au niveau de celle des autres puissances ?

— Prenons le Rhin d'abord, s'écriait M. Granier de Cassagnac, ensuite nous diminuerons notre effectif de cent mille hommes.

Comme M. Thiers, l'opposition de gauche comptait pour peu la valeur effective de la future garde mobile, de même qu'on ne devait pas beaucoup compter sur celle des réservistes.

En effet, les hommes qui faisaient partie de la réserve appartenaient à la seconde portion du contingent qui n'était pas incorporée dans l'armée active. Ces hommes qui ne passaient dans les dépôts que deux mois pendant la première année, et un mois pendant la seconde, n'avaient qu'une instruction militaire à peine ébauchée, et que rentrés dans leur foyers ils oubliaient vite. Quant à leur esprit militaire, il était absolument nul. Il en résulta, lors de la guerre de 1870, que, dans les marches où l'étape dépassait 24 kilomètres, le tiers des hommes restait en route, et ces hommes étaient tous des réservistes.

Nous venons de résumer aussi exactement que possible les critiques qui furent faites à ce projet, et d'exposer la théorie des armées permanentes soutenue par M. Thiers, en opposition surtout à celle des députés de la gauche réclamant au contraire une diminution notable de la durée du temps de service actif, permettant l'incorporation de tout le contingent, et l'organisation d'une armée nombreuse.

Sans avoir la prétention de trancher une question spéciale qui a jusqu'à ce jour divisé les hommes les plus compétents, nous pensons cependant qu'il faut tenir le plus grand compte que depuis vingt ans les conditions de la guerre se sont profondément modifiées.

De nos jours le passage d'une armée du pied de paix au pied de guerre, de même que la concentration des troupes et du matériel de guerre, doivent s'opérer avec une grande rapidité, et une grande bataille perdue ou gagnée peut décider du sort d'une nation.

Dans cette discussion, l'opposition de gauche attacha trop d'importance à la force morale, elle compta trop sur l'âme de la nation. L'âme de la nation ne saurait lutter contre l'arsenal d'une autre nation ; et l'arsenal, c'est l'organisation, la préparation, la discipline et la science militaire.

Il faut bien le reconnaître, la bravoure du soldat est à l'heure présente puissamment secondée, et souvent même remplacée par l'emploi des nouveaux moyens de destruction, perfectionnés par une science d'une précision pour ainsi dire mathématique.

Malgré les critiques dont fut l'objet le projet du gouvernement, il fut voté par une majorité de 200 voix contre 60.

On a souvent prétendu depuis que la Commission avait apporté à ce projet des modifications prof ondes que le maréchal Niel avait subies en silence.

C'est là une erreur complète ; le projet portait que les soldats de la réserve ne pourraient se marier sans autorisation avant leur libération entière. Au cours de la discussion, il fut présenté et signé par un grand nombre de députés un amendement, par suite duquel les réservistes étaient autorisés à se marier sans autorisation pendant les trois dernières années de réserve·

Le maréchal Niel, n'admettant pas cet amendement, le combattit avec force. Comment peut-on prétendre qu'il n'ait pas fait de même pour des modifications importantes, puisqu'il le fit pour une question secondaire ?

Cet amendement fut voté malgré son opposition par une grande majorité de la Chambre. Ce fut la seule modification apportée au projet du gouvernement et de la Commission. Il fut en outre adopté par le Sénat à l'unanimité moins une voix.

Nous allons voir dans le chapitre suivant si la Chambre lui a refusé les sommes qu'il a demandées pour son exécution.

Exécution de la loi nouvelle.

La loi votée et promulguée, au gouvernement incombait le soin de l'exécuter et de demander aux Chambres les crédits nécessaires.

Le budget de 1868 ayant été voté en 1867, il n'y avait aucun crédit pour l'organisation de la garde mobile disponible pour 1868. Il y fut pourvu au moyen de crédits supplémentaires. Un décret impérial du 22 août 1868, inséré au *Bulletin des lois*, répartit à divers ministères des crédits supplémentaires, et, *à la page 522 chapitre 10 bis*, figurent 4,960,000 fr. pour la garde mobile. Cette somme était à dépenser en 1868.

Dans le projet de budget de 1869, le ministre des finances fait figurer au chapitre XI *page 507* la même somme de 4,960,000 fr. Cette somme fut votée dans le budget de 1869 le 2 août 1868.

Dans celui de 1870, présenté le 19 janvier 1869, *à la page 137 chapitre XI*, le ministre des finances demande pour la garde mobile 5,497,727 fr., soit une augmentation sur les exercices précédents de 537,727 fr. M. Busson-Billaud, rapporteur de la commission du budget de 1870, a écrit ce qui suit :

« L'examen des crédits demandés pour les dépenses « de la garde nationale mobile fait ressortir, pour 1870,

« une différence en plus de 537, 727 fr. sur les crédits
« alloués au budget de 1869 ; l'organisation en effet
« doit être successive, et les cadres doivent se former
« peu à peu et par corps d'armée. Nous avons dû nous
« préoccuper du chiffre total qu'entraînera la forma-
« tion de cette institution lorsqu'elle sera parvenue à sa
« complète organisation. La dépense totale, y comprise
« **l'évaluation des dépenses générales, est de**
« **14,839,638 fr. »**

(*Annexe du Journal officiel n° 41, du 26 mars 1869.*)

La somme de 5,497,727 fr. réclamée par le gouvernement a été votée sans réduction. On voit que jusqu'ici les sommes demandées par le gouvernement
pour la garde mobile lui ont été régulièrement votées.

Le budget de 1871 fut présenté le 21 février 1870.

Au chapitre XI *page 495* figure pour la garde mobile
la somme de 3,500,000 fr. seulement.

Pour expliquer cette réduction de crédit, l'exposé
des motifs contient ce qui suit : « Afin de diminuer les
« dépenses de la garde nationale mobile, des mesures
« seront prises pour que l'allocation de l'indemnité de
« service n'ait plus lieu en faveur des cadres subalternes,
« et soit renfermée dans les plus étroites limites pour
« les officiers ; l'habillement et l'équipement ne seront
« donnés qu'aux cadres des compagnies et des batte-
« ries. Des approvisionnements seront constitués en
« magasin pour l'habillement des hommes en cas de
« mobilisation. L'application de ces dispositions per-
« mettra de réaliser l'économie indiquée ci-dessus. »

Ainsi le gouvernement ne demandait pour 1871 que
3,500,000 fr.

M. Chesnelong était le rapporteur général du budget de 1871.

Voici comment il s'exprimait dans la séance   u 27

juin 1870 (*Journal officiel page 1107*) : « Nous arrivons
« à la garde mobile. La dépense inscrite au budget de
« 1870 était de 5,497,727 fr. et le gouvernement an-
« nonçait que la dépense totale après l'organisation
« définitive s'élèverait à 14,839, 638 fr..... Qu'elle soit
« organisée à l'avance sur des registres régulièrement
« tenus qui permettent, le cas échéant, son appel im-
« médiat, et que ses cadres soient prêts à fonctionner,
« cela est nécessaire sans doute, mais cela suffit.

« En maintenant l'institution comme une sauve-
« garde des mauvais jours, on doit procéder à son or-
« ganisation dans les conditions les plus économiques
« et les plus simples, se borner au nécessaire et éviter
« des dépenses inutiles.

« M. le ministre de la guerre étant entré dans cette
« voie en proposant de réduire de 1,997,727 fr. le cré-
« dit qui avait été alloué pour 1870, la Commission a
« demandé, et **M. le ministre a accepté**, une nou-
« velle réduction de 1,500,000 fr. qui ramène le cré-
« dit à 2,000,000 francs. »

Le budget pour 1871 a été voté sans réduction le
21 juillet 1870 à l'unanimité des 241 votants.

Par ce qui précède, on voit qu'il n'est pas permis
de dire que la Chambre a refusé au gouvernement les
moyens d'organiser la garde nationale mobile.

Le maréchal Niel présida le premier à son organisation. Après avoir demandé dans ce but pour
1868, sous forme de crédits supplémentaires, la somme
de 4,960,000 fr., il avait demandé pour 1869 la même
somme ; mais, reconnaissant sans doute l'insuffisance de
ce crédit, il l'avait porté pour 1870 à 5,497,727 fr. Ces
trois sommes réunies, formant ensemble 15,418,000 fr.,
dépassaient déjà celle de 14,840,000 fr. prévue et annoncée par le gouvernement. Le maréchal Niel étant mort

dans le dernier trimestre de 1869, fut remplacé au ministère de la guerre par le maréchal Lebœuf. Ni l'un ni l'autre ne paraissent avoir pris au sérieux la nouvelle organisation de notre armée ; ce qui le prouve, c'est la modicité même de la somme prévue et demandée à la Chambre.

Ainsi que l'avait déclaré M. Thiers, ce n'était pas 14 millions qui eussent permis d'organiser la garde mobile, mais bien 30 ou 40, ainsi que le maréchal Lebœuf l'a reconnu plus tard ; car enfin cette armée complémentaire, pour répondre au but qu'on avait en vue en la créant, devait être habillée, équipée, avoir des cadres d'officiers, être pourvue de tout ce qui est nécessaire à une troupe pour entrer en campagne, sans compter l'artillerie et la cavalerie nécessaires et les dépenses qu'aurait nécessitées son instruction. Comment des hommes sérieux ont-ils pu croire et dire qu'une telle organisation coûterait moins de quinze millions !

Lors des événements de 1870 la garde mobile n'était guère organisée que sur le papier. On avait formé quelques cadres dans les départements du nord et de l'est, habillé quelques bataillons, commencé quelques exercices ; c'était tout.

Voici à ce sujet ce qu'en disait le maréchal Niel lors de la discussion du budget de 1870 (*Journal officiel, séance du 21 mars 1869*) : « Les soldats de la garde na-
« tionale mobile sont tous immatriculés sur les con-
« trôles, organisés par circonscriptions et bataillons.
« C'est un travail considérable qui nous a été imposé
« par la loi dans la forme que vous lui avez donnée.
« Maintenant nous marchons à l'organisation des ca-
« dres d'officiers. Eh bien ! savez-vous ce qui nous em-
« barrasse ? c'est le nombre des concurrents.

« Les recommandations arrivent de tous côtés de la
« part de plusieurs députés, comme de la part de per-
« sonnes influentes.

« Je vous déclare que si le danger menaçait, s'il
« fallait avoir une organisation très rapide, nous en
« sommes à ce point que nous y arriverions très vite. »

On voit par ces déclarations que le 21 mars 1869, le
maréchal Niel considérait l'organisation de la garde
mobile comme très avancée, quand en réalité elle
n'existait encore que sur le papier pour les soldats, et
qu'il en était, en fait de cadres, à faire le choix d'officiers suivant les recommandations de personnages
influents.

Le nouveau ministre de la guerre, le maréchal Lebœuf, comprit encore moins les exigences de l'organisation de la garde mobile, car, ainsi que nous l'avons
vu, lors de la présentation du budget de 1871, le 21
février 1870, il ne demandait lui-même que 3,500,000 fr.
et lors de la discussion il **acceptait** la réduction de
cette somme à 2,000,000 fr. proposés par M. Chesnelong,
le rapporteur général.

Il n'est donc pas permis de dire, en respectant la
vérité, que la Chambre a refusé ou un homme ou un
écu au maréchal Niel ou au maréchal Lebœuf pour
la réorganisation de nos forces militaires.

Le ministère d'Émile Ollivier.

La constitution de 1852, œuvre du prince Louis-Napoléon Bonaparte, donnait au pouvoir exécutif les pouvoirs les plus étendus. Les ministres n'étaient pas responsables devant les Chambres, mais devant le chef de l'État. Le prince-président, et un peu plus tard l'Empereur, était seul responsable des actes de son gouvernement devant le peuple français, qu'il pouvait consulter ou ne pas consulter selon ses convenances.

On voit de suite que cette responsabilité n'était qu'un vain mot, puisqu'elle manquait de sanction légale.

Les sénateurs qu'il nommait seul étaient inamovibles, et avaient un traitement de 30,000 francs l'an ; le Sénat était qualifié de pouvoir pondérateur, gardie de la Constitution.

Au point de vue législatif, ses attributions étaient fort restreintes, il n'avait en effet à examiner les lois votées par le Corps législatif qu'au point de vue constitutionnel, et à déclarer qu'il ne s'opposait pas à leur promulgation.

Ce dernier, recruté au moyen de la candidature officielle, ne compta pendant longtemps parmi ses membres que cinq opposants : MM. J. Favre, E. Picard, E. Ollivier, Darimon, députés de Paris, et M. Hennon, député de Lyon.

Le Corps législatif n'avait que des pouvoirs fort restreints. Les orateurs devaient parler de leur place, la tribune étant supprimée ainsi que la publicité des séances. Le président en était désigné tous les ans par l'Empereur. L'initiative des lois appartenait à ce dernier seul, et un amendement proposé par un député ne pouvait être discuté qu'autant qu'il était au préalable approuvé par la Commission.

La presse n'était pas moins rigoureusement traitée.

Un journal ne pouvait paraître qu'avec l'autorisation du gouvernement. Il ne pouvait se vendre sur la voie publique que moyennant une autre autorisation qui pouvait toujours lui être retirée. S'il lui arrivait de publier des critiques déplaisant au gouvernement, celui-ci lui donnait un premier avertissement, et après un second il pouvait le suspendre ou le supprimer sans autre forme de procès. Enfin, des débats des Chambres, les journaux ne pouvaient publier que les comptes-rendus qui leur étaient fournis par le gouvernement.

Tel fut le régime politique qui pesa sur la France jusqu'en 1860.

Depuis déjà longtemps des esprits libéraux, qui sous l'empire des circonstances avaient ratifié de leur vote le coup d'État du 2 décembre 1851, arrivaient à en contester l'utilité et surtout à signaler les dangers inhérents au pouvoir personnel.

Les hommes de la génération nouvelle, les jeunes, contestaient à celle précédente le droit de la lier à l'Empire comme elle l'avait fait sans son consentement. C'était contester le principe même du gouvernement. D'autres, qui acceptaient l'Empire, réclamaient les garanties constitutionnelles du régime parlementaire et la responsabilité ministérielle. Une opposition sourde mais active se faisait sentir dans tous les rangs de la société.

L'Empereur connaissait fort bien cette hostilité ; il comprenait qu'une nation comme la France, qui avait porté dans les plis de son drapeau les idées libérales chez tous les peuples de l'Europe, ne pourrait pas s'habituer à supporter indéfiniment le joug du pouvoir personnel et autoritaire. Désireux avant tout de consolider sa dynastie, il crut y parvenir en faisant des concessions à ces aspirations libérales.

Le 24 novembre 1860, il écrivit à son ministre d'État qu'il désirait associer plus étroitement le Corps législatif et le Sénat aux affaires de l'État ; dans ce but il les autorisa à discuter tous les ans une adresse en réponse au discours du trône, ce qui leur permettrait d'examiner toutes les questions de politique intérieure et extérieure.

Il ne fut rien changé au régime de la presse.

Les élections de 1863 augmentèrent le nombre des députés indépendants du gouvernement par leur nomination faite malgré lui.

La nomination la plus désagréable à l'empire fut celle de M. Thiers, dont les talents d'homme d'État, servis par une grande éloquence, en faisaient un adversaire redoutable.

En effet, il prononça bientôt au Corps législatif un discours qui eut un grand retentissement, et dans lequel, en acceptant l'Empire puisqu'il existait, il réclamait ce qu'il appela les libertés nécessaires ; il le voulait franchement libéral et constitutionnel, avec la responsabilité ministérielle comme garantie.

Il voulait en un mot le régime parlementaire dans lequel le souverain règne et ne gouverne pas. Enfin il

désirait qu'un tel régime ne résultât pas d'une tolé-
rance en fait de l'Empereur, mais qu'il fût en droit
inscrit dans la constitution, et que la responsabilité
ministérielle remplaçât la sienne.

— Quelques années plus tard, le 20 janvier 1867,
après les événements de 1866 et l'échec de l'entreprise
du Mexique, et comme s'il eût voulu offrir à l'esprit
public une compensation, l'Empereur, par une nouvelle lettre, annonçait des concessions libérales nouvelles qu'il appelait le couronnement de l'édifice constitutionnel. Le droit d'adresse était supprimé et remplacé par celui d'interpellation, mais ce droit ne pouvait s'exercer qu'autant que quatre bureaux sur neuf
l'auraient autorisé.

Une interpellation ne pouvait se terminer que par
l'ordre du jour pur et simple ou le renvoi au gouvernement avec prière d'en examiner l'objet. Dans aucun
cas, il ne pouvait être voté d'ordre du jour blâmant la
conduite du gouvernement.

Par délégation spéciale de l'Empereur, des ministres
pouvaient se présenter devant les Chambres et y discuter les questions relatives à leur ministère.

La presse fut soustraite au régime arbitraire gouver-
nemental, une loi fort dure lui fut imposée, toutefois
c'était pour elle un progrès réel.

Des réunions publiques électorales furent autorisées
et réglementées.

Dans ces réformes, l'Empereur songea peu à s'attirer
la bourgeoisie pour laquelle il montra toujours une
grande aversion.

Se croyant assuré du vote des campagnes, grâce à
la candidature officielle, il chercha à gagner la classe
ouvrière en flattant ses idées socialistes, en lui accor-

dant d'abord le droit de grève et plus tard celui de réunion pour y discuter les questions sociales.

Ce fut en vain, ces concessions libérales furent considérées comme une restitution partielle des libertés que l'Empereur avait ravies à la France, et ne furent qu'un moyen pour en réclamer d'autres. La classe ouvrière continua à ne voir dans le souverain que le parjure qui n'était parvenu au trône qu'en passant sur un monceau de cadavres des siens.

Le mouvement libéral, après Paris, gagnait la province ; c'est ainsi qu'aux élections générales de 1869, sur 290 députés que comptait le Corps législatif, 90 furent élus malgré l'opposition violente du gouvernement et la candidature officielle employée contre eux. En outre, un certain nombre de candidats officiels n'avaient été élus qu'en promettant à leurs électeurs des réformes libérales.

Les députés républicains n'étaient qu'au nombre de 25 à 30 au plus, mais le parti libéral constitutionnel, qui comptait parmi ses membres des hommes comme MM. Chesnelong, Buffet, Daru, Martel, etc., en comptait au moins 60 auxquels on pouvait ajouter un nombre indéterminé de députés impérialistes disposés à accepter de nouvelles réformes libérales, pourvu que la dynastie de l'Empereur n'en fût pas ébranlée.

Le résultat de ces élections impressionna beaucoup l'Empereur. Il voyait le flot libéral monter à chaque élection, et il était évident, pour lui comme pour tout le monde, que si les prochaines suivaient cette progression, elles pourraient produire, sinon une majorité hostile, du moins une minorité considérable avec laquelle il faudrait compter.

Tant qu'il s'était trouvé en présence d'une opposition républicaine, il avait pu la présenter au pays

comme un épouvantail, comme une opposition révolutionnaire, mais ce moyen de défense lui faisait défaut
avec des hommes qui ne contestaient pas sa dynastie,
mais qui réclamaient des moyens plus efficaces de surveiller les affaires de l'État et de contrôler les dépenses
publiques.

Sur ce terrain la lutte devenait difficile ; en outre, il
faut bien le reconnaître, l'Empereur commençait à
vieillir, son état de santé laissait souvent beaucoup à
désirer, et il n'avait plus à beaucoup près l'énergie
des grandes décisions.

Au lieu d'essayer de lutter il céda au courant, et fit
voter par le Sénat un sénatus-consulte qui, sans toucher à ses prérogatives essentielles, faisait un pas considérable vers le régime parlementaire. Il fut promul-
gué le 8 septembre 1869.

L'initiative des lois était accordée au Sénat et à la
Chambre. Les ministres ne dépendaient toujours que
de l'Empereur, mais ils pouvaient délibérer en conseil
sous sa présidence.

Ils étaient déclarés responsables, mais si en droit
cette responsabilité n'était effective que vis-à-vis de
l'Empereur duquel seul ils dépendaient, en fait ils
leur eût été difficile de conserver leurs portefeuilles
malgré le sentiment de la majorité.

La Chambre et le Sénat avaient le droit d'interpellation et celui de voter des ordres du jour motivés. Aucun ministre n'aurait consenti à braver la chambre qui
aurait motivé un ordre du jour contre lui. Il ne l'aurait pu qu'en invoquant les ordres qu'il aurait reçus de
l'Empereur.

Les ministres ne pouvaient être mis en accusation
que par le Sénat.

Le Corps législatif obtenait le droit de nommer tous

les ans son président, ses vice-présidents et ses questeurs.

Les modifications qui seraient apportées à l'avenir à des tarifs de douanes ou de postes par des traités internationaux, ne devaient être obligatoires qu'en vertu d'une loi.

Le Sénat avait seul le droit de discuter et de voter les sénatus-consultes ; il avait en outre celui de discuter les lois votées par le Corps législatif, et il pouvait, si une loi ne lui convenait pas, la lui renvoyer pour y être discutée à nouveau dans un délai déterminé.

Le Sénat et le Corps législatif pouvaient faire eux-mêmes leur règlement intérieur.

Enfin, il était dit qu'il ne pourrait être rien changé ni retiré de ces concessions qu'au moyen d'un sénatus-consulte.

On voit que ces réformes ne manquaient pas d'importance, mais ce qu'on pouvait regretter, c'est que l'Empereur fût resté seul responsable devant le peuple français auquel il pouvait toujours faire appel ; ensuite, grâce aux candidatures officielles, on pouvait prévoir qu'il faudrait encore beaucoup de temps, et surtout des efforts bien grands pour que les libéraux arrivassent en majorité à la Chambre.

L'Empereur continua à gouverner personnellement comme par le passé, il prit pour ministres des hommes disposés à accepter sa direction et à n'avoir, en plus que leurs devanciers, que le droit de défendre dans les deux Chambres, dans lesquelles ils avaient un libre accès, les actes de leurs ministères respectifs.

Toutefois, l'Empereur se trompa fort lorsqu'il crut qu'en prenant comme ministre et président du Conseil M. Émile Ollivier il allait désarmer l'opposition. Ce fut le contraire qui arriva. L'opposition républicaine fut d'autant plus violente qu'elle s'exerçait contre l'un des siens qu'elle considérait comme un rénégat qui, après avoir fait partie des cinq députés qui eurent le courage de reprocher à l'Empire son origine criminelle, oubliant que son père fut l'une des victimes du coup d'État de 1851, osait aujourd'hui renier son passé, et soutenir contre ses anciens amis politiques le pouvoir personnel qu'avec eux il avait si énergiquement combattu.

Un rénégat apporte rarement une force au nouveau parti dans lequel il entre. Celui qui change d'opinion politique en obéissant à sa raison et à sa conscience, doit le faire modestement et ne pas avoir la prétention, lui nouveau venu, de se placer à la tête de ceux qui bien avant lui étaient dans la voie qu'il reconnaît être la bonne.

M. E. Ollivier, au contraire, n'abjura ses sentiments républicains que pour satisfaire son ambition.

Si son avènement au pouvoir produisit chez ses anciens collègues de l'opposition un violent ressentiment, il fut par contre très bien accueilli par les hommes libéraux, qui y voyaient un acheminement vers le régime politique qu'ils souhaitaient.

Les réformes libérales, qui furent la conséquence obligée des élections de 1869 et du réveil de plus en plus grand du sentiment libéral de la nation, changèrent dans une large mesure le caractère autoritaire de la constitution de 1852, et en firent en quelque sorte une constitution nouvelle. Le Sénat consacra ces réformes par un sénatus-consulte du 20 avril 1870.

L'avènement au pouvoir de M. E. Ollivier, et l'amoindrissement notable de son pouvoir personnel, jetèrent dans l'esprit de l'Empereur une vague appré-

hension pour l'avenir de sa dynastie, et lui firent concevoir le projet de faire donner à la nouvelle Constitution la consécration du suffrage universel, au moyen d'un plébiscite ainsi conçu : « **Le peuple approuve les ré-**
« **formes libérales opérées dans la Constitution**
« **depuis 1860 par l'Empereur, avec le concours**
« **des grands corps d'Etat, et ratifie le sénatus-**
« **consulte du 20 avril 1870.** »

Cette formule à double sens obligeait les électeurs qui approuvaient les réformes à voter en même temps la constitution nouvelle.

Ce plébiscite fut voté le **8 mai 1870** à une très grande majorité.

Nous avons cru devoir exposer la nouvelle organisation politique afin de bien établir qu'elle n'avait porté aucune atteinte aux droits de l'Empereur, ni diminué par conséquent sa responsabilité légale.

Nous sommes prêts.

Ces trois mots « nous sommes prêts » ont eu sur nos destinées une influence tellement grande qu'il nous paraît utile de rechercher à qui incombe la responsabilité de cette affirmation publique.

Dans son discours du trône, le 18 janvier 1869, l'Empereur s'exprimait ainsi en s'adressant aux Chambres :...

« La loi militaire et **les subsides accordés par** « **votre patriotisme** ont contribué à affermir la con-« fiance du pays, et, dans le juste sentiment de sa fierté, « il a éprouvé une réelle satisfaction le jour où il a su « qu'il était **en mesure de faire face** à toutes les « éventualités.

« **Les armées de terre et de mer**, fortement « **constituées**, sont sur le pied de paix, l'effectif « maintenu sous les drapeaux n'excède pas celui des « régimes antérieurs, mais notre armement **perfec**-« **tionné,** nos arsenaux et nos magasins **remplis,** nos « réserves **exercées,** la garde nationale en voie d'or-« ganisation, notre flotte transformée, **nos places for**-« **tes en bon état,** donnent à notre puissance un dé-« veloppement indispensable.

« Le but constant de mes efforts **est atteint,** les res-« sources militaires de la France sont désormais à la « hauteur de ses destinées dans le monde.

« Dans cette situation, nous pouvons hautement
« proclamer notre désir de maintenir la paix, il n'y a
« point de faiblesse à le dire lorsqu'on **est prêt** pour la
« défense de l'honneur et de l'indépendance de son
« pays. »

De son côté, le maréchal Niel disait au Corps législatif dans la séance du 20 mars 1869 : « Au moment où
« j'ai l'honneur de vous parler, nous avons une armée
« parfaitement constituée, et sur une base extrême-
« ment solide. Lorsque nous avons une armée si excel-
« lente, si instruite, si pleine d'ardeur, parfaitement
« organisée **et pourvue de tout**, c'est le moment
« que M. Haentjens choisit pour dire qu'il faut revenir
« à des armées mercenaires.

« Notre peuple est excessivement sensible à l'injure,
« et le plus grand malheur qui pourrait lui arriver, ce
« serait de recevoir un outrage s'il était désarmé ; il
« renverserait tout autour de lui, il s'en prendrait au
« gouvernement, et **il aurait raison**. Il faut toujours
« une force qui assure la sécurité du pays.

« Pour mon compte, je vois avec beaucoup de phi-
« losophie les questions de paix ou de guerre qui s'agi-
« tent autour de nous à l'étranger, parce que si la
« guerre devenait nécessaire **nous sommes parfaite-**
« **ment en mesure de la supporter.** (*Bravos et ap-*
« *plaudissements.*) »

Il n'était pas possible d'être plus explicite.

Lors de la discussion du budget de 1870, M. E. Picard avait demandé par mesure d'économie la suppression des six grands commandements militaires qu'il
jugeait inutiles en temps de paix. En répondant à cette
demande dans la séance du 12 avril 1869, le maréchal Niel s'exprimait ainsi : « Autrefois, quand on re-
« doutait la guerre ou qu'on s'y préparait, il fallait

« toujours l'annoncer par des dépenses énormes, et ap-
« peler des contingents extraordinaires.

« Aujourd'hui la position est bien différente ; paix ou
« guerre cela ne me fait à moi, ministre de la guerre,
« absolument rien ; nous avons un budget de la guerre
« normal ; depuis quinze ans il n'y en a pas eu d'aussi
« bas, et il n'y aura pas de crédits supplémentaires en
« 1869 et en 1870. (*Très bien ! Très bien !*)

« Eh bien, en 8 ou 9 jours nous pouvons avoir 600
« mille hommes sur pied, et voici un exemple des avan-
« tages que présentent les grands commandements
« militaires..... Est-ce une économie de 600,000 francs
« qu'on mettrait en balance avec l'avantage immense
« d'avoir en cas de guerre une armée **toute prête,** orga-
« nisée avec une telle perfection que, sans avoir à an-
« noncer la guerre par des nominations de généraux
« ou des mouvements de troupes, elle pourrait avoir
« la plus grande force des guerres actuelles, la force de
« la surprise, la rapidité qui la porte au cœur de l'en-
« nemi.

« Je crois que les dispositions prises par l'Empereur
« et l'application de la loi nouvelle nous ont donné ce
« résultat immense, c'est que **nous sommes toujours**
« **prêts.** (*Mouvements divers. — Très bien ! Très bien !*) »

Dans la séance du 22 avril, M. Pelletan ayant parlé
des zones militaires par rapport aux fortifications de
Paris, le maréchal Niel répondit en ces termes : « Pa-
« ris ne verra plus jamais l'ennemi et ne sera jamais
« complètement assiégé. Pour assiéger une place il faut
« en effet l'investir ; songez au développement de for-
« ces qui serait nécessaire pour investir une ville dont
« l'enceinte a près de vingt lieues. Viendrait-on à éta-
« blir le siège de quelques points isolés, les assiégeants
« seraient bientôt assiégés eux-mêmes. »

Le maréchal Niel n'était pas moins affirmatif au Sénat qu'au Corps législatif; voici d'après le compte-rendu analytique les déclarations qu'il y faisait dans la séance du 9 avril 1869 :

« A aucune époque, l'armée n'a reçu une éducation « plus complète, au point de vue de la guerre.

« Notre situation est telle, qu'en maintenant notre « armée sur son pied normal de paix, avec l'organisa-« tion si profondément méditée par l'Empereur, « et dont, par son initiative, notre système mili-« taire est aujourd'hui doté, nous ne pouvons ja-« mais être surpris, grâce aussi à nos approvisionne-« ments que je considère comme un dépôt sacré au-« quel il ne faut jamais toucher qu'en temps de guerre, « grâce enfin à nos armements de réserve qui sont sur « un pied des plus respectables.

« Le nombre de nos nouveaux fusils dépasse à pré-« sent un million ; on en fabrique encore 1,200 par « jour, et on en pourrait faire le double.

« Sous le rapport de l'armement nous sommes donc « tranquilles, et nos magasins sont en bon état. Au « point de vue de l'attelage, nous sommes en bonne « position. S'il était nécessaire d'appeler les réserves « qui font monter notre armée à 660,000 hommes, « dans la situation actuelle il ne faudrait pas longtemps « pour les mettre en route.

« Quand on prend un nouveau contingent, tous les « hommes faisant partie de ce nouveau contingent sont « immédiatement incorporés dans chaque arme, et af-« fectés à un régiment, ils ont leurs noms inscrits sur « un contrôle spécial, on sait à quels régiments ils « appartiennent ; aussi, dès qu'on a besoin d'eux, on « sait où ils sont, on n'a qu'un ordre de route à leur « donner, l'ordre est porté par la gendarmerie, et ils

« rejoignent leur corps : **tout cela s'accomplit dans
« l'espace de sept jours.**

« Si j'ajoute que dans toute cette réserve il n'y a
« pas un homme, sauf quelques soutiens de famille,
« qui n'ait été exercé plus ou moins, cinq mois au mi-
« nimum, j'espère que le Sénat partagera mon avis : à
« savoir que cette armée, organisée sur pied de paix,
« le plus faible de tous ceux que nous avons eu, depuis
« quinze ans, répond, quand on la considère au point
« de vue des nécessités de la guerre, à tous les besoins ;
« qu'elle peut être facilement mise debout très promp-
« tement **et qu'il ne lui manque rien.** (*Bravos enthousiastes du Sénat. — Très bien! Très bien!*) »

Le *Journal officiel* du 17 août 1869 contenait l'exposé suivant de nos forces militaires : « L'histoire dira
« avec quelle activité, quelle persévérance, quelle
« force de volonté, quelle merveilleuse fécondité de
« ressources le maréchal Niel, entrant profondément
« dans la pensée de l'Empereur, est parvenu à résou-
« dre ce problème jusqu'alors réputé insoluble, de
« doubler les forces militaires de la France, non seule-
« ment sans augmenter ses charges en temps de paix,
« mais en les allégeant pour les familles, et en dimi-
« nuant les charges du Trésor.

« Rappelons ici **ce qui a été fait,** le tableau est
« assez grand pour se passer de commentaires :

« Une armée de ligne de 750,000 hommes disponi-
« bles pour la guerre, près de 600,000 hommes de
« garde nationale mobile ; l'instruction dans toutes les
« branches poussée à un degré inconnu jusqu'ici ; nos
« réglements militaires remaniés, et mis en rapport
« avec les exigences nouvelles ; les conditions de l'exis-
« tence du soldat et de l'officier largement améliorées ;
« l'avenir des sous-officiers qui ne veulent pas poursui-

« vre leur carrière militaire, assuré par leur admission
« aux emplois civils, 1,200,000 fusils fabriqués en
« moins de dix-huit mois, **les places mises en état,**
« **et armées, les arsenaux remplis,** un matériel im-
« mense prêt à suffire à toutes les éventualités, quelles
« qu'elles soient, et en face d'une telle situation, la France
« confiante dans sa force, garantie solide de la paix.

« **Tous ces grands résultats obtenus en deux**
« **années.** »

Le maréchal Niel mourut à la fin de l'année 1869, et
fut remplacé au ministère de la guerre par le maréchal
Lebœuf. Suivant les erremens de son devancier, répondant à M. de Kératry dans la séance du 23 mars 1870,
il disait : « Ma seule politique, la voici : c'est d'être
« prêt. Quant à me mêler de la paix ou de la guerre,
« cela ne me regarde pas. Si la guerre arrive, je dois
« être prêt ; tel est mon devoir et je le remplirai.
« (*Très bien ! Très bien ! Applaudissements.*)

« Je l'ai dit, ma seule politique c'est d'être prêt. Il
« est naturel de penser que, comme soldat, je pourrais
« être bien aise de faire la guerre ; c'est une question
« d'art. Quant à la politique du cabinet, j'ai toute rai-
« son de la croire très pacifique. (*Vive approbation.*) »

Enfin voici en quels termes dithyrambiques M. Rouher, président du Sénat, s'adressait à l'Empereur le 16
juillet 1870 :

« La dignité de la France est méconnue. Votre Ma-
« jesté tire l'épée ; la patrie est avec vous frémissante
« d'indignation et de fierté.

« Les écarts d'une ambition surexcitée par un jour
« de grande fortune devaient tôt ou tard se produire.

« Se refusant à des impatiences hâtives, animé de
« cette calme persévérance qui est la vraie force, l'Em-
« pereur a su attendre ; mais depuis quatre années il

« a porté à sa plus haute perfection l'armement
« de nos soldats, élevé à toute sa puissance l'or-
« ganisation de nos forces militaires.

« Grâce à vos soins la France est prête, Sire,
« et par son enthousiasme elle prouve que, comme
« vous, elle était résolue à ne tolérer aucune entre-
« prise téméraire.

« Si l'heure des périls est venue, l'heure de la
« victoire est proche. Bientôt la patrie reconnais-
« sante décernera à ses enfants les honneurs du triom-
« phe. Bientôt l'Allemagne affranchie de la domination
« qui l'opprime, la paix rendue à l'Europe par la gloire
« de vos armes, Votre Majesté qui, il a deux mois, re-
« cevait pour elle et pour sa dynastie une nouvelle force
« de la volonté nationale, Votre Majesté se dévouera
« de nouveau à ce grand œuvre d'amélioration et de
« réformes dont la réalisation, la France le sait et le
« génie de l'Empereur le lui garantit, ne subira d'au-
« tre retard que celui que vous emploierez à
« vaincre. »

Lors de nos désastres, on a reproché au maréchal
Lebœuf d'avoir déclaré que nous étions prêts et qu'il
ne manquait pas un bouton de guêtre. S'il eut tort de
faire une telle déclaration, il ne serait pas juste
néanmoins de le rendre seul responsable de l'état déplorable de notre armée en 1870.

Ce n'est pas pendant six ou sept mois de ministère
qu'il aurait pu la désorganiser ou la priver de son approvisionnement si elle eût été constituée et pourvue
de tout, comme l'avait si souvent et si solennellement
affirmé le maréchal Niel.

La vérité, c'est que si ce dernier eût vécu, les événements de 1870 nous eussent trouvés au point de vue
militaire dans le même désarroi, et qu'au lieu de s'en

prendre à l'incapacité du maréchal Lebœuf, on s'en fût pris à celle du maréchal Niel.

Il n'est pas permis de douter de leur patriotisme, pas plus que de celui de l'Empereur, mais quand nous verrons combien étaient mal fondées leurs affirmations que nous étions absolument prêts, on sera bien obligé de reconnaître qu'ils n'ont jamais été capables de juger ce qu'il fallait avoir pour être prêts.

C'est avec ces sentiments de confiance dans la bonne organisation de notre armée et de ses approvisionnements, que la Chambre apprit la candidature du prince de Hohenzollern au trône d'Espagne.

La candidature Hohenzollern.

Le trône d'Espagne était devenu vacant par le renversement de la reine Isabelle de Bourbon. Le duc de Montpensier, marié à l'une de ses sœurs en 1847, et habitant l'Espagne depuis son mariage, y jouissait d'une grande considération et se trouvait par suite le candidat tout désigné au trône d'Espagne. Le maréchal Prim, alors tout-puissant, ne manqua pas de le proposer, mais l'Empereur, par ressentiment contre la famille d'Orléans, s'opposa à cette candidature.

Le maréchal Prim, qui depuis la guerre du Mexique gardait rancune à l'Empereur, se vengea de son opposition à une candidature qui pour l'Espagne réunissait les conditions les plus favorables, en suscitant celle du prince de Hohenzollern.

Ce prince est, par son père le prince Antoine, petit-fils de Marie-Antoinette Murat, et par sa mère petit-fils de Stéphanie-Louise-Adrienne-Napoléone, vicomtesse de Beauharnais, fille adoptive de Napoléon Ier. Il était, comme on le voit, aussi proche parent des Bonaparte que du roi de Prusse.

Après entente avec M. de Bismarck, le maréchal Prim lui offrit la couronne d'Espagne. Avant de l'accepter il dut solliciter le consentement du roi de Prusse, son chef de famille. Celui-ci l'autorisa à accepter la couronne dans le cas où les Cortès espagnoles l'éliraient roi d'Espagne. Ce consentement ne lui était donné par e roi de Prusse qu'à titre de chef de famille, en dehors de l'action de son gouvernement, et sans garanties d'aucune sorte pour ce qui pourrait en résulter par la suite.

Dans son livre *la France et la Prusse avant la guerre*, M. de Gramont explique que les Cortès espagnoles étaient convoquées pour le 20 juillet, et que jusque-là le secret de cette combinaison devait être gardé, jusqu'à ce qu'un vote favorable nous eût mis en présence d'un fait accompli engageant l'Espagne.

Une indiscrétion commise à Madrid permit à notre ambassadeur de connaître ce projet, et celui-ci naturellement s'empressa d'en informer le gouvernement français, qui, de son côté, laissa transpirer la nouvelle. De là, grand émoi parmi les députés.

Dans la séance du 5 juillet 1870 M. Cochery, en son nom et celui de plusieurs de ses collègues, demanda à interpeller le gouvernement sur la candidature éventuelle d'un prince de la famille royale de Prusse au trône d'Espagne.

Dans celle du lendemain 6 le duc de Gramont, ministre des affaires étrangères, répondit à cette interpellation en ces termes :

« Je viens répondre à l'interpellation qui a été déposée hier par M. Cochery.

« Il est vrai que le maréchal Prim a offert au prince « Léopold de Hohenzollern la couronne d'Espagne, et « que ce dernier l'a acceptée. (*Sensation.*) Mais le peuple espagnol ne s'est point encore prononcé, et nous « ne connaissons point les détails vrais d'une négociation qui nous a été cachée. (*Mouvement.*) Aussi « une discussion ne saurait-elle aboutir maintenant à « aucun résultat pratique. Nous vous prions, Messieurs, de l'ajourner.

« Nous n'avons cessé de témoigner nos sympathies à
« la nation espagnole, et d'éviter tout ce qui aurait pu
« avoir les apparences d'une immixtion quelconque
« dans les affaires intérieures d'une noble et grande na-
« tion, en plein exercice de sa souveraineté ; nous ne
« sommes pas sortis à l'égard des divers prétendants
« au trône de la plus stricte neutralité, et nous n'avons
» jamais témoigné pour aucun d'eux ni préférence ni
« éloignement. (*Marques d'approbation.*)

« Nous persisterons dans cette conduite.

« Mais nous ne croyons pas que le respect des droits
« d'un peuple voisin nous oblige à souffrir qu'une puis-
« sance étrangère, en plaçant un de ses princes sur le
« trône de Charles-Quint, puisse déranger à notre dé-
« triment l'équilibre actuel des forces en Europe (*Vifs
« et nombreux applaudissements*) et mettre en péril les
« intérêts et l'honneur de la France. (*Nouveaux applau-
« dissements. Bravos.*)

« Cette éventualité, nous en avons le ferme espoir,
« ne se réalisera pas.

« Pour l'empêcher, nous comptons à la fois sur la
« sagesse du peuple allemand et sur l'amitié du peuple
« espagnol.

« **M. Granier de Cassagnac.** Et sur notre réso-
« lution.

« **M. le Ministre.** S'il en était autrement, forts de
« votre appui et de celui de la nation, nous saurions
« remplir notre devoir sans hésitation et sans faiblesse.
« (*Longs applaudissements, acclamations répétées. Mou-
« vements et réclamations sur quelques bancs à gauche.*)

« **M. Crémieux.** Les paroles qui viennent d'être
« prononcées par M. le ministre des affaires étrangè-
« res, avec un sentiment que je ne veux pas blâmer,
« sont à mes yeux la guerre déclarée. (*Non ! Non !*)

« **M. E. Ollivier**, *président du conseil*. Messieurs,
« rien n'est encore définitif, et je ne puis admettre qu'en
« exprimant à haute voix son sentiment sur une situa-
« tion qui touche à la sécurité et au prestige de la
« France, le gouvernement compromette la paix du
« monde. Mon opinion est qu'il emploie le seul moyen
« qui reste de la consolider ; car, chaque fois que la
« France se montre ferme sans exagération dans la dé-
« fense d'un droit légitime, elle est sûre d'obtenir l'appui
« moral et l'approbation de l'Europe. (*Très bien ! Très
« bien !*)

« **M. Emmanuel Arago**. J'affirme, et je tiens à cons-
« tater bien haut, que le ministre a été imprudent,
« (*Allons donc ! Allons donc !*) plus qu'imprudent, je répète
« l'expression, en prenant vis-à-vis de la Prusse et de
« l'Espagne l'attitude qu'il a prise. (*Nouveaux cris : l'or-
« dre du jour, l'ordre du jour !*)»

M. Thiers partageait complètement ce sentiment.
Après la guerre, une commission d'enquête fut nommée en vue d'établir les responsabilités de nos désastres. Comme tant d'autres personnages politiques
ou militaires, il fut appelé devant elle dans sa séance
du 17 septembre 1871. Il exposa qu'arrivé à la Chambre un peu tard le 6 juillet 1870, après que M. de Gramont eut fait la déclaration qu'on a lue plus haut, il
trouva les députés en grand émoi. Tous ceux qui, en
le voyant, l'entourèrent, lui dirent que la déclaration
que venait de faire le gouvernement équivalait à une
déclaration de guerre. «J'en fus consterné, dit-il, regar-
dant la guerre dans l'état où nous avait laissés la
guerre du Mexique comme une ruine certaine. »

Les députés ministériels qui le virent ce jour-là,
effrayés de la situation, le conjuraient de travailler au
maintien de la paix.

Dans le cours de sa déposition il exposa à la Commission qu'ayant eu, le jour même et les suivants, des entrevues avec les ministres, notamment avec M.E. Ollivier, il n'eut pas de peine à faire comprendre à ce dernier que la déclaration du 6 juillet était une grande faute commise, que, conçue en termes menaçants, elle pouvait froisser la susceptibilité de la Prusse et déterminer une guerre immédiate ; qu'il fallait s'abstenir de la faire et s'adresser aux puissances européennes, notamment à l'Angleterre et à la Russie, qui n'auraient pas manqué d'accorder leurs bons offices en vue du maintien de la paix.

Pourtant, il ne désespéra pas de voir la Prusse céder aux observatious que ne manqueraient pas de lui faire l'Angleterre et la Russie, et, en voyant les jours s'écouler sans que la Prusse relevât le gant, il finit par en acquérir la conviction, mais il ne cessait de répéter à M. E. Ollivier : « Si vous obtenez le retrait de cette candidature, ayez bien soin d'éviter à l'avenir l'emploi de pareils procédés qui, surtout dans la situation de la France, seraient fort dangereux.

« M. E. Ollivier, dit-il, partageait complètement mes sentiments relativement à la faute commise, et au désir de faire tout ce qu'il faudrait pour conserver la paix. » Quand M. Thiers lui démontrait la mauvaise situation de notre armée après la guerre du Mexique, il répondait que, sous ce rapport, il ne pouvait que s'en rapporter au ministre de la guerre, lequel déclarait qu'il était prêt. Enfin, le 13 juillet, en arrivant à la Chambre, M. Thiers vit venir à lui M. E. Ollivier qui, tout joyeux, lui annonça l'heureuse nouvelle du désistement de la candidature du prince prussien à la couronne d'Espagne, lequel assurait la conservation de la paix.

« Pour moi, continue M. Thiers, je suis persuadé qu'il était de bonne foi, et que dans ce moment-là il sentait le danger de la position ; je suis sûr que c'est faute de fermeté de vues qu'il suivit quelques jours après la cour dans ses funestes entraînements. »

L'entourage de l'Empereur le poussait à la guerre ; dans cet entourage se trouvaient un certain nombre de députés, amis du premier degré, les purs, ceux dont on pouvait dire qu'ils étaient plus impérialistes que l'Empereur.

Ils ne voyaient pas sans regret le mouvement libéral s'accentuer de plus en plus, et regrettaient de voir l'Empereur s'en accommoder, quand ils auraient désiré le voir ressaisir d'une main vigoureuse le pouvoir absolu de 1852.

Au contraire, en le voyant prendre comme premier ministre M. E. Ollivier, ils entrevoyaient dans un avenir prochain les nouveaux venus les supplantant dans les bonnes grâces du maître.

A la nouvelle de la candidature du prince de Hohenzollern, le souvenir des humiliations infligées à la France par la Prusse depuis 1866 s'imposa à tous les esprits. Cette candidature comblait la mesure.

Les partisans exaltés de l'Empire trouvèrent là une occasion d'afficher bruyamment leur dévouement à l'Empereur. Ils criaient bien haut qu'il fallait profiter de la situation. Ils colportaient dans les couloirs de la Chambre que souvent, en montrant son fils, l'Impératrice avait dit : « Cet enfant ne régnera pas si l'on ne répare pas le malheur de Sadowa. »

Ils foudroyaient de leurs regards méprisants les députés qui ne pensaient pas comme eux ou qui paraissaient indécis.

Enfin, d'après eux, nous étions prêts, archi-prêts, et

la France aurait bientôt raison de la Prusse, c'était une campagne de six semaines à faire.

Ce furent ces énergumènes qui, quelques jours plus tard dans la séance du 15 juillet, devaient insulter M. Thiers qui s'opposait à la guerre.

Les négociations. Première phase.

Le cabinet de Berlin, auquel le gouvernement s'adressa, répondit qu'il n'avait rien à voir à cette candidature, qui était non une affaire gouvernementale, mais bien une affaire qui ne concernait que le roi de Prusse en sa qualité de chef de famille. Ce dernier étant à Ems où il prenait les eaux, le gouvernement français chargea M. Benedetti, notre ambassadeur à Berlin, de se rendre auprès du roi à Ems.

Le 7 juillet 1870, M. de Gramont, notre ministre des affaires étrangères, lui adressa des instructions dans lesquelles il s'exprimait ainsi : « Nous prions le roi d'in-
« tervenir, sinon par ses ordres, au moins par ses conseils
« auprès du prince de Hohenzollern, pour obtenir le re-
« trait de sa candidature au trône d'Espagne. Personne
« ne doute que, prenant possession du trône dans de telles
« conditions, le nouveau souverain ne fût réduit à l'im-
« possibilité de se maintenir en Espagne. »

A ces instructions officielles était jointe une lettre particulière reproduite dans le livre de M. de Gramont: *La France et la Prusse avant la guerre, page 61*, dans laquelle il disait à M. Benedetti «. Quant au prince de
« Hohenzollern, son règne en Espagne ne **durera pas**
« **un mois**, mais la guerre provoquée par cette intrigue
« de M. de Bismarck combien durerait-elle, et quelles
« en seront les conséquences ? »

Ainsi, dans la pensée de notre gouvernement, le prince de Hohenzollern ne devait pas réussir en Espagne, et son règne y devait être de courte durée. Cette appréciation, qui était fort juste, a été confirmée depuis par le règne éphémère du prince Amédée d'Italie.

La protestation violente du 6 juillet se justifiait par la perspective de l'établissement régulier et paisible d'un prince prussien sur le trône d'Espagne, mais elle n'avait aucune raison d'être du moment qu'on croyait que cette tentative n'aboutirait qu'à un piteux échec et à la confusion de ses auteurs.

Dès lors il n'y avait qu'à laisser faire en se retranchant derrière la souraineté nationale de l'Espagne.

A la demande d'intervention formulée par notre ambassadeur, le roi de Prusse répondit : La candidature du prince de Hohenzollern n'a pas été créée par moi, aucune négociation n'a été suivie par mon gouvernement qui l'ignore ; comme souverain de Prusse j'y suis absolument étranger ; comme chef de famille j'ai donné mon consentement, si le prince Léopold retire sa candidature, j'y consentirai de même, je n'admets pas qu'on persiste à faire intervenir le roi de Prusse dans une question qui ne touche le roi que comme chef de famille. Enfin il ajouta pour terminer que, le prince Léopold étant à Cannes, il allait consulter le prince Antoine son père, en ce moment à Sigmaringen.

En même temps qu'il adressait au gouvernement français cette réponse officielle, M. Benedetti écrivait à M. de Gramont une lettre particulière ǀdans laquelle il lui disait : « Le roi a vivement ressenti la seconde « partie de la déclaration du 6 juillet, dans laquelle il « a vu presque une provocation. Ou il voulait gagner « du temps pour les mesures militaires, ou il refusait

« une concession qui aurait blessé le sentiment public
« en Allemagne. »

Le gouvernement français s'accommodait mal de cette
réponse dilatoire, et le 10 juillet, dans une lettre particulière, M. de Gramont écrivait à M. Benedetti : « Nous
« n'attendons plus que votre dépêche pour appeler les
« 300,000 hommes qui sont à appeler. Si le roi ne veut
« pas conseiller au prince de renoncer, eh bien, c'est
« la guerre tout de suite et dans quelques jours nous
« sommes au Rhin. »

Dans son livre (*page 75*), M. de Gramont dit que le
matin même du 10 juillet, il avait autorisé l'ambassadeur d'Angleterre à déclarer en son nom à lord Granville que si, sur le conseil du roi, la candidature était
retirée, toute l'affaire était terminée.

Le 11 juillet il adressait à M. Benedetti la dépêche
suivante datée de une heure du matin : « Vous ne pouvez
« vous imaginer à quel point l'opinion publique est
« exaltée. Elle nous déborde de tous côtés, et nous comp-
« tons les heures. Il faut absolument insister pour ob-
« tenir une réponse du roi, négative ou affirmative, il
« nous la faut pour demain, après-demain serait trop
« tard. »

De son côté, M. Benedetti adressait le même jour
une dépêche dans laquelle il annonçait qu'il venait de
voir le roi une seconde fois, lequel avait répété
qu'il attendait encore la réponse du prince de Hohenzollern.

M. de Gramont répondait par la dépêche confidentielle
suivante en date du 12 juillet, 12 h. 15 : « Employez toute
« votre habileté à constater que la renonciation du
« prince de Hohenzollern nous est **annoncée, communi-**
« **quée** ou **transmise** par le roi de Prusse, ou son gou-
« vernement ; c'est pour nous de la plus haute impor-

« tance. La participation du roi doit à tout prix être
« consentie par lui, ou résulter des faits d'une manière
« saisissable. »

Ainsi qu'il résulte des pièces qui précèdent, le gouvernement français exigeait que la renonciation du
prince de Hohenzollern fût l'œuvre ostensible du roi
de Prusse, et non celle du prince seulement. De son
côté, le roi de Prusse se refusait à prendre une telle
initiative, qu'il jugeait contraire à sa dignité.

Ce fut alors que le 11 juillet le roi de Prusse envoya
à Paris son ambassadeur, M. le baron de Werther, avec
mission de fournir au gouvernement français toutes les
explications nécessaires.

Il y arriva le 12 et fut reçu le même jour par M. de
Gramont.

Une heure auparavant, lors de l'ouverture de la séance du Corps législatif, M. Clément Duvernois demanda à interpeller le gouvernement sur les garanties
qu'il a stipulées, ou qu'il compte stipuler pour éviter
un retour de complications successives avec la Prusse.

Depuis la déclaration du 6 juillet, dans laquelle on
s'était élevé avec force contre la candidature du prince
prussien, le gouvernement français, on l'a vu par ses
dépêches, n'avait jamais soulevé de question relative à
l'avenir. Comment dès lors s'expliquer une interpellation dont le but évident était de pousser le gouvernement à ne pas se contenter du retrait de la candidature ?

Ce qui donnait à cette interpellation une signification
particulière, c'est qu'elle émanait d'un des familiers
des Tuileries, ancien républicain converti à l'Empire,
et comblé des faveurs pécuniaires de l'Empereur ainsi
que l'ont révélé depuis les papiers trouvés aux Tuileries
le 4 septembre.

S'il n'est pas prouvé qu'elle fût concertée avec l'Empereur, nous verrons bientôt du moins que cette interpellation était en accord parfait avec les vues qu'il fit prévaloir comme souverain, après la renonciation du prince de Hohenzollern au trône d'Espagne.

L'ambassadeur prussien fut reçu à trois heures. Dès le début de leur entretien, M. de Gramont fut prié par l'ambassadeur d'Espagne de le recevoir immédiatement. Ce dernier lui donna officiellement communication d'une dépêche qu'il venait de recevoir, avec copie de celle que le prince Antoine venait d'adresser au gouvernement espagnol, lui faisant connaître que, vu les complications que paraissait rencontrer la candidature de son fils au trône d'Espagne, il la retirait en son nom.

Après le départ de M. Olozaga, l'entretien fut repris entre M. de Gramont et l'ambassadeur prussien, auquel il fit part de la notification que venait de lui faire l'ambassadeur espagnol.

A la page *120* de son livre M. de Gramont dit : « M. de « Werther déclarait avec insistance que le roi de Prusse, « en autorisant la candidature du prince de Hohenzol- « lern, n'avait jamais eu l'intention de blesser l'Empe- « reur, et n'avait jamais supposé que cette combinaison « pût porter ombrage à la France.

« Quel que fut le degré de confiance que nous puis- « sions avoir dans de pareilles assurances, elles n'en « avaient pas moins un caractère officiel du moment « qu'elles nous venaient du représentant du roi et pour « ainsi dire de sa part ....

« Je fis observer au baron de Werther que du mo- « ment où il m'affirmait que rien n'avait été plus loin « de la pensée de son souverain que de blesser l'Empe- « reur et d'inquiéter la France, une pareille assurance « donnée serait certainement de nature à faciliter l'ac-

« cord que nous recherchions. Les paroles d'un am-
« bassadeur, il le savait comme moi, avaient, en droit,
« le même poids, la même valeur que les paroles mêmes
« du souverain. Je devais donc considérer ce qu'il me di-
« sait des dispositions et des idées du roi, comme si je
« les tenais de sa Majesté même. »

En réponse à ces déclarations conciliantes, M. de Gramont dit (*page 121*) qu'il demanda à l'ambassadeur que le roi de Prusse écrivît à l'empereur une lettre contenant les mêmes assurances. A ce moment, continue-t-« il (*page 126*), M. E. Ollivier se fit annoncer ; mis par
« moi en quelques mots au courant de l'entretien, il y
« prit part en appuyant de tout son pouvoir les argu-
« ments que j'avais déjà présentés, et en en donnant de
« nouveaux basés sur le sentiment de la Chambre et de
« l'opinion publique. »

L'ambassadeur prussien promit d'en rendre compte à son souverain, et on se sépara.

M. de Gramont se rendit à Saint-Cloud auprès de l'Empereur auquel il exposa dans tous ses détails ce qui venait de se passer entre l'ambassadeur prussien, M. E. Ollivier et lui.

Négociations. Seconde phase.

Après son entrevue avec l'Empereur, M. de Gramont adressa à M. Benedetti la dépêche suivante :

Paris, 7 h. soir.

« Nous avons reçu des mains de l'ambassadeur d'Es-
« pagne la renonciation du prince Antoine, au nom de
« son fils Léopold, à sa candidature au trône d'Espagne.
« Pour que cette renonciation produise tout son effet, il
« paraît nécessaire que le roi de Prusse s'y associe et
« nous donne l'assurance qu'il n'autorisera pas de nou-
« veau cette candidature. Veuillez vous rendre auprès
« du roi pour lui demander cette déclaration. »

Après l'envoi de cette dépêche, M. de Gramont reçut de l'Empereur la lettre suivante (*page 136*) :

Saint-Cloud, ce 12 juillet 1870.

Mon cher duc,

« En réfléchissant à nos conversations d'aujourd'hui,
« et en relisant la dépêche du prince Antoine, je crois
« qu'il faut se borner à accentuer davantage la dépêche
« que vous avez dû envoyer à Benedetti en faisant res-
« sortir les points suivants :

« 1° Nous avons eu affaire à la Prusse et non à l'Es-
« pagne.

« 2° La dépêche du prince Antoine adressée à Prim
« est un document non officiel pour nous, que personne
« n'a été chargé de nous communiquer.

« 3° Le prince Léopold accepte la candidature au
« trône d'Espagne, et c'est le père qui renonce.

« 4° Il faut donc que Benedetti insiste, comme il en a
« l'ordre, pour avoir une réponse catégorique par la-
« quelle le roi s'engagerait pour l'avenir à ne pas per-
« mettre au prince Léopold (qui n'est pas engagé) de
« suivre l'exemple de son frère et de partir un beau ma-
« tin pour l'Espagne.

« 5° Tant que nous n'aurons pas une communication
« officielle d'Ems, nous ne serons pas censés avoir une
« réponse à nos justes demandes.

« 6° Tant que nous n'aurons pas cette réponse, nous
« continuerons nos armements.

« 7° Il est donc impossible de faire une communica-
« tion aux Chambres avant d'être mieux renseignés.

« Recevez, mon cher duc, l'assurance de ma sincère
« amitié.

« NAPOLÉON. »

C'est ici qu'apparaît l'accord parfait entre la pensée
qui avait inspiré l'interpellation de M. Clément Duvernois et les prétentions nouvelles d'exiger des garanties
pour l'avenir.

Conformément aux instructions qu'il avait reçues de
l'Empereur, M. de Gramont adressa à M. Benedetti le
soir même une seconde dépêche datée du 12 juillet,
11 h. 45 du soir, ainsi conçue : « L'Empereur me charge
« de vous faire remarquer que nous ne saurions consi-
« dérer la renonciation que nous a communiquée l'am-

« bassadeur d'Espagne, et qui ne nous est pas adressée
« directement, comme une réponse suffisante aux justes
« demandes adressées par nous au roi de Prusse, encore
« moins saurions-nous y voir une garantie pour l'avenir.
« Afin que nous soyons sûrs que le fils ne désavouera
« pas son père, ou qu'il n'arrivera pas en Espagne
« comme son frère l'a fait en Roumanie, il est indispen-
« sable que le roi veuille bien nous dire qu'il ne permet-
« tra pas au prince de revenir sur le désistement com-
« muniqué par le prince Antoine. »

De son côté, l'ambassadeur prussien adressait le
même jour à son souverain un rapport détaillé sur son
entretien avec M. de Gramont et M. E. Ollivier, et ce
rapport était parvenu au roi de Prusse avant que
M. Benedetti ait pu voir le roi, et lui ait fait part de la
nouvelle demande de garantie pour l'avenir formulée
par le gouvernement français.

Le lendemain 13, à l'ouverture de la Chambre, M. de
Gramont monta à la tribune et fit la déclaration suivante :

« L'ambassadeur d'Espagne nous a annoncé **officiellement** hier la renonciation du prince Léopold de
« Hohenzollern au trône d'Espagne.

« **Les négociations que nous poursuivons avec la
« Prusse, et qui n'ont jamais eu d'autre objet,** ne sont
« pas encore terminées. Il nous est donc impossible de
« soumettre aujourd'hui à la Chambre et au pays un
« exposé général de l'affaire.

M. le baron Jérôme David. « J'ai l'honneur de
« déposer une demande d'interpellation ainsi conçue :
« Considérant que les déclarations fermes, nettes, pa-
« triotiques du ministère à la séance du 6 juillet ont été
« accueillies avec faveur par la Chambre et le pays ;

« **Considérant que ces déclarations du ministère sont**

« en opposition avec la lenteur dérisoire des négociations
« avec la Prusse, je demande à interpeller le minis-
« tère sur les causes de sa conduite à l'extérieur qui, non-
« seulement jette la perturbation dans les branches di-
« verses de la fortune publique, mais aussi risque de
« porter atteinte à la dignité nationale. »

M. de Gramont proposa à la Chambre de discuter
cette interpellation, en même temps que celle de
M. Clément Duvernois, le vendredi 15 juillet.

M. Jérôme David, autre familier des Tuileries, dont
la publication des papiers après le 4 septembre a révélé les largesses à son profit, s'impatientait comme
on le voit que la guerre ne fût pas encore déclarée.

Voici ce qui se passait à Ems le même jour 13 juillet.

Appelé à déposer devant la Commission d'enquête
du 4 septembre en 1872, M. Benedetti exposa que, le
13 au matin, il se présenta chez le roi pour lui soumettre la nouvelle demande faisant l'objet de la dépêche du 12, sept h. du soir, qu'il avait reçue dans la
nuit.

Le roi étant sorti, il s'adressa au prince de Radzi-
will, l'aide de camp de service, et le pria de demander une audience au roi pour lui faire une nouvelle
communication. Quelque temps après, il rencontra
l'aide de camp qui lui dit : J'ai fait votre commission,
le roi m'a chargé de vous dire qu'il vous recevra après
son déjeuner.

Ce fut un peu plus tard qu'il rencontra par hasard
le roi sur la promenade publique et que, profitant de
cette rencontre, il s'acquitta auprès de lui de la nouvelle
mission dont il était chargé par son gouvernement.

Il rendit compte aussitôt de cette entrevue par la dépêche suivante datée d'Ems, 13 juillet onze heures quarante cinq minutes du matin :

« J'ai reçu au milieu de la nuit seulement votre télé-
« gramme d'hier soir sept heures. Je viens de voir le roi,
« il n'avait pas le message qu'il attend de Sigmaringen.
« Je lui ai donné connaissance de la communication
« que vous a faite l'ambassadeur d'Espagne. Je lui ai
« fait remarquer que le désistement du prince de Hohen-
« zollern approuvé par le roi nous était une garantie
« pour le présent, mais que nous pensions qu'il était in-
« dispensable d'assurer l'avenir et de rendre définitive
« une confiance entière à tous les intérêts, que le roi
« dans ce but voudrait bien me permettre de vous an-
« noncer en son nom que si le prince de Hohenzollern
« revenait à son projet, sa Majesté interposerait son
« autorité et y mettrait obstacle.

« Le roi a absolument refusé de m'autoriser à vous
« transmettre une semblable déclaration. J'ai vive-
« ment insisté sans réussir à modifier les dispositions de
« Sa Majesté. Le roi a terminé notre entretien en me
« disant qu'il ne pouvait ni ne voulait prendre un pa-
« reil engagement et qu'il devait, pour cette éventualité
« comme pour toute autre, se réserver la faculté de
« consulter les circonstances. »

Enfin, il avait dit à notre ambassadeur qu'aussitôt
qu'il serait en possession du message qu'il attendait de
Sigmaringen, il le recevrait pour le lui communiquer.

Un peu plus tard, ayant en effet reçu ce message, le
roi envoya auprès de M. Benedetti son aide de camp
avec la mission de lui en faire part.

Après avoir reçu la visite de l'aide de camp du roi,
M. Benedetti en rendit compte à son gouvernement par
la dépêche suivante datée d'Ems, 13 juillet quatre heures vingt-cinq minutes du soir :

« Le roi a reçu la réponse du prince de Hohenzol-
« lern ; elle est du prince Antoine, et elle annonce à

« sa Majesté que le prince Léopold son fils s'est désisté
« de sa candidature au trône d'Espagne. Le roi m'au-
« torise à faire savoir au gouvernement de l'Empereur
« **qu'il approuve cette résolution**. Le roi a chargé
« un de ses aides de camp de me faire cette communi-
« cation et j'en reproduis exactement les termes. Sa
« Majesté ne m'ayant rien fait annoncer au sujet de
« l'assurance que nous réclamons pour l'avenir, je sol-
« licite une dernière audience pour lui soumettre de
« nouveau et développer les observations que j'ai pré-
« sentées ce matin. »

Ayant reçu postérieurement la dépêche du 12, onze
heures quarante-cinq minutes du soir, adressée par M. de
Gramont sur l'ordre de l'Empereur, M. Benedetti avait insisté pour obtenir une nouvelle audience. Ce fut à cette
demande que le roi lui fit répondre par son aide de
camp qu'il ne pouvait reprendre avec lui la discussion
du matin.

M. Benedetti fait connaître cette réponse à son gouvernement par la dépêche suivante en date d'Ems, 13
juillet sept heures quarante-cinq minutes du soir :

« A la demande d'une nouvelle audience, le roi m'a
« fait répondre qu'il ne saurait reprendre avec moi la
« discussion relativement aux assurances qui devaient,
« à notre avis, nous être données pour l'avenir. Sa Ma-
« jesté m'a fait déclarer qu'il s'en référait à cet égard
« aux considérations qu'il m'avait exposées le matin,
« dont je vous ai fait connaître la substance dans
« mon premier télégramme de ce jour, et que j'ai dé-
« veloppées dans un rapport que vous recevrez ce matin.

« Le roi a consenti, m'a dit son envoyé, à donner son
« approbation entière et sans réserve au désistement du
« prince de Hohenzollern. Il ne peut faire davantage :
« j'attendrai vos ordres avant de quitter Ems.

« M. de Bismarck ne viendra pas ici : je remarque
« l'arrivée des ministres des finances et de l'intérieur. »

Pour compléter ces dépêches télégraphiques, M. Benedetti adressa le même jour 13 juillet un rapport détaillé dans lequel il dit : « Vous me demandez, a dit le
« roi, un engagement **sans terme et pour tous les**
« **cas** ; je ne saurais le prendre.

« Le roi s'est absolument refusé à y acquiescer, et il
« ne m'a été que trop aisé de me convaincre que je ne
« réussirais pas à modifier les dispositions de Sa Majesté,
« qui a bientôt mis fin à notre entretien sur la prome-
« nade publique en m'exprimant ses regrets de ne
« pouvoir nous faire ce qu'il a appelé une concession
« nouvelle et inattendue.

« Après réception du message du prince de Hohen-
« zollern, prévoyant mon désir de l'entretenir de nou-
« veau, au lieu de me recevoir, il a chargé un de ses
« aides de camp de m'apprendre **en son nom** que le
« prince Léopold avait retiré sa candidature, et que sa
« Majesté me priait de télégraphier qu'elle considérait
« cette affaire comme définitivement terminée.

« Tout me porte à croire, je ne saurais vous le ca-
« cher, que le roi est fermement résolu à nous refuser
« cette satisfaction. Dans cette disposition, le roi con-
« sidère qu'il aggraverait le mécontentement que la
« renonciation du prince de Hohenzollern provoquera
« en Allemagne, et dont la responsabilité pèsera moins
« sur le prince que sur Sa Majesté elle-même, s'il
« souscrit à l'obligation que nous lui demandons de
« contracter.

« Je prévois même, qu'à dater de ce moment, il me
« sera même difficile de l'aborder, et je ne doute pas
« qu'il n'ait voulu éviter de m'en donner l'occasion en

« confiant à l'un de ses officiers le soin de m'apporter
« la résolution du prince de Hohenzollern. »

Le lendemain, 14 juillet, M. Benedetti envoya à son
gouvernement les deux dépêches suivantes qui furent
les dernières :

Ems, 14 juillet, 12 heures 30.

« Afin de ne pas manquer aux convenances, j'ai prié
« l'aide de camp de service d'annoncer au roi que je
« partais ce soir, et j'ai exprimé le désir de prendre
« congé de Sa Majesté. Le roi m'a fait répondre qu'il
« me verra dans le salon qui lui est réservé à la gare,
« quelques instants avant son départ. Un télégramme
« daté d'ici, publié par la *Gazette de Cologne* et que la
« télégraphie privée nous apporte ce matin, raconte
« que le roi a chargé hier un de ses aides de camp de
« me déclarer qu'il ne prendra aucun engagement
« pour l'avenir, et qu'il avait refusé de me recevoir
« pour continuer avec moi la discussion à ce sujet.
« Comme je n'en avais fait la confidence absolue à
« personne, je suis autorisé à croire que ce télégramme
« est parti du cabinet du roi. Il me revient que, depuis
« hier, on tient dans son entourage un langage regret-
« table.

« Je serai à Paris demain matin à dix heures quinze,
« et je me rendrai directement au ministère. »

La seconde et dernière dépêche était ainsi conçue :

Ems, 14 juillet 1870, 3 heures 45 du soir.

« Je viens de voir le roi à la gare, il s'est borné à
« me dire qu'il n'a plus rien à me communiquer et que
« les négociations qui pourraient encore être pour-
« suivies seraient continuées par son gouverne-

« **ment**. Sa Majesté m'a confirmé que son départ pour
« Berlin aura lieu demain matin. »

Le roi de Prusse, comme on le voit, ne rompait pas
les négociations, il disait au contraire qu'elles pourraient être continuées par son gouvernement.

Ces deux dépêches, reçues par le gouvernement dans
la journée du 14 juillet, ne furent pas communiquées à
la Chambre le lendemain 15. Cette communication en
effet ne lui eut pas permis de présenter comme une injure le refus du roi de Prusse de recevoir notre ambassadeur, et lui eut au contraire donné sa signification
véritable. En outre, il ne lui eut pas été davantage
possible de donner à la publicité de la dépêche de
M. de Bismarck la portée qu'il lui donna, puisque la
communication de ces dépêches lui eut enlevé tout caractère outrageant, pour ne lui laisser que celui d'un
mauvais procédé à notre égard.

Voici le texte exact de cette dépêche, qui ne fut
connu à Paris qu'après la guerre décidée :

Berlin, 13 juillet 1870.

« La nouvelle de la renonciation du prince de Hohen-
« zollern ayant été communiquée par le gouvernement
« royal d'Espagne au gouvernement impérial français,
« l'ambassadeur français a encore demandé à Sa Ma-
« jesté le roi à Ems de l'autoriser à télégraphier à
« Paris que Sa Majesté s'engageait pour tout l'avenir
« à ne jamais donner son consentement, dans le cas où
« les Hohenzollern reviendraient sur leur candidature.
« Sa Majesté le roi a refusé alors de recevoir de nou-
« veau l'ambassadeur français, et lui a fait dire par son
« aide de camp de service que Sa Majesté n'avait plus
« rien à communiquer à l'ambassadeur.

« BISMARCK. »

M. de Gramont nous révèle dans son livre que le 14 juillet, après la réception des dépêches ci-dessus, eut lieu aux Tuileries un conseil de cabinet qui dura six heures. Au commencement de la séance l'ordre d'appeler les réserves fut décidé et les ordres partirent aussitôt. A la fin de la séance les résolutions pacifiques prévalurent. Convoqué une seconde fois dans la soirée, le conseil crut devoir maintenir les résolutions pacifiques et l'appel des réserves fut contremandé.

Voici au surplus comment il s'exprime (*page 214*) :

« Ainsi le 14 au soir le gouvernement était décidé, non « sans hésitations, non sans sacrifices, mais par amour « de la paix, à poursuivre cette solution pacifique, et il « devait en informer le lendemain le Sénat et le Corps « législatif, si les événements qui suivirent n'étaient « venus dans la nuit imposer d'autres résolutions.

« Il eut déclaré qu'en présence de l'approbation « donnée par le roi au désistement du prince de Hohen- « zollern, il considérait la question comme suffisam- « ment résolue dans le présent, et que pour l'avenir il « croyait devoir s'adresser à l'Europe entière et en « chercher la garantie dans une doctrine de droit in- « ternational, la sanction collective. »

Plus loin M. de Gramont dit que le gouvernement impérial apprit dans la nuit, d'abord que le gouvernement prussien mobilisait son armée, et ensuite la publicité donnée au refus du roi de recevoir de nouveau notre ambassadeur.

Le lecteur va voir dans le chapitre suivant le langage bien différent tenu au Corps législatif, il jugera ensuite si la déclaration de guerre était suffisamment motivée par de pareils motifs, et si, ayant obtenu comme il l'avait demandé le désistement du prince de Hohenzollern, il avait un nouveau motif pour déclarer la guerre.

Séance du 15 juillet 1870.

Après l'adoption du procès-verbal, la parole est donnée à M. E. Ollivier, garde des sceaux, qui s'exprime ainsi:

« Je vais avoir l'honneur de donner connaissance à « la Chambre de l'exposé qui a été délibéré par le con- « seil des ministres.

« Messieurs, la manière dont vous avez accueilli « notre déclaration du 6 juillet nous ayant donné la « certitude que vous approuviez notre politique, et que « nous pouvions compter sur votre appui, nous avons « aussitôt commencé des négociations avec les puis- « sances étrangères pour obtenir leurs bons offices ; « avec la Prusse afin qu'elle reconnût la légitimité de « nos griefs.

« La plupart des puissances étrangères ont été pleines « d'empressement à nous répondre, et elles ont, avec « plus ou moins de chaleur, admis la justice de notre « réclamation.

« Le ministère prussien nous a opposé une fin de « non-recevoir en prétendant qu'il ignorait l'affaire, « et que le cabinet de Berlin y était resté étran- « ger.

« Nous avons dû alors nous adresser au roi lui-même, « et nous avons donné à notre ambassadeur l'ordre de « se rendre à Ems, auprès de Sa Majesté. Tout en re-

« connaissant qu'il avait autorisé le prince de Hollen-
« zollern à accepter la candidature qui lui avait été
« offerte, le roi de Prusse a prétendu qu'il était resté
« étranger aux négociations poursuivies entre le gou-
« vernement espagnol et le prince, qu'il n'y était inter-
« venu que comme chef de famille et non comme sou-
« verain, et qu'il n'avait ni réuni ni consulté le conseil
« de ses ministres. Sa Majesté a reconnu cependant
« qu'elle avait informé M. de Bismarck de ces divers
« incidents.

« Nous n'avons pu admettre cette distinction subtile
« entre le souverain et le chef de famille, et nous avons
« insisté pour que le roi conseillât, et au besoin impo-
« sât au prince Léopold une renonciation à sa candida-
« ture.

« Pendant que nous discutions avec la Prusse, le
« désistement du prince Léopold nous vint du côté d'où
« nous ne l'attendions pas, et nous fut remis le
« 12 juillet par l'ambassadeur d'Espagne.

« Le roi ayant voulu y rester étranger, nous lui de-
« mandâmes de s'y associer et de déclarer que si la
« couronne était de nouveau offerte par l'Espagne au
« prince Léopold, il ne l'autoriserait plus à l'accepter,
« afin que le débat pût être considéré comme définiti-
« vement clos.

« Notre demande était modérée, les termes dans les-
« quels nous l'exprimions ne l'étaient pas moins :
« Dites bien au roi, écrivions-nous à M. Benedetti le
« 12 juillet, à minuit, que nous n'avons aucune arrière-
« pensée, que nous ne cherchons pas un prétexte de
« guerre, et que nous ne demandons qu'à résoudre ho-
« norablement une difficulté que nous n'avons pas
« créée nous-même.

« Le roi consentit à approuver la renonciation du

« prince Léopold, mais il refusa de déclarer qu'il n'au-
« toriserait plus à l'avenir le renouvellement de cette
« candidature. »

M. le ministre cite la dépêche de M. Benedetti du
13 juillet, douze heures, et continue ainsi : « Quoique ce
« refus nous parût injustifiable, notre désir de conser-
« ver à l'Europe les bienfaits de la paix était tel, que
« nous ne rompions pas nos négociations, et que, mal-
« gré notre impatience légitime, craignant qu'une dis-
« cussion ne les entravât, nous vous avons demandé
« d'ajourner nos explications.

« Aussi notre surprise a-t-elle été grande, lorsque
« hier nous avons appris que le roi de Prusse avait no-
« tifié par un aide de camp à notre ambassadeur
« **qu'il ne le recevrait plus**, et que, pour donner à
« ce refus un caractère non équivoque, son gouverne-
« ment l'avait communiqué **officiellement** aux cabi-
« nets d'Europe.

« Nous apprenions en même temps que M. le baron
« de Werther avait reçu l'ordre de prendre un congé,
« et que des armements s'opéraient en Prusse.

« Dans ces circonstances, tenter davantage pour la
« conciliation eût été un oubli de dignité et une impru-
« dence ; nous n'avons rien négligé pour éviter une
« guerre ; nous allons nous préparer à soutenir celle
« qu'on nous offre, en laissant à chacun la part de res-
« ponsabilité qui lui revient » (*Très bien ! Bravo !*
« *Bravo ! — Applaudissements répétés. — Vive l'Empe-*
« *reur ! Vive la France !*)

M. le garde des Sceaux. « Dès hier nous avon
« rappelé nos réserves et, avec votre concours, nous
« allons immédiatement prendre les mesures néces-
« saires pour sauvegarder les intérêts, la sécurité et
« l'honneur de la France » (*nouveaux bravos et applau-*

dissements prolongés). « A raison des circonstances poli-
« tiques, l'administration de la guerre devant être en
« mesure de faire face à toute éventualité, nous de-
« mandons un crédit de cinquante millions, et nous
« demandons l'urgence. (*Très bien*, *Très bien! Aux voix!*)

Pendant que M. E. Ollivier donnait lecture à la
Chambre de cet exposé, M. de Gramont faisait la même
communication au Sénat.

La déclaration d'urgence fut votée d'acclamation
par la grande majorité de la Chambre au milieu d'une
agitation indescriptible, après quoi M. Thiers obtint la
parole.

Nous ne pouvons donner que les points principaux
de son discours, laissant au lecteur qu'il intéressera le
soin de le lire tout au long dans le *Journal officiel*.
Nous serons aussi obligé de supprimer beaucoup d'interruptions secondaires pour ne mentionner que les
plus importantes.

M. Thiers : « Je tiens à dire pourquoi je n'ai pas
« voté l'urgence avec la majorité de la Chambre. S'il y
« a eu un jour, une heure où l'on puisse dire, sans
« exagération, que l'histoire nous regarde, c'est cette
« heure et cette journée, et il me semble que tout le
« monde devrait y penser sérieusement.

« Quand la guerre sera déclarée il n'y aura personne
« de plus zélé que moi à donner au gouvernement les
« moyens dont il aura besoin pour la rendre victo-
« rieuse.

« De quoi s'agit-il ? D'une déclaration de guerre faite
« à cette tribune par le ministère. Eh bien, est-ce à lui
« seul à déclarer la guerre ? Ne devons-nous pas, nous
« aussi, avoir la parole ? Et avant de la prendre ne
« nous faut-il pas un instant de réflexion ? (*Interrup-*
« *tions à droite.*)

M. J. Favre : « Avant de mettre l'Europe en feu on « ne réfléchit pas, nous l'avons bien vu. (*Exclama-* « *tions.*)

« **M. Thiers** : On ne peut pas exagérer la gravité « des circonstances, sachez que de la décision que vous « allez émettre peut résulter la mort de milliers « d'hommes. (*Exclamations au centre et à droite. —* « *Très bien ! Très bien ! à gauche. — Le bruit couvre la* « *voix de l'orateur.*)

« La demande principale qu'on adressait à la Prusse « a reçu une réponse favorable. (*Dénégations sur un* « *grand nombre de bancs.*) Vous ne me lasserez pas. « J'ai le sentiment que je représente ici, non les empor-« tements du pays, mais ses intérêts réfléchis. J'ai la « certitude, la conscience de remplir un devoir, celui « de résister à des passions, patriotiques si l'on veut, « mais imprudentes.

« *Voix à gauche. — Nous sommes avec vous.*

« *A droite. — Combien ?*

M. de Choiseul. « Si les élections avaient été libres « nous serions plus nombreux.

M. Thiers. « Eh bien ! Messieurs, est-il vrai oui ou « non que sur le fond, sur la candidature du prince de « Hohenzollern, votre réclamation a été écoutée et « qu'il y a été fait droit ? Est-il vrai que vous rompez « sur une question de susceptibilité ? Voulez-vous que « l'Europe tout entière dise que le fond était accordé, « et que pour une question de forme vous vous êtes « décidés à verser des torrents de sang. (*Réclamations* « *bruyantes à droite et au centre. — Approbation à gau-* « *che.*)

« Ici, Messieurs, chacun de nous doit prendre la res-« ponsabilité qu'il peut porter. Quant à moi, soucieux « de ma mémoire, je ne voudrais pas qu'on puisse

« dire que j'ai pris la responsabilité d'une guerre fon-
« dée sur de tels motifs.

« Je demande donc, à la face du pays, qu'on nous
« donne connaissance des dépêches sur lesquelles on
« a pris la résolution qui vient de nous être annoncée ;
« car, il ne faut pas nous le dissimuler, c'est une décla-
« ration de guerre. Il aurait fallu ménager au pays
« quelques instants de réflexion, avant de prendre
« pour lui une résolution aussi grave.

M. Birotteau : « Quand on est insulté on n'a pas
« besoin de réfléchir.

M. Thiers : « J'aime mon pays ; j'ai été affecté dou-
« loureusement, et plus que personne, des événements
« de 1866, plus que personne j'en désire la réparation,
« mais, dans ma profonde conviction et si j'ose le dire
« dans mon expérience, j'en trouve l'occasion détesta-
« blement choisie.

« Laissez-moi vous exprimer mes sentiments, tout
« douloureux qu'ils soient, et si dans ce moment vous
« ne comprenez pas que je remplis un devoir et le
« plus pénible de ma vie, je vous plains.'

« (*Très bien ! Très bien ! à gauche. — Réclamations*
« *au centre et à droite.*)

« Oui, quant à moi, je suis tranquille pour ma mé-
« moire, mais pour vous, je suis certain qu'il y aura
« des jours où vous regretterez votre précipitation.

M. le marquis de Piré : « Vous êtes la trompette
« antipatriotique du désastre, allez à Coblentz.

M. Thiers : « Offensez-moi... Insultez-moi, je suis
« prêt à subir vos outrages pour défendre le sang de
« mes concitoyens que vous êtes prêts à verser si im-
« prudemment. Je souffre, croyez-le, d'avoir à parler
« ainsi.

M. le marquis de Piré : « C'est nous qui souffrons
« de vous entendre.

M. Thiers : « Je dis, Messieurs, lorsque je vois que
« vous ne voulez pas demander la connaissance des
« dépêches sur lesquelles votre jugement pourrait
« s'appuyer, je dis que vous ne remplissez pas dans
« toute leur étendue les devoirs qui vous sont imposés.

M. Jérôme David : « Gardez vos leçons ; nous les
« récusons.

M. Thiers : « Dites ce que vous voudrez, mais il est
« bien imprudent à vous de laisser soupçonner au pays
« que c'est une résolution de parti que vous prenez
« aujourd'hui. (*Vives et nombreuses réclamations.*) »

M. E. Ollivier répond à M. Thiers pour justifier la
conduite du gouvernement, il développe l'exposé lu
par lui au commencement de la séance et essaie de
prouver qu'elle a été prudente et modérée, enfin que
la situation actuelle est le résultat du refus du roi de
Prusse de nous donner satisfaction ; il continue
ainsi :

« Quoiqu'on commençât à dire que nous étions le
« ministère de la lâcheté et de la honte, nous avons
« continué à négocier. Au milieu de ces négociations,
« nous avons appris que dans toute l'Europe, les repré-
« sentants prussiens faisaient annoncer dans les jour-
« naux que le roi de Prusse avait envoyé un aide de
« camp à notre ambassadeur pour lui déclarer qu'il
« refusait de le recevoir. (*Bravos et applaudissements au*
« *centre et à droite.*)

M. le marquis d'Andelarre : « Il faut qu'on nous
« communique la dépêche pour que nous puissions
« nous prononcer en connaissance de cause. (*Excla-*
« *mations à droite.*)

M. E. Ollivier : « On nous demande des communi-

« cations de dépêches ; ces communications sont faites,
« nous ne communiquerons rien de plus. (*Vives récla-*
« *mations à gauche.*)

M. J. Favre : « C'est exactement comme pour le
« Mexique ; on nous disait cela aussi, et on nous a in-
« dignement trompés. »

M. le garde des sceaux donne enfin lecture de deux
dépêches reçues de nos agents à l'étranger et repro-
duisant assez fidèlement, la seconde surtout, celle de
M. de Bismarck envoyée aux agents prussiens à l'étranger. M. E. Ollivier explique que c'est la publicité donnée à cette dépêche qui constitue l'outrage que le gouvernement a le devoir de venger.

Il termine en disant : « Oui, de ce jour commence
« pour mes collègues et moi une grande responsabilité.
« Nous l'acceptons le cœur léger.

M. Esquiros : « Vous avez le cœur léger, et le sang
« des nations va couler !

M. E. Ollivier : « Je veux dire d'un cœur léger que
« le remords n'alourdit pas, d'un cœur confiant, parce
« que la guerre que nous ferons, nous la subissons.

M. Emmanuel Arago : « Vous la faites. (*Exclama-*
« *tions diverses.*)

M. E. Ollivier : « Parce que nous avons tout fait
« pour l'éviter, et enfin parce que notre cause est juste
« et qu'elle est confiée à l'armée française. (*Vives et*
« *nombreuses marques d'approbation.*) »

La séance suspendue à trois heures est reprise à trois
heures et demie.

M. E. Ollivier continue la discussion, et il cite la
dépêche de M. Benedetti d'Ems, 13 juillet quatre heures
vingt-cinq, commençant par :

« Le roi a reçu la réponse du prince de Hohenzollern »,
que nous avons donnée à la page 159. M. Thiers prie

M. E. Ollivier de répéter cette phrase de la dépêche : « Le roi m'autorise à faire savoir au gouvernement de « l'Empereur qu'il approuve cette résolution », et il s'écrie : Que tout le monde juge !

M. de Choiseul. « On ne peut pas faire la guerre « là-dessus, c'est impossible !

M. Emmanuel Arago : « Ceci connu, le monde « civilisé vous donnera tort. Ceci connu, si vous faites « la guerre, c'est que vous la voulez à tout prix. « (*Exclamations sur un grand nombre de bancs.*)

« **M. J. Favre.** « Cela est vrai malheureusement. »

M. E. Ollivier cite ensuite la dépêche du même jour, sept heures quarante-cinq, mais il a soin de ne pas citer la fin où M. Benedetti annonce l'envoi d'un rapport détaillé. Il se garde bien en outre de dire que dans ce rapport, M. Benedetti fait connaître que le roi de Prusse a donné son approbation **entière et sans réserve** au désistement du prince.

Il ne dit pas non plus que le roi a chargé son aide de camp de lui apprendre **en son nom** ce désistement.

C'est au moyen de ces restrictions que le gouvernement cachait à la Chambre et au pays que, sur nos premières demandes, nous avions obtenu pleine satisfaction.

M. E. Ollivier : « On a voulu nous infliger une hu- « miliation, un échec pour se procurer une compensa- « tion du désistement insuffisant du prince de Hohen- « zollern. (*Assentiment au centre.*)

« S'il vous convient de déclarer que nous devons re- « culer, il ne nous convient pas à nous d'avoir cette « résignation peu patriotique. »

M. Thiers reprend la parole au milieu des interruptions et des vociférations de la majorité de la Chambre.

Ce n'est pas un discours qu'il parvient à prononcer, mais bien une sorte de dialogue avec tous les interrupteurs :

« Oui, Messieurs ; je le dis avec douleur, c'est à une
« faute du cabinet que nous devons la guerre. Si nous
« en étions à obtenir l'abandon de la candidature du
« prince de Hohenzollern je serais avec vous de toutes
« mes forces, ma voix fatiguée se joindrait à la vôtre,
« pour que justice fût faite à la France, pour que ses
« intérêts fussent sauvegardés ; mais ce qui me désole,
« c'est que j'ai la certitude que le fond était obtenu.

« Vous aviez non-seulement obtenu le fond, mais
« vous aviez encore obtenu un effet moral considérable,
« et votre faute, c'est de ne pas vous en être contentés.

« Mais, dit-on, cette candidature n'était pas suppri-
« mée à tout jamais. Messieurs, je m'adresse à tous les
« gens de bonne foi, je demande s'il est croyable que
« lorsque la Prusse venait d'être obligée, à la face du
« monde, de retirer une candidature qui, évidemment,
« avait été présentée par elle... Si on ne veut pas
« m'écouter, je vais me taire. Nous verrons dans quel-
« ques jours l'opinion du monde s'exprimer par tous les
« journaux, vous la verrez cette opinion se retourner
« contre vous pour vous condamner... Je descends de
« cette tribune devant les difficultés que vous m'oppo-
« sez, alors cependant que je ne blesse aucune conve-
« nance, aucune personne, j'en descends sous la fatigue
« que vous me faites éprouver en ne voulant pas écouter.

« Toutefois, je ne descends de cette tribune que
« parce que j'ai pu, malgré vous, malgré vos incessan-
« tes interruptions, établir que l'intérêt de la France
« était sauf, et qu'on a fait naître entre deux nations des
« questions de susceptibilités qui devaient rendre la
« guerre inévitable. C'est là votre faute. »

Séance du 15 juillet (suite).

Nous n'avons pu donner au lecteur qu'une analyse
du discours de M. Thiers, et nous avons dû supprimer
les interruptions de toutes sortes dont il était assailli à
tout moment.

Le même exposé lu par M. de Gramont au Sénat
n'avait rencontré dans cette assemblée aucun contra-
dicteur, ce qui lui avait permis de revenir bientôt assister à la discussion du Corps législatif.

Sentant que le terrain sur lequel M. Thiers venait
de placer le débat était mauvais pour le gouvernement,
M. de Gramont demanda la parole après M. Thiers, et
fit appel aux susceptibilités nationales en replaçant la
question sur le terrain brûlant de l'insulte, dont la
France aurait été l'objet de la part de la Prusse dans
la personne de son ambassadeur, et en invoquant
comme preuve à l'appui la fameuse dépêche de M. de
Bismarck. Il s'écria en terminant : « Si par impossible
« il se trouvait dans mon pays une chambre pour le
« souffrir, je ne resterais pas cinq minutes ministre
« des affaires étrangères. » (*Bravos et applaudissements
prolongés. — Le ministre en descendant de la tribune reçoit
de vives félicitations.*)

Après M. de Gramont, M. J. Favre monte à la tribune. Il supplie le gouvernement de prendre le temps
de la réflexion, il ajoute que lorsqu'il s'agit de couvrir

l'Europe de ruines, on doit mûrir ses résolutions et ne pas accepter d'un cœur léger de telles responsabililés. Il demande sur quoi repose la prétendue insulte faite à la France, et la communication de la dépêche de M. de Bismarck.

M. Buffet : « ... J'insiste pour ma part pour que « cette communication ait lieu et que nous sachions « exactement quel a été le caractère de cette dépêche « motivant le refus de recevoir notre ambassadeur. »

On passa au vote, quatre-vingt quatre députés se prononcèrent pour la communication, et cent cinquante-neuf contre.

Ces quatre-vingt quatre députés, en votant pour la communication de la dépêche injurieuse pour la France, votaient par cela même contre la guerre, car ils étaient convaincus que si, comme l'avait demandé M. Thiers, on obtenait du temps pour la réflexion, on arriverait à calmer les esprits de la majorité.

Le gouvernement, au contraire, avait hâte d'en finir et d'obtenir le vote des cinquante millions qu'il réclamait pour déclarer la guerre.

La séance fut suspendue à cinq heures quarante ; la Chambre se rendit dans ses bureaux pour nommer la commission chargée d'examiner les projets du gouvernement.

A 9 h. 40 la séance fut reprise ; M. de Talhouët nommé rapporteur s'exprima ainsi dès la reprise de la séance :

« ..... M. le ministre de la guerre nous a justifié en « peu de mots l'urgence des crédits demandés, et ses « explications, en même temps qu'elles nous conduisaient « à l'approbation des projets de loi, nous démontraient « qu'inspirés par une sage prévoyance les deux « administrations de la guerre et de la marine se trou-

« vaient en état de faire face avec une remarquable
« promptitude aux nécessités de la situation.

« ..... Nous savions répondre au vœu de la Chambre
« en nous enquérant avec soin de tous les incidents
« diplomatiques. Nous avons la satisfaction de vous
« dire, Messieurs, que le gouvernement, dès le début de
« l'incident, et depuis la première phase des négocia-
« tions jusqu'à la dernière, a poursuivi loyalement le
« même but. (*Très bien ! Bravo ! Bravo !*)

« Ainsi, la première dépêche adressée à notre ambas-
« sadeur arrivé à Ems se termine par cette phrase :
« Pour que cette renonciation produise son effet, il est
« nécessaire que le roi de Prusse s'y associe en nous
« donnant l'assurance qu'il n'autorisera pas de nouveau
« cette candidature. »

Ainsi qu'on a pu le voir au chapitre des négociations, cette dépêche indiquée **comme étant la première**, soit du 7 juillet, était au contraire datée du 12,
après la renonciation obtenue.

Ce fut dans cette dépêche que pour la première fois
il fut question de garantie pour l'avenir.

M. de Talhouët continue ainsi, accentuant davantage
encore un fait inexact : « Ainsi, ce qui est resté le point
« litigieux de ce grand début a été posé **dès la pre-
« mière heure**, et vous ne méconnaîtrez pas l'impor-
« tance capitale de ce fait resté ignoré, il faut bien le
« dire, de l'opinion publique.

« ..... Malgré ces faits déjà trop graves, votre Commis-
« sion a reçu communication de dépêches émanant de
« plusieurs de nos agents diplomatiques, dont les ter-
« mes sont uniformes et confirment que M. de Bismarck
« a fait connaître officiellement aux cabinets de l'Eu-
« rope que le roi de Prusse avait refusé de recevoir de
« nouveau l'ambassadeur de France, et lui avait fait

« dire par un aide de camp qu'il n'avait aucune com-
« munication ultérieure à lui adresser. *(Longs murmu-*
« *res.)*

« *Un membre.* C'est une suprême insulte.

« **M. de Talhouët :** De plus, des pièces chiffrées ont
« été mises sous nos yeux, et, comme tous nos bureaux
« l'ont bien compris, le secret de ces communications
« télégraphiques doit être conservé par votre Commis-
« sion qui, en vous rendant compte de ses impressions,
« a conscience de son devoir vis-à-vis de vous-mêmes
« comme vis-à-vis du pays.

« Le sentiment profond produit par l'examen de ces
« documents est que la France ne pouvait tolérer l'of-
« fense faite à la nation.

« **M. Mony.** A la bonne heure ! c'est du bon français.

« **M. le Rapporteur.** En conséquence, Messieurs,
« votre Commission est unanime pour vous demander
« de voter les projets de loi que vous présente le gou-
« vernement.

Après la lecture du rapport, M. Gambetta obtint la
parole :

« ..... Votre ambassadeur, dit-il, ne vous a envoyé
« aucune dépêche d'indignation ; et il ne lui a pas paru
« que la situation comportât de réclamer ses passe-
« ports. Il n'a pas fait un de ces éclats diplomatiques
« qui sont le signe avant-coureur d'une rupture. *(Ru-*
« *meurs à droite.)*

« Je conçois que vous trouviez le procédé blessant et
« irrégulier.

« Ce qu'il nous faut, c'est le texte même de la dé-
« pêche injurieuse de M. de Bismark. *(A gauche : C'est cela !*
« *c'est cela ! Interruptions à droite. Nous la connaissons !)*

« **M. Gambetta.** Pourquoi ? Parce que de ce mo-
« ment vous vous êtes sentis blessés, outragés par des

« procédés qui sont graves, que je veux croire aussi
« graves que vous voudrez, mais qui ne sont que des
« procédés. Il y a la dépêche elle-même, il y a les ter-
« mes employés. Il faut que nous la voyions, il faut que
« nous la discutions avec vous.

« *De divers côtés : On l'a discutée dans les bureaux.*

« **M. le duc d'Albuféra.** La Commission l'a lue.

« **M. de Gramont.** Je déclare que j'ai communiqué
« la pièce à la Commission, et qu'elle l'a lue.

« **M. Vendre.** Est-ce que vous doutez de l'honora-
« bilité de la Commission ?

« **M. le duc d'Albuféra.** Nous déclarons l'avoir
« lue ; si vous ne nous croyez pas, il fallait nommer
« d'autres commissaires.

« **M. Vendre.** C'est une suspicion indigne de la
« Chambre.

« **MM. Glais- Bizoin et Magnin.** Qu'on nous lise
« la dépêche !

« **M. Gambetta.** L'honorable ministre des affaires
« étrangères me répond que la dépêche officielle, ré-
« digée par M. de Bismarck, a été communiquée à la
« Commission.

« *A droite et au centre : Eh bien ! alors ?*

« **M. Gambetta.** S'il est vrai que cette dépêche soit
« assez grave pour [vous avoir fait prendre ces résolu-
« tions, vous avez un devoir, ce n'est pas de la com-
« muniquer seulement aux membres de la Commission
« et à la Chambre, c'est de la communiquer à la France
« et à l'Europe ; et si vous ne le faites pas, votre guerre
« n'est qu'un prétexte dévoilé, et elle ne sera pas na-
« tionale.

« *(Réclamations nombreuses à droite.)* »

Ce fut M. E. Ollivier qui répondit à M. Gambetta.
Évitant de prétendre comme M. de Gramont qu'on

avait communiqué aux commissaires la dépêche de M. de Bismarck, il répéta encore que la France avait été outragée par la publicité donnée au refus du roi de recevoir notre ambassadeur ; mais il se garda bien de révéler que ce refus ne s'appliquait qu'à la continuation d'un entretien épuisé. Il se garda surtout de faire connaître les deux dernières dépêches de M. Benedetti, dans la première desquelles il annonce que le roi doit la recevoir à la gare, et où, dans la seconde, il rend compte de sa réception par le roi, et surtout que ce dernier lui a dit avant de le quitter que les négociations pourraient être continuées par son gouvernement.

Après ce discours, la Chambre ayant hâte d'en finir vota la clôture. M. Grévy, qui voulait parler contre, fut obligé de descendre de la tribune sans pouvoir se faire entendre et en disant seulement : C'est un digne spectacle que vous donnez à la France.

Les projets du gouvernement furent votés par deux cent quarante-cinq voix contre dix. La plupart des opposants votèrent quand même ces projets, ne voulant pas affaiblir le gouvernement au moment où il allait faire appel à toutes les forces de la France.

Les dix députés qui votèrent non sont : MM. Arago, Desseaux, Esquiros, J. Favre, Gagneur, Garnier-Pagès, Grévy, Glais-Bizoin, Ordinaire et Pelletan.

On pourrait s'étonner qu'après avoir aussi énergiquement combattu la politique belliqueuse du gouvernement, qu'après avoir fait entendre les protestations les plus éloquentes contre sa résolution de déclarer la guerre, la plupart des membres de l'opposition aient voté les subsides pour la faire ; on en trouvera l'explication dans les paroles suivantes prononcées par M. E. Picard :

« Nous sommes disposés à voter les subsides pour

« cette guerre où nous sommes engagés malgré nous,
« parce que quand la guerre est déclarée nous ne voyons
« plus devant nous que le drapeau français. »

L'attitude de la grande majorité de la Chambre ne
laissa en effet aux membres de l'opposition aucun doute
sur sa résolution de voter par acclamation les propositions du gouvernement, et ils pensèrent que, leur responsabilité étant suffisamment dégagée, ils devaient au
point de vue national donner au gouvernement, même
pour une guerre qu'ils désapprouvaient, la force morale
qui résulte de l'union de tous les partis en face de
l'étranger.

Dans la séance du 20 juillet le ministre des affaires
étrangères lut la déclaration suivante : « Conformément
« aux règles d'usage, et par ordre de l'Empereur, j'ai in-
« vité le chargé d'affaires de France à notifier au cabinet
« de Berlin notre résolution de poursuivre par les armes
« les garanties que nous n'avons pu obtenir par la dis-
« cussion. Cette démarche a été accomplie, et j'ai l'hon-
« neur de faire savoir au Corps législatif qu'en consé-
« quence l'état de guerre existe à partir du 19 juillet entre
« la France et la Prusse. »

(*Bravos enthousiastes, vive l'Empereur ! !*)

Le Corps législatif et le Sénat furent ajournés.

La guerre voulue.

Lors de l'incident Hohenzollern, le gouvernement a-t-il eu dès le commencement l'intention de faire la guerre? Ne pouvant scruter les consciences, cette question reste forcément sans réponse absolue. Il nous faut donc examiner la conduite tenue pour arriver, par l'étude des faits, à se former sur ce point une conviction.

M. de Gramont, diplomate de profession, ne pouvait ignorer que les termes menaçants, employés dans la déclaration du 6 juillet, blesseraient les sentiments du roi de Prusse et de son peuple, et entraveraient plutôt qu'ils ne faciliteraient un accommodement.

Ce premier fait permet donc de croire au désir de faire la guerre à la Prusse.

Les premières dépêches, ainsi qu'on l'a vu, réclamaient l'intervention du roi de Prusse pour obtenir le retrait de la candidature, et sans qu'il soit question de garanties pour l'avenir. Réclamer l'intervention du roi, c'était reconnaître qu'en raison de sa soumission à son chef de famille, le prince de Hollenzollern ne retirerait sa candidature qu'autant que le roi de Prusse l'y autoriserait, ou l'y inviterait.

Cette soumission, M. de Gramont la connaissait fort bien, car dans son livre (*page 117*) il dit: « Nous « avons eu une preuve non équivoque de son obéissance et

« de sa sujétion pendant la visite qu'il avait faite avec
« la princesse à la cour de France. Leur séjour était ar-
« rivé à son terme. Leurs Majestés insistaient pour
« qu'il se prolongeât encore quelques jours. Le prince
« dut consulter le roi, et ce ne fut qu'après avoir ob-
« tenu la permission royale qu'il put retarder son dé-
« part. »

L'intervention directe et ostensible du roi eût été
pour lui une sorte d'humiliation. On n'agit pas ainsi
quand on ne veut pas la guerre.

Le gouvernement français parlait dans ses dépêches
du sentiment public en France, mais il ne paraît pas
avoir tenu le moindre compte de celui qui existait en
Allemagne.

Cette nation, grisée par ses succès inespérés depuis
1866, vit se produire avec la plus grande satisfaction la
candidature au trône d'Espagne d'un prince prussien.
Le gouvernement français n'a pu ignorer ce sentiment,
et le devoir du roi de Prusse d'en tenir compte.

M. de Bismarck ne fut pas sans comprendre que le terrain était mauvais, et que l'opinion publique en Europe
lui était hostile. Dès lors, le retrait de la candidature fut
décidé, mais, pour sauvegarder l'amour-propre de son
souverain, il fit annoncer ce retrait au gouvernement
français par le gouvernement espagnol. Le même jour,
l'ambassadeur prussien assurait M. de Gramont que le
roi de Prusse n'avait jamais eu la pensée de blesser
l'Empereur en autorisant la candidature d'un prince
qui était son proche parent, ni qu'elle fût de nature à
porter ombrage à la France.

Si on ne réclamait que le retrait de cette candidature,
et si on ne voulait pas la guerre quand même, n'était-il
pas tout naturel de retenir ces affirmations, de les présenter aux Chambres, en même temps que le retrait de

la candidature, comme une satisfaction complète donnée à la France, et comme un gage des bonnes relations que le roi de Prusse désirait entretenir avec elle ? Nous pouvions ainsi emboucher la trompette d'un grand triomphe diplomatique remporté sur la Prusse ; ce qui après tout eût été vrai.

Au lieu de s'arrêter à cette résolution aussi sage que prudente, nous avons vu M. de Gramont demandant à l'ambassadeur prussien que le roi de Prusse écrive à l'Empereur, ce qu'à tort ou à raison on eût appelé une lettre d'excuses.

Sans même attendre la réponse du roi de Prusse à cette ouverture, le soir même du 12 juillet, M. de Gramont écrit à M. Benedetti de réclamer des garanties pour l'avenir, et d'après les instructions de l'Empereur, le même soir à onze heures quarante-cinq, il lui adresse une nouvelle dépêche destinée à accentuer davantage la première.

Ce n'est pas sans motif que nous disons que le gouvernement français pouvait et devait s'en tenir au désistement du prince Léopold. Voici en effet ce qu'a écrit à ce sujet M. Benedetti dans son livre (*page 6*) :

« Enfin, quand j'ai été envoyé à Ems que m'ordon-
« naient mes instructions ? d'obtenir le désistement du
« prince de Hohenzollern à la candidature à la cou-
« ronne d'Espagne qu'il avait acceptée, et l'acquiesce-
« ment du roi à cette résolution. Nous avions demandé
« au roi d'inviter le prince à renoncer à sa candida-
« ture à la couronne d'Espagne ; le roi se bornait à
« donner son acquiescement à une décision que le
« prince avait, pouvait-on dire, prise de son propre
« mouvement.

« Devions-nous regarder comme insuffisante la sa-
« tisfaction qui nous était accordée de la sorte ? Pour

« ma part je ne l'ai pas pensé, et rien dans les dépê-
« ches qui m'étaient adressées de Paris ne me faisait
« supposer que le gouvernement de l'Empereur en ju-
« geât autrement. A mon sens, ce qu'il nous importait
« d'obtenir, c'était la renonciation du prince validée
« par l'approbation du roi, et ce résultat, nous étions
« assurés de l'atteindre.

« (*Page 7*). Ce que je puis affirmer sans crainte d'être
« démenti, c'est que j'avais hautement exécuté mes
« premières instructions et sauvé la paix du danger
« dont l'avait menacée la candidature du prince Léo-
« pold, quand nous avons élevé **de nouvelles pré-
« tentions** qui nous ont conduits fatalement à la
« guerre. »

Enfin, à la *page 383*, M. Benedetti attribue les mauvaises dispositions du roi de Prusse au rapport qu'il
reçut de son ambassadeur à Paris le 13 juillet avant
midi, et dans lequel celui-ci dit avoir trouvé chez
MM. de Gramont et E. Ollivier des exigences et des
appréciations nouvelles et inattendues.

Devant la commission d'enquête, M. Benedetti fut
on ne peut plus précis sur les causes déterminantes de
la guerre. En effet il dit : « A Ems nous croyions à la
« paix le 12, jusqu'à la demande que j'ai été chargé
« de faire au roi de s'engager à ne plus autoriser le
« prince Léopold à accepter la couronne d'Espagne. A
« partir de ce moment tout fut remis en question.

« **M. le Président** : Pensez-vous que la Prusse ait
« voulu exploiter cet incident pour en faire sortir la
« guerre ?

« **M. Benedetti** : Je ne le pense pas, car dans ce
« cas le roi n'aurait pas déterminé le prince de Hohen-
« zollern à se désister. »

Après les citations qui précèdent, et en tenant

compte de la situation qu'avait alors celui dont elles émanent, le doute n'est plus permis ; c'est bien le gouvernement français qui a provoqué la guerre en formulant de nouvelles demandes, alors qu'il pouvait accepter le désistement qui était forcément une défaite pour la politique prussienne.

Il reste toujours pour nous une chose inexpliquée. Dans sa déposition devant la commission d'enquête, M. Thiers a déclaré, qu'en arrivant à la Chambre le 13 juillet, il avait vu venir à lui M. E. Ollivier, et tout joyeux lui annoncer le désistement du prince Léopold. M. Thiers lui dit qu'il fallait se féliciter de cet heureux résultat, et ne pas le compromettre par de nouvelles exigences pouvant froisser les susceptibilités du roi de Prusse. M. E. Ollivier aurait répondu : Soyez tranquille, monsieur Thiers, nous conserverons la paix.

La déposition de M. Thiers a été rendue publique en septembre 1871 ; elle n'a pas été démentie par M. E. Ollivier dans son livre : *Principes de conduite*, publié postérieurement ; comment dès lors expliquer les assurances données à M. Thiers le 13 juillet, alors qu'il savait que la veille on avait, dans deux dépêches à M. Benedetti, formulé la nouvelle demande que M. Thiers lui recommandait d'éviter ? Il nous a été impossible d'éclaircir cette contradiction.

En réponse aux dépêches du 12, M. Benedetti avait communiqué le refus péremptoire du roi d'obtempérer à cette nouvelle prétention ; il avait fait connaître qu'il donnait au retrait de la candidature son **approbation entière et sans réserve**, il avait donné connaissance au gouvernement français de la déclaration que lui avait faite l'aide de camp du roi, que son souverain ne pouvait consentir à de nouvelles concessions qui aggraveraient le mécontentement causé en Allemagne par le retrait de la candidature. Enfin, M. Benedetti n'avait pas caché qu'il désespérait de faire revenir le roi sur ces dispositions, et même qu'il prévoyait qu'il obtiendrait difficilement de l'approcher.

Dans de telles conditions, ne pas se contenter de ce qu'on avait pu obtenir, et persister à réclamer ce qu'on était certain de se voir refuser, c'était évidemment témoigner de son désir absolu d'arriver à la guerre.

Au point de vue pratique, la garantie pour l'avenir n'avait pas grande valeur, car, comment admettre que la Prusse, qui aurait échoué dans sa tentative d'implanter l'un de ses princes sur le trône d'Espagne, eût été tentée de recommencer l'épreuve un peu plus tard ? D'un autre côté, si on veut pousser les suppositions à l'extrême, en quoi cette promesse de ne plus autoriser le prince Léopold à accepter plus tard la couronne d'Espagne eût-elle empêché ce dernier de le faire ? Ne lui eût-il pas suffi de déclarer qu'il n'avait pas réclamé l'autorisation du roi pour monter sur le trône d'Espagne ? Ne sait-on pas qu'en pareil cas la diplomatie n'est jamais à court d'arguments ?

Il est donc impossible d'admettre que le gouvernement français se soit décidé à lancer la France dans une guerre épouvantable pour un tel motif, et chacun comprit qu'il en avait un autre qu'il ne pouvait faire connaître.

Les mensonges du gouvernement.

Il nous reste à faire connaître les moyens employés par le gouvernement pour donner le change à l'opinion publique et surtout à la Chambre, et obtenir de cette dernière le vote des crédits demandés pour déclarer la guerre à la Prusse.

Pour y parvenir, nous allons le voir apporter à la tribune les déclarations les plus mensongères, en affirmant que dès le début des négociations, il avait formulé les demandes auxquelles le roi de Prusse avait refusé de souscrire.

De son côté, M. de Talhouët, rapporteur de la Commission, citait dans son rapport la dépêche du 12 juillet sept heures du soir, adressée à M. Benedetti, et contenant la demande de garanties pour l'avenir, **comme étant la première**, afin de bien préciser que le gouvernement n'avait pas formulé de demande nouvelle et que le roi de Prusse avait tout refusé.

M. de Gramont, dans son livre, reconnaît le fait, mais, pour l'innocenter, il le met sur le compte de la précipitation avec laquelle M. de Talhouët a fait son rapport, et il ajoute que cette erreur était facile à reconnaître.

M. de Talhouët affirma donc à la Chambre que le gouvernement avait dès le début réclamé des garanties pour l'avenir, et que cette demande de garanties qui formait le point litigieux de ce grand débat avait été posée dès la première heure. Il déclara dans son rapport que la dépêche du 12 juillet, dans laquelle cette demande était formulée, était la première qui fût adressée à notre ambassadeur.

Nous voulons bien croire à la bonne foi de M. de Talhouët, cependant toutes ces affirmations étaient contraires à la vérité, et nous avons vu au chapitre des négociations qu'il fut adressé à M. Benedetti plusieurs dépêches à partir du 7 juillet, dans lesquelles il n'était réclamé que le retrait de la candidature du prince de Hohenzollern approuvé par le roi de Prusse.

M. de Gramont, qui dans son livre reconnaît cette erreur de M. de Talhouët, la met sur le compte de la précipitation avec laquelle il a fait son rapport. N'est-il pas déplorable de voir un rapporteur agir avec une telle légèreté dans une circonstance d'où devait dépendre la paix de l'Europe, et l'existence de milliers d'hommes ?

Si on veut admettre que M. de Talhouët a pu se tromper à ce point, peut-on l'admettre de la part du gouvernement ? En entendant énoncer de pareilles contrevérités en leur présence, MM. de Gramont et E. Ollivier qui, eux, ne pouvaient s'y tromper, n'auraient-ils pas dû les rectifier ? Ils ne l'ont pas fait et ont ainsi avec connaissance de cause laissé tromper la Chambre.

Nous arrivons à la fameuse dépêche de M. de Bismarck qui servit de prétexte au gouvernement français pour déclarer la guerre à la Prusse.

Voici sur cette affaire ce que nous croyons être l'exacte vérité.

Le rapport de l'ambassadeur prussien et les demandes nouvelles de garanties pour l'avenir, communiqués le 13 juillet au roi de Prusse, lui révélèrent, ainsi qu'à M. de Bismarck, l'intention du gouvernement français de profiter de l'occasion pour humilier la Prusse ou lui déclarer la guerre.

Voulant se soustraire à l'humiliation il accepta la guerre et s'y prépara.

Avec sa merveilleuse lucidité d'esprit, M. de Bismarck comprit que si l'opinion publique en Europe nous avait été favorable tant que nous avions demandé le retrait de la candidature du prince de Hohenzollern, cette même opinion allait se retourner contre nous maintenant que, cette candidature retirée, nous formulions d'autres demandes.

Ainsi que l'a déclaré M. Benedetti devant la Commission d'enquête, jusqu'au 12 juillet M. de Bismarck ne voulait pas la guerre, mais il l'a voulue à partir de cette époque lorsqu'il se sentit sur un terrain favorable.

Pourquoi du reste eût-il voulu nous déclarer la guerre ?

Depuis 1866, la France n'avait-elle pas accepté ou subi sans mot dire ce qu'il lui avait convenu de faire en Allemagne ?

N'avait-elle pas de même subi les mauvais procédés qu'on connaît ? Aussi longtemps que la France ne s'opposerait pas à ses desseins, il n'avait nul besoin d'aller au-devant des difficultés. Il n'avait qu'à se tenir prêt pour le jour où la France croirait le moment venu d'arrêter l'œuvre d'unification de l'Allemagne. Or, l'intérêt de la Prusse était de gagner du temps et de l'utiliser, comme elle le faisait du reste, à organiser, sur le modèle des siennes, les forces militaires de tous les petits états de la nouvelle confédération.

M. de Bismarck n'avait jamais été dupe des fanfaron_ nades de l'Empereur et du maréchal Niel, mais, par contre, il n'ignorait pas que des efforts étaient faits en France pour améliorer l'organisation de notre armée, et que jusque-là ils n'avaient encore abouti qu'à des résultats insignifiants.

Étant donné que la guerre avec la France était inévitable, il lui parut préférable qu'elle éclatât dans un moment où la Prusse était prête et où nous ne l'étions pas. Enfin, attaquée par la France sans motif saisissable, elle allait avoir pour elle l'opinion de l'Europe, et toutes les chances possibles d'être soutenue par tous les états de l'Allemagne indistinctement.

Cette résolution arrêtée dans son esprit, il lui restait à trouver un moyen de pousser le gouvernement français à commettre quelque faute d'où pourrait sortir la guerre. Tel fut l'objet de la dépêche envoyée aux agents prussiens à l'étranger, et surtout de la publicité qu'il lui fit donner.

L'Empereur et ses ministres donnèrent en plein dans ce piége tendu à leur naïveté.

Nous allons voir avec quel empressement ils saisirent l'occasion que leur offrait M. de Bismarck.

Le gouvernement français savait fort bien que le refus du roi de Prusse de recevoir notre ambassadeur pour reprendre avec lui un entretien sur un sujet qu'il considérait comme épuisé, n'avait rien de contraire aux usages diplomatiques et ne constituait pas pour la France le moindre outrage. Celui qui le premier l'eût ressenti, c'est assurément M. Benedetti qui, au contraire, a déclaré devant la Commission d'enquête qu'il n'avait jamais eu à se plaindre d'un mauvais procédé de la part du roi de Prusse. Il ajoutait : « Le roi n'a jamais « refusé de me recevoir, au contraire, sur ma demande, « il m'a reçu à la gare avant son départ. » La renonciation du prince de Hohenzollern avait produit en Allemagne une sorte de déception, on y accusait le roi d'une trop grande condescendance envers la France pour avoir

approuvé cette renonciation. En même temps que
M. de Bismarck fournissait au gouvernement français
l'occasion qu'il désirait, il donnait par la publicité de
sa dépêche une sorte de satisfaction à l'esprit public
allemand, et couvrait la retraite de son souverain.

Si l'Empereur et ses ministres n'avaient pas voulu la
guerre, d'abord ils auraient accepté comme un triomphe
diplomatique la renonciation du prince Léopold, è laquelle le roi de Prusse avait donné son approbation
entière et sans réserves, ensuite ils auraient pu, usant
du moyen employé par M. de Bismarck, rétablir la réalité des faits en faisant connaître que le roi de Prusse,
au contraire, avait depuis reçu notre ambassadeur.
Voulant légitimer la guerre qu'il voulait déclarer, notre
gouvernement, dans un exposé préparé en conseil des
ministres et lu à la Chambre et au Sénat, déclara que
le roi de Prusse avait fait dire à notre ambassadeur
qu'il ne le **recevrait plus**, quand il savait parfaitement le contraire.

Au cours de la discussion, on a vu M. de Talhouët rapporteur déclarant à la Chambre que, des dépêches chiffrées mises sous les yeux de la Commission, il résultait
que la France ne pouvait souffrir l'outrage qui lui était
fait. A cela M. Gambetta répondait: « S'il existe une dépêche de M. de Bismarck injurieuse pour la France, vous
devez la communiquer. » M. le duc d'Albuféra répond
que la Commission a vu cette dépêche que tous les commissaires ont eue entre les mains. M. de Gramont déclare solennellement qu'il a communiqué cette dépêche
à la Commission, et qu'elle l'a lue.

Eh bien! toutes ces déclarations étaient fausses, et
n'étaient produites qu'en vue de tromper la Chambre
et de la décider à voter les crédits demandés.

Après la guerre, M. de Talhouët comparut comme

tant d'autres devant la Commission d'enquête ; voici un extrait de sa déposition :

« **M. le Président.** — Avait-on donné à la Commis« sion copie de la dépêche de M. de Bismarck !

« **M. de Talhouët.** — Non, on n'a pas donné tout « d'abord la copie, nous avons eu seulement des dépê« ches des agents français disant : « Voilà ce qu'on nous « assure avoir été écrit par M. de Bismarck. » Je crois « que la dépêche elle-même n'a été envoyée que le len« demain ou deux jours après.

« **M. le Président,** — Vous n'avez pas vu cette « dépêche de M. de Bismarck, mais seulement les dé« pêches de nos agents qui avaient reçu des informations « des ministres étrangers, ceci est bien établi ?

« **M. de Talhouët.** — Parfaitement.

Ainsi le gouvernement et le rapporteur, qui euxmêmes avaient donné lecture des dépêches de nos agents relatant le contenu de la dépêche de M. de Bismarck, affirmaient en outre l'existence d'une dépêche outrageante pour la France, communiquée confidentiellement à la Commission, **et cela faussement.**

Craignant sans doute que la Chambre malgré tout n'hésitât encore, le gouvernement s'empressa de la rassurer au sujet de l'état de notre armée et de l'avancement de nos préparatifs militaires.

C'est ainsi que dans son rapport, M. de Talhouët put dire : « M. le ministre de la guerre nous a justifié « en peu de mots l'urgence des crédits demandés, et « ses explications catégoriques, en même temps « qu'elles nous conduisaient à l'approbation des pro« jets de loi, nous démontraient, **qu'inspirées par** « **une sage prévoyance, les deux administra« tions de la guerre et de la marine se trou« vaient en état de faire face avec une promp-**

« **titude remarquable aux nécessités de la situa-
« tion.** »

Devant la commission d'enquête, M. Dréolle, député
bonapartiste, a déposé comme suit : « Quand je voulus
« poser deux ou trois questions à M. le maréchal Le-
« bœuf, lui demander ce qu'il allait faire de ces sol-
« dats autorisés par lui-même à se marier, et s'il
« comptait sur les hommes qui étaient dans leurs
« foyers depuis longtemps, le maréchal Lebœuf me
« répondit : **Nous sommes prêts, nous sommes
« prêts !** Mes collègues le répétaient ; j'ai suivi le
« courant avec regret, mais je l'ai suivi.

« Je dois insister aussi sur une question que nous
« posâmes dans la Commission aux trois ministres :
« **Mais enfin sommes-nous prêts ?** Alors nous en-
« tendîmes les trois ministres , et particulièrement
« M. E. Ollivier et le maréchal Lebœuf, dire que nous
« étions prêts pour soutenir la lutte, que nous n'avions
« rien à craindre, que nous avions huit ou dix jours
« d'avance sur l'ennemi ; enfin, qu'au point de vue
« militaire, **nous étions absolument prêts.**

« Lorsque, trois semaines plus tard, je me suis re-
« trouvé dans cette pièce, où les ministres nous avaient
« affirmé que nous étions prêts, et quand le général
« Palikao nous a exposé l'état de nos forces et de nos
« arsenaux, c'est alors que j'ai dit : **Nous avons été
« trompés.** »

Voici maintenant sur le même sujet les déclarations
faites en 1876 par M. le baron Lafont de Saint-Mur,
aujourd'hui sénateur : « Savez-vous pourquoi je n'ai
« pas été au nombre des députés qui ont voté contre
« la guerre en 1870 ?

« **Nous avons été indignement trompés.**

« Oui, l'on est venu dire à une Chambre française

« que la France était outragée, mais que notre armée
« était là, nombreuse, préparée, et, par conséquent
« invincible, que le temps marchait, qu'il fallait se hâ-
« ter si l'on ne voulait être surpris, et frapper un de
« ces coups foudroyants dont notre génie semblait
« jusqu'ici avoir seul le secret.

« J'entends encore la voix émue et respectée de l'ho-
« norable marquis de Talhouët, dans cette séance du
« 15 juillet, proposant à la Chambre, au nom de la
« Commission, de verser son sang et son or pour ven-
« ger notre injure.

« Cette commission avait appelé devant elle le minis-
« tre des affaires étrangères et le ministre de la
« guerre ; elle les avait interrogés avec une attention
« redoutable, scruté les causes de la guerre, passé en
« revue nos flottes et nos armées ; elle nous disait
« d'une voix unanime par la bouche de son honorable
« rapporteur, M. de Talhouët, ces mémorables et pa-
« triotiques paroles :

« **Le sentiment profond produit par l'examen**
« **des documents qui nous ont été soumis est**
« **que la France ne pouvait tolérer l'affront fait**
« **à la nation.**

« Elle ajoutait : **Qu'inspirées par une sage pré-**
« **voyance, les deux administrations de la guerre**
« **et de la marine se trouvaient en état de faire**
« **face avec une promptitude remarquable aux**
« **nécessités de la situation.**

« J'ai cru, comme les autres membres de la Commis-
« sion, à ces affirmations solennelles.

« **On nous trompait** ; l'histoire sévère et inexora-
« ble dira sur qui doit peser cette effroyable responsa-
« bilité ! »

Après les témoignages qu'on vient de lire, il est de

toute évidence que le gouvernement français a voulu la guerre, et qu'il a trompé la Chambre en lui déclarant d'abord que nous n'avions obtenu aucune satisfaction, ensuite, que la France avait reçu un outrage, et enfin, en affirmant que nous étions absolument prêts pour faire la guerre.

C'est donc avec toute certitude que nous disons que cette effroyable responsabilité doit peser tout entière sur l'Empereur d'abord qui, pendant dix-huit ans, a dirigé notre politique intérieure et extérieure, et qui a toujours eu à sa disposition, au Sénat et au Corps législatif, une grande majorité pour voter toutes les lois qu'il leur a fait proposer.

Elle doit peser ensuite sur M. de Gramont et sur M. E. Ollivier qui, dans ces circonstances, ont fait preuve d'une incapacité et d'une complaisance coupables.

Elle doit peser encore sur le maréchal Lebœuf, déclarant avec une légèreté inconcevable que nous étions prêts, absolument prêts, déclaration qu'un avenir prochain devait, hélas ! cruellement démentir.

Elle doit peser enfin sur tous ces députés, produit des candidatures officielles, qui ne savaient pratiquer que l'approbation aveugle et systématique, et dont un certain nombre parmi eux voyaient dans cette guerre le moyen de revenir au régime absolu de 1852.

Pas d'alliances.

Lorsque la guerre fut déclarée, il ne vint à l'esprit de personne que notre gouvernement ait pu commettre la folie de lancer la France dans une pareille guerre sans s'être assuré le concours actif d'alliés, et tous les yeux se tournaient naturellement vers l'Autriche.

M. de Gramont a si bien senti la gravité de ce reproche, qu'il a cherché depuis à faire croire à ce concours, lequel ne nous aurait fait défaut qu'à cause de la précipitation des événements. A défaut de preuve à en donner, il s'est retranché pour expliquer son silence derrière ce qu'il a appelé le secret professionnel.

Recherchant le degré de responsabilité dans ces événements désastreux, nous avons le devoir de peser la valeur de ces affirmations vagues.

Voici d'abord la déclaration que fit sur ce sujet M. Thiers devant la Commission d'enquête : « J'avais « vu M. de Gramont à une époque où personne ne « prévoyait le malheureux incident de la candidature « Hohenzollern.

« Vous venez d'un pays, lui avais-je dit (il arrivait « de Vienne), où l'on veut la paix, et sans doute vous « la soutiendriez si jamais elle était menacée ? — Oui, « oui, m'avait-il répondu avec une résolution dont la « sincérité ne me paraissait pas douteuse; et je me « suis toujours demandé depuis, comment il avait pu

« changer si complètement et si vite, car à Vienne
« MM. de Beust et Andrassy m'ont déclaré à moi, de la
« manière la plus positive, que, sans prévoir la candi-
« dature Hohenzollern, ils avaient dit à M. de Gramont,
« d'une manière générale, qu'il ne fallait laisser au gou-
« vernement impérial aucune illusion, et le bien con-
« vaincre, au contraire, que s'il s'engageait dans la
« guerre, l'Autriche ne l'y suivrait pas.

« Je ne sais donc ce qui avait pu convertir aussi vite
« M. de Gramont à l'opinion qui voulait la guerre. »

Voici maintenant deux dépêches qui nous feront
connaître d'une façon certaine comment l'Autriche envisageait la question.

La première du 11 juillet adressée à M. de Metter-
nich à Paris était ainsi conçue : « Il y avait en ceci
« l'occasion d'engager une campagne diplomatique,
« où la France avait la partie fort belle, où la Prusse
« et l'Espagne étaient évidemment dans leur tort, et
« où l'Europe aurait été toute disposée à se mettre du
« côté de la France, et à exercer sur les deux autres
« puissances une pression qui aurait eu pour résultat,
« soit de donner une ample satisfaction aux intérêts
« français, soit d'assurer au gouvernement français
« un grand ascendant moral si, cette satisfaction lui
« étant refusée, il était contraint à prendre les armes...

« Le gouvernement français ne s'est pas conformé
« dès le début au plan que je viens d'esquisser. Les
« premières manifestations ne portent pas le caractère
« d'une action diplomatique ; elles sont bien plutôt
« une véritable déclaration de guerre adressée à la
« Prusse, en des termes qui jettent l'émoi dans toute
« l'Europe, et lui font croire aisément au dessein pré-
« médité d'amener la guerre à tout prix. »

Dans une autre dépêche du 12 adressée au même,

M. le ministre des affaires étrangères d'Autriche s'exprime ainsi :

« ... Je vais d'ailleurs plus loin, et je dirai que,
« même si nous avions promis un concours matériel,
« en cas de guerre entre la France et la Prusse, ce
« n'aurait jamais été que comme le corollaire d'une
« politique suivie d'un commun accord.

« Jamais nous n'aurions songé, et aucun État ne son-
« gerait jamais, à se mettre vis-à-vis d'un autre dans
« une situation de dépendance telle qu'il dût prendre
« les armes suivant le bon plaisir de l'autre. L'empe-
« reur Napoléon nous a promis de venir à notre se-
« cours, si nous étions attaqués par la Prusse, mais
« sans doute il ne se croit pas obligé d'emboîter le pas
« derrière nous, s'il nous prend fantaisie de déclarer la
« guerre à la Prusse sans son assentiment.

« Mais la France, alléguera-t-on, n'est pas, dans la
« circonstance actuelle, l'agresseur ; c'est la Prusse
« qui provoque la guerre, si elle ne retire pas la can-
« didature du prince de Hohenzollern.

« Ceci est un point qu'il est indispensable d'exami-
« ner. Je veux le faire avec une entière sincérité, et en
« véritable ami de la France.

« Dans tous nos pourparlers confidentiels avec le
« gouvernement français, nous avons toujours pris
« pour point de départ que nous n'aurions recours à
« la guerre que si elle était nécessaire. L'est-elle dans
« le cas présent ? Elle le deviendra peut-être, mais as-
« surément ce sera dû en grande partie à l'attitude
« prise, dès le début, par la France, car la candidature
« du prince de Hohenzollern n'était pas un fait de na-
« ture à mener par lui-même à cette conséquence. »

Telle était l'attitude de l'Autriche à notre égard pendant la première phase des négociations ; on com-

prend facilement ce qu'elle a dû être pendant la seconde, alors qu'ayant obtenu satisfaction de la Prusse par le retrait de la candidature, notre gouvernement soulevait une nouvelle question par la demande de garanties.

Nous croyons qu'il est impossible d'admettre un seul instant que M. de Gramont ait pu compter sur le concours de l'Autriche en déclarant la guerre.

Pouvait-il davantage compter sur celui de l'Italie ? Nous avons vu que l'Empereur après Villafranca s'était aliéné les sympathies italiennes par les entraves qu'il avait mises à son unification. Nous avons vu également que si l'Italie nous devait la Lombardie pour laquelle elle nous avait cédé deux provinces, Nice et la Savoie, plus payé soixante millions, elle avait obtenu de la Prusse après Sadowa la Vénétie qui ne lui avait rien coûté. En outre, jusqu'en 1870, l'Empereur en maintenant une garnison française à Rome privait l'Italie de sa capitale naturelle, complétant son unité.

Si l'Italie n'avait aucun motif pour souhaiter la défaite de la Prusse, il faut bien reconnaître qu'elle pouvait désirer la nôtre pour en obtenir Rome sa capitale. On sait que ce fut ce qui arriva. Nos premiers revers nous ayant obligés à appeler sur le champ de bataille notre garnison de Rome, les Italiens en profitèrent pour y faire leur entrée et proclamer Rome capitale de l'Italie

Ce ne fut donc pas encore de ce côté que notre gouvernement put attendre un concours armé.

Restaient l'Angleterre et la Russie.

Dès le 9 juillet lord Granville, écrivant à l'ambassadeur anglais à Paris, blâmait les déclarations du gouvernement français, et les trouvait de nature à exciter les esprits en France et à les pousser à la guerre.

Le 12, l'ambassadeur anglais à Paris, lord Lyons, adressait à lord Granville une dépêche ainsi conçue : « Je ne dissimulai à M. de Gramont ni ma surprise, ni « mon regret de voir le gouvernement français hésiter « un instant à considérer la renonciation du prince « comme une solution de l'affaire. Je lui rappelai en « détail les assurances qu'il m'avait formellement au- « torisé à donner au gouvernement de la reine, à sa- « voir que si le prince retirait sa candidature, tout se- « rait fini. (*Livre de M. de Gramont, page 70.*) Je fis « observer en outre à M. de Gramont, que la renoncia- « tion du prince avait totalement modifié la situation « de la France. Si la guerre survenait à présent, toute « l'Europe dirait que c'est la faute de la France ; que « la France s'est jetée dans une querelle sans cause « sérieuse, simplement par orgueil et par ressenti- « ment.

« Un des avantages de la première position de la « France, c'était que la querelle avait pour objet un « incident qui touchait très peu aux passions de l'Alle- « magne, et pas du tout à ses intérêts. A présent, la « Prusse peut espérer rallier l'Allemagne pour résister « à une attaque qui ne pouvait être attribuée qu'au « mauvais vouloir, à la jalousie de la France, et à un « désir passionné d'humilier ses voisins. En fait, dis-je « à M. de Gramont, la France aura contre elle l'opi- « nion du monde entier, et la Prusse aura tout l'avan- « tage d'être manifestement contrainte à la guerre pour « sa défense et pour repousser une agression. »

Lord Granville répondait à cette dépêche par la sui- vante :

Foreign-Office, le 13 juillet 1870.

« Milord, le gouvernement de la reine a éprouvé un

« grand désappointement, en apprenant par votre télé-
« gramme le langage dont M. de Gramont s'est servi
« aujourd'hui au Corps législatif.

« Nous espérions qu'après la renonciation du prince
« Léopold, le gouvernement impérial reconnaîtrait que
« son honneur et sa dignité étaient sauvegardés, et
« aurait volontiers accepté la solution qui, d'après ce
« qu'avait dit M. de Gramont à votre Excellence, de-
« vait terminer le débat, et qui peut être acceptée
« comme preuve du désir du roi de Prusse de conser-
« ver des rapports d'amitié avec la France.

« Je suis, etc.

Terminons ces citations par celle d'une autre dépêche de lord Granville à lord Lyons à Paris :

Foreign-Office, le 15 juillet 1870.

« ... La Prusse avait fait preuve, en présence d'une me-
« nace publique de la part de la France, d'un calme et
« d'une modération qui feraient de toute concession ulté-
« rieure de sa part l'équivalent d'une soumission à la
« volonté arbitraire de la France, et qui serait consi-
« dérée comme une humiliation que le sentiment na-
« tional de toute l'Allemagne répudierait certainement
« comme une nouvelle insulte.

« L'opinion publique en Allemagne prouve que, sous
« l'influence des menaces de la France, toute l'Allema-
« gne était arrivée à la conclusion que la guerre,
« même dans les circonstances les plus difficiles, serait
« préférable à la soumission du roi à **l'injustifiable**
« **demande** de la France.

« Je suis, etc. »

Il était difficile d'avertir en termes plus nets le gouvernement français du mauvais effet que produisait son attitude, et de blâmer plus sévèrement sa conduite.

.Parlant de la Russie qu'on a longtemps prétendu favorable à l'Empire, M. de Gramont, dans son livre (*page 277*), nous apprend que cette puissance communiqua à l'Angleterre un projet d'accommodement qui avait des chances d'aboutir, mais qu'elle traîna les choses jusqu'à ce qu'il fût trop tard. Du reste sa communication, faite le 13 seulement, révèle suffisamment son indifférence à l'égard de la France, ce dont on ne pourra guère s'étonner si on se rappelle le traité de 1856 qui lui fut imposé, et dont, profitant de nos défaites, elle effaça en 1871 la partie la plus onéreuse pour elle.

Incapacité. Incurie.

Huit jours après la déclaration de guerre à la Prusse, l'Empereur annonça par une proclamation au peuple français qu'il allait prendre en personne le commandement en chef de l'armée. Il emmenait avec lui le petit prince impérial qui devait, disait-il, malgré son jeune âge, partager les dangers et la gloire de l'armée.

L'incapacité militaire de l'Empereur était connue de tout le monde, et ses plus forcenés flatteurs n'avaient jamais osé, du moins en public, lui attribuer les talents d'un général. Ce n'est pas à dire pour cela qu'il fût dépourvu de toutes connaissances militaires ; loin de là, il raisonnait bien certaines questions théoriques, mais, n'ayant jamais exercé le métier des armes, ses connaissances se bornaient à des conceptions élaborées dans le silence du cabinet, mais qui n'avaient jamais subi l'épreuve de la pratique. Ceci ne l'empêchait pas de se croire un homme de génie capable, comme son oncle, de commander à des armées nombreuses. Les victoires de Magenta et de Solférino n'avaient pas infirmé l'opinion que tous les hommes de guerre avaien de son insuffisance.

Pour commander une armée nombreuse, il faut des hommes d'un génie réel tels que Napoléon Iᵉʳ et le comte de Moltke. Le roi de Prusse avait confié à ce

dernier le commandement général de toutes les forces
allemandes. Celui-ci pensait, concevait les plans, donnait les ordres. Le roi de Prusse donnait à ses conceptions toute l'autorité de son pouvoir absolu.

Le général de Moltke divisa les forces allemandes en
trois armées distinctes, comptant ensemble 550,000
hommes environ, et subdivisées ensuite en trois
ou quatre corps d'armée. Les chefs de ces armées rele-
vaient du chef d'état-major général dont ils recevaient
les ordres stratégiques, mais pour l'exécution de ces
ordres ils avaient toute initiative.

Dès 1867 l'état-major français, sous la direction du
maréchal Niel, ministre de la guerre, en prévision
d'une guerre avec la Prusse, avait étudié la composition et l'organisation de nos forces en vue de cette
grave éventualité. Il s'était arrêté au projet de former
trois armées dont deux en première ligne, une en
Lorraine, et l'autre en Alsace ; et enfin une troisième
de réserve à Châlons. Le commandement devait en
être confié aux maréchaux Bazaine, Mac-Mahon et
Canrobert.

En déclarant la guerre, l'Empereur renonça à ces
sages mesures, et constitua une seule armée dont il se
réserva le commandement. Elle était divisée en huit
corps d'armée dont les chefs recevaient ses ordres
directs.

Le maréchal Lebœuf fut nommé chef d'état-major
de l'armée du Rhin.

Le maréchal Lebœuf était un bon officier d'artillerie,
mais, comme il n'avait jamais commandé en chef, on
ne pouvait guère compter sur lui pour suppléer au
manque de connaissances stratégiques de l'Empereur ;
on savait du reste que celui-ci, infatué de son propre
mérite, ne consentirait pas, comme le roi de Prusse, à

laisser à son chef d'état-major le commandement effectif de l'armée.

Dès le 23 juillet, il avait prescrit par dépêche le
déploiement des troupes, et les avait éparpillées en un
mince cordon le long de la frontière, depuis Sierck
jusqu'aux bords du Rhin, sur une étendue d'environ
deux cents kilomètres.

Ce fut la première faute militaire commise et que
comprirent tous les chefs de corps.

Le général Frossard, dans son livre (*Rapport sur les
opérations du 2ᵐᵉ corps, page 13*), blâme cette mesure et
dit qu'il conseilla à l'état-major impérial la concentration de l'armée de Lorraine sur le plateau en deçà de
Forbach. Il affirme qu'il renouvela ces observations
au maréchal Lebœuf à Metz le 26 juillet, mais qu'elles
ne furent pas accueillies favorablement.

L'Empereur, que le maréchal Lebœuf avait précédé
de quelques jours, après avoir institué l'Impératrice
régente de l'empire, arriva avec son fils le 28 juillet à
Metz où il établit son quartier général. Des intérêts
politiques l'ayant retenu jusque-là à Paris, il avait,
aussitôt la guerre déclarée, confié au maréchal Bazaine
le commandement provisoire et éventuel de l'armée.

La mobilisation des corps d'armée s'opérait en Allemagne par régions, et ils ne devaient se mettre en
marche vers la frontière que complétement organisés
et pourvus de tout ce qui leur était nécessaire. Notre
organisation militaire rendait la mobilisation beaucoup plus lente. En effet, tandis qu'en Allemagne les
réserves et les hommes en congé n'avaient que de faibles distances à parcourir pour rejoindre leurs corps,
en France, au contraire, nos réservistes et les hommes
en congé habitant le Nord, l'Est ou l'Ouest, devaient
parfois traverser tout le territoire pour rejoindre leur

dépôt dans le Midi ; habillés et incorporés, ils devaient le traverser une seconde fois pour arriver sur le théâtre des opérations.

Les régiments partant sans attendre d'être au complet, il se trouva que parfois les retardataires arrivèrent pour rejoindre quand déjà leurs régiments battaient en retraite.

Procédant à l'inverse des Allemands, notre armée active fut dirigée à la hâte sur la frontière, et sans attendre ses réserves qui devaient rejoindre au fur et à mesure de leur incorporation. Par suite nous avions dès le 23 juillet cent mille hommes à la frontière, et à la fin de juillet ce nombre dépassait deux cent mille.

On s'est étonné en France, et même en Allemagne, que l'Empereur avec de pareilles forces n'ait pas profité de ce que les Prussiens avaient peu de troupes dans les provinces rhénanes pour prendre une offensive vigoureuse vers la fin de juillet. Ce fut, paraît-il, la première pensée de l'Empereur, et ce fut dans ce but qu'il fit diriger de grands approvisionnements sur Forbach et Sarreguemines.

En marchant sur Trèves, il eût refoulé les Allemands sur Mayence, et les eût sans doute obligés à opérer la concentration de leurs forces sur la rive droite du Rhin avant de prendre l'offensive. Nous aurions ainsi gagné un temps précieux pour nous en raison de notre mode de rappel de nos réserves, et du retard de nos préparatifs matériels.

Avec son caractère irrésolu, après avoir envoyé des approvisionnemens sur la frontière en vue d'une offensive, il abandonna cette idée, qui eût exigé la concentration de l'armée, pour en ordonner l'éparpillement ainsi que nous l'avons vu, ce qui était en tous cas contraire à toutes les règles, vu la supériorité numérique bien connue de l'ennemi.

Les dépêches adressées à Paris par tous les chefs de corps n'ont pas dû être étrangères au changement de résolution de l'Empereur. Elles ont dû au contraire lui démontrer l'impossibilité matérielle de mettre en mouvement une armée manquant de tout.

Comme en Crimée et en Italie, on avait envoyé des hommes ; arrivés à destination rien n'était préparé pour les recevoir.

Il ne faudrait pas croire cependant que les magasins d'approvisionnement de l'État étaient vides. Nullement, mais la pénurie dans laquelle les troupes se trouvèrent en arrivant à la frontière provenait du manque de préparation en toutes choses ; elle prouve encore la légèreté avec laquelle le gouvernement se lança dans une pareille guerre, sans tenir compte du temps qui lui serait nécessaire pour avoir une armée en état de combattre, comparé à celui exigé par l'organisation prussienne, si bien décrite par le colonel Stoffel, notre attaché militaire à Berlin.

Rien ne saurait mieux faire ressortir la négligence du gouvernement que ce fait : que les places fortes de l'Est ne possédant même pas les approvisionnements réglementaires, nos soldats arrivés à destination ne trouvaient ni vivres ni les objets indispensables à une armée en campagne. Il est impossible d'imaginer pareille incurie. La publication des papiers trouvés aux Tuileries après le 4 septembre a fait connaître les dépêches envoyées par les chefs de corps, dès les premiers jours qui suivirent la déclaration de guerre. Nous n'en citerons que quelques-unes :

Général de Failly au Ministre de la guerre.

Bitche, 18 juillet 1870.

Envoyez-nous de l'argent pour faire vivre les troupes ; les billets n'ont point cours. Il n'y a pas d'argent dans les caisses publiques, et point d'argent dans les caisses des corps.

Intendant général à Blondeau à Paris.

Metz, 20 juillet 1870, 9 heures 50 matin.

Il n'y a à Metz ni sucre, ni café, ni riz, ni eau-de-vie, peu de lard et de biscuit. Envoyez d'urgence au moins un million de rations sur Thionville.

Général Michel au Ministre de la guerre.

Belfort, 21 juillet 1870, 7 heures 30 matin.

Suis arrivé à Belfort, pas trouvé ma brigade, ni général de division. Que dois-je faire ? Ne sais pas où sont mes régiments.

Général commandant 2me corps à Guerre, Paris.

Saint-Avold, 21 juillet 1870, 8 heures 55 matin.

Le dépôt envoie énormes paquets, cartes inutiles pour le moment, n'avons pas une carte de la frontière de France ; serait préférable d'envoyer en plus grand nombre ce qui serait utile et dont nous manquons complètement.

Le maréchal Bazaine au Major général, Paris.

Metz, 21 juillet 1870,

L'intendant Friand est arrivé. Dans la pénurie de toutes choses où nous sommes, je lui donne carte blanche pour organiser les services administratifs du 3me corps.

Le maréchal Bazaine au Ministre de la guerre.

Metz, 21 juillet 1870.

Les corps ne peuvent avoir, quant à présent, toute leur mobilité future, car ils ne sont pas complétés en cantines d'ambulances et voitures réglementaires, en bâts, en harnais. Bien plus, le 1er de ligne, arrivé aujourd'hui à Thionville, n'avait ni tentes-abris, ni effets de campement.

Maréchal Bazaine au Major général, Paris.

Metz, 22 juillet 1870.

L'intendant du 3me corps demande douze fours de campagne qui lui sont indispensables. Il n'y en a pas à Metz.

Général commandant 4me corps à Major général.

Thionville, 24 juillet, 9 heures 12 matin.

Le 4me corps n'a encore ni cantines, ni ambulances, ni voitures d'équipages pour les corps et les états-majors. **Tout est complètement dégarni.**

Sous-intendant au Ministre de la guerre, Paris.

Mézières, 25 juillet 1870, 9 heures 20 matin.

Il n'existe aujourd'hui, dans les places de Mézières et de Sedan, ni biscuits ni salaisons.

Maréchal Bazaine au Major général à Metz.

Boulay, 26 juillet 1870.

Nous sommes toujours, en ce qui concerne le 3ᵐᵉ corps, dans les mêmes conditions au point de vue des ambulances, qui nous font absolument défaut.

Artillerie à Guerre, Paris.

Metz, 27 juillet 1870.

Les munitions de canons à balles n'arrivent pas.

Général subdivision à Général division Metz.

Verdun, 5 août 1870, 5 heures 45 matin.

Il manque comme approvisionnement de siège, vin, eau-de-vie et café, lard, légumes secs, viande fraîche. Prière de pourvoir d'urgence pour 4,000 hommes.

Ministre de la guerre au Major général à Metz.

Paris, 8 août 1870, 6 heures 45 soir.

Le commandant de la place de Thionville me fait connaître qu'il vient de déclarer la ville en état de siège. Il demande des renforts ; la garnison qui devait être de 4 à 5,000 hommes n'en a que 1,000 dont 600 mobiles, 90 douaniers, et 300 cavaliers ou artilleurs non instruits.

Complétons ce tableau de notre dénûment par un extrait d'une lettre d'un officier supérieur citée par le général de Palikao dans son livre, *Un Ministère de vingt-quatre jours.* Cet officier lui écrivait : « Quand vous « connaîtrez nos points faibles, il vous sera moins « difficile de les renforcer.

« Dès mon arrivée à Strasbourg, il y a environ douze « jours, j'ai été frappé de l'insuffisance de l'administra- « tion et de **l'artillerie.**

« Dans les magasins pas de bidons, pas de gamelles « ni de marmites, pas de cantines d'ambulances ni de « bâts, pas d'ambulances enfin ni pour les divisions ni « pour les corps d'armée. Jusqu'au 7 août il était « presque impossible de se procurer un cacolet pour « transporter un blessé ; le 7, des milliers de blessés « sont restés entre les mains de l'ennemi, rien n'étant « préparé pour les transporter. Depuis mon arrivée à « Strasbourg, je n'ai jamais vu un jour de distributions « régulières pour les hommes ou pour les chevaux. « Depuis le 7, on manque absolument de tout ; ce « qui fait que notre retraite ressemble à une vraie dé- « route. Je ne puis pas affirmer que l'organisation de « l'intendance soit mauvaise, que son esprit soit vi- « cieux, que le contrôle du commandement sur l'admi- « nistration ne soit pas efficace, mais ce que j'affirme, « c'est que ce corps est absolument insuffisant pour les « besoins d'une armée en campagne. Si nos soldats ne « vivent depuis quatre jours que des aumônes des ha- » bitants, si nos routes sont semées de traînards mou-

« rant de faim, c'est à l'intendance qu'il faut en faire
« remonter la responsabilité. Vous aurez peine à croire
« qu'à Strasbourg, dans ce grand arsenal de l'Est, il a
« été impossible de trouver des aiguilles, des rondelles
« et des têtes mobiles pour nos fusils.

« La première chose que nous disaient les comman-
« dants de batteries de mitrailleuses, c'est qu'il faudrait
« ménager les munitions parce qu'il n'y en avait pas.
« En effet, à la bataille du 7 août, les batteries de mi-
« trailleuses, et d'autres aussi, ont quitté le champ de
« bataille pendant longtemps pour aller chercher de
« nouvelles provisions au parc de réserve, lequel était
« lui-même assez pauvre, dit-on. Le 6, l'ordre ayant
« été donné de faire sauter un pont, il ne s'est pas
« trouvé de poudre de mine dans tous les corps d'armée,
« ni à l'artillerie ni au génie. Enfin, et c'est ici le plus
« grave, notre artillerie est d'une infériorité déplorable
« vis-à-vis de celle des Prussiens, tant sous le rapport
« du calibre que sous celui du nombre. »

Vit-on jamais plus triste spectacle ? Tout cela n'est-il
pas inepte, ignoble, infâme ! Que d'indignités ! Que d'inca-
pacités ! Quel désordre !

Comme pendant la guerre d'Italie, au début de celle
de 1870, nos blessés restaient aux mains de l'ennemi
faute de moyens de transport. Nos soldats vivaient des
aumônes des habitants !

Au moment de la déclaration de la guerre, Metz, notre
place forte principale, manque de provisions de toutes
sortes et de munitions.

Il en est de même à Strasbourg et dans toutes les
places fortes de la frontière. La pénurie est telle qu'elle
empêche tout mouvement de l'armée. L'état-major n'a
pas de cartes de la frontière, il n'a que des cartes
d'Allemagne. Un général ne trouve pas ses régiments !

Un empereur commandant en chef qui demande des nouvelles de son armée au maire d'une petite commune ! voilà comment la France était prête à faire la guerre en 1870 !!

Quand on rapproche ces tristes réalités des fanfaronnades de l'Empereur et des maréchaux Niel et Lebœuf, vantant la belle organisation de l'armée, **pourvue de tout**, et absolument prête, n'est-on pas obligé de dire : Pauvre France ! A quelles mains incapables as-tu confié tes destinées !!

Nos premières défaites.

Arrivé à Metz, l'Empereur perdit les illusions qu'il avait pu se faire sur la coopération active de l'Autriche, malgré les communications diplomatiques qu'on connaît. Il en fut de même pour celle des Etats allemands du Sud, et il comprit enfin qu'il serait seul à supporter le choc de l'Allemagne entière.

Le moment favorable à une offensive vigoureuse était passé ; nous avons vu du reste que l'état de notre armée, manquant de tout, ne l'aurait pas permise. Il fut effrayé du gachis qu'il avait sous les yeux et que lui révélaient à chaque instant les réclamations des chefs de corps.

Cependant l'Empereur eut une idée qu'il crut merveilleuse. Sachant que la ville prussienne de Sarrebrück ne contenait qu'une garnison insignifiante, il résolut de se donner le luxe d'une victoire facile, et d'y faire assister son fils.

En conséquence, le 2 août au matin, le général Frossard reçut l'ordre de mettre en mouvement son corps d'armée comprenant trois divisions avec soixante-douze pièces de canon, et de le diriger sur la frontière qu'il devait franchir en marchant sur Sarrebrück. Après le déjeuner, un train spécial parti de Metz amena l'Empereur et son fils au quartier de Forbach.

La garnison prussienne de Sarrebrück comptait environ sept cent cinquante hommes, dont une partie se porta au devant des troupes françaises. Pendant quelque temps cette poignée d'hommes répondit au feu de nos troupes, mais bientôt, en présence de leur nombre, ils se retirèrent nous abandonnant les hauteurs qui dominent la ville de Sarrebrück d'où notre artillerie lança quelques obus sur la ville.

A quatre heures tout était fini ; nos troupes regagnaient leurs campements, et le même train spécial ramenait à Metz pour l'heure du dîner l'Empereur et le prince impérial. Cette affaire ou plutôt cette fantaisie complètement inutile au point de vue militaire, car elle ne fut qu'un simulacre de reconnaissance, constitua de notre part l'ouverture des hostilités, et nous coûta six hommes tués et soixante-cinq blessés, mais elle procura à l'Empereur une victoire facile et lui permit d'adresser à l'Impératrice la dépêche suivante qui fut rendue publique : « Louis vient de recevoir le « baptême du feu ; il a été admirable de sang-froid et « n'a nullement été impressionné. Nous étions en pre- « mière ligne, les balles et les boulets tombaient à nos « pieds. Louis a conservé une balle qui est tombée « tout auprès de lui, Il y a des soldats qui pleuraient « en le voyant si calme. »

Ses courtisans saisirent cette occasion d'exalter les mérites militaires de l'Empereur, et le courage du petit prince.

Le surlendemain, un mauvais plaisant, resté inconnu, affichait à la Bourse une fausse nouvelle, d'après laquelle nous avions, dans une bataille, pris un prince allemand et fait vingt-cinq mille prisonniers. Paris Ilumina le soir.

Malheureusement, cette bonne nouvelle ne fut pas confirmée ; au contraire, le *Journal officiel* du 6 août annonçait notre première défaite à Wissembourg le cinq. Le général Abel Douay y avait été tué.

Le même jour, dans son édition du soir, le même *Journal officiel* annonçait encore la défaite du corps d'armée du général Frossard à Forbach, et celle de l'armée du maréchal Mac-Mahon, à Frœschwiller. Le général Frossard se repliait sur Metz, mais le maréchal Mac-Mahon se retirait avec son armée en désordre jusqu'à Châlons. La France était envahie sur deux points à la fois.

L'annonce de ces défaites successives, et subies coup sur coup, jetèrent Paris et la province dans une douleur immense, universelle. Presque aussitôt, arrivaient de tous côtés des détails navrants sur l'incurie des préparatifs de la guerre et sur le dénûment de nos soldats, qui avaient aggravé considérablement les conséquences de la défaite. En outre, les correspondances des journaux arrivées du théâtre de la guerre signalaient les fautes commises par le commandant en chef, et faisaient retomber sur l'Empereur la responsabilité de nos défaites, en raison de l'éparpillement de nos divers corps d'armée qui avait permis à l'ennemi de les battre successivement.

En effet, au moment où les troupes allemandes attaquèrent la division du général Abel Douay, celle-ci se trouvait à notre extrême droite isolée à Wissembourg, et éloignée de trente kilomètres de celle du général Ducrot, laquelle, vu son éloignement, ne pouvait arriver à temps pour lui porter secours. Nos soldats avaient bravement fait leur devoir, mais s'étaient vus accablés par le nombre et par le feu meurtrier d'une artillerie dont il nous fallait, enfin, reconnaître la supériorité comme portée et comme justesse de tir.

A cette occasion, on a vivement critiqué le maréchal Mac-Mahon d'avoir laissé une division placée à notre extrême droite aussi éloignée des autres sans lui donner l'ordre en cas d'attaque de se replier sur celle du général Ducrot. Il devait la considérer comme une grand'garde avancée, chargée seulement de surveiller les mouvements de l'ennemi.

La défaite de Wissembourg ouvrit enfin les yeux à l'Empereur et lui fit comprendre l'impossibilité de commander à des troupes disséminées sur un aussi grand espace. Il se décida enfin à constituer deux armées distinctes. Le maréchal Bazaine fut nommé commandant de la première composée des 2e, 3e et 4e corps. La deuxième, composée des 1er, 5e et 7e corps, fut placée sous le commandement du maréchal Mac-Mahon. Ils reçurent, en même temps que leur nomination, l'ordre de concentrer leur forces et de se rapprocher de l'Alsace.

Cette sage organisation avait lieu malheureusement trop tard. La concentration ordonnée devait commencer à s'effectuer le 7, quand le 6, le général Frossard, placé depuis la veille sous les ordres du maréchal Bazaine, se vit attaqué par l'avant-garde d'une armée allemande qui débouchait de Sarrebrück, à l'endroit même où quatre jours avant avait eu lieu la comédie qu'on connaît.

Le général Frossard en informa aussitôt le maréchal Bazaine en lui demandant du secours, mais celui-ci n'en tint aucun compte et le laissa seul aux prises avec l'ennemi, sans même se porter sur les lieux pour se rendre compte de la situation.

Cette malheureuse journée fut marquée par bien des fautes commises. Le maréchal Bazaine, oubliant que le général Frossard était sous ses ordres depuis la veille, paraît s'être désintéressé de sa position pour ne se préoccuper que de la sienne propre à Saint-Avold, et ne lui envoya des renforts que trop tard. Des généraux à la tête de leurs divisions, qui pendant une partie de la journée entendirent le canon, restèrent immobiles, prétendant qu'ils n'avaient pas d'ordres. Malheureusement, il paraît aujourd'hui avéré que des jalousies et des dissentiments personnels n'auraient pas été étrangers aux agissements du maréchal Bazaine et des généraux divisionnaires. L'un de ces derniers aurait dit : « le maître d'école est dans la m... élasse, qu'il y reste. » La conduite du général Frossard donna également prise à des critiques nombreuses dont le détail n'entre pas dans le cadre de ce travail.

Les approvisionnements réunis à Forbach et à Sarreguemines, en vue d'une marche offensive, tombèrent aux mains de l'ennemi.

Le maréchal Mac-Mahon, après l'écrasement de la division Abel Douay à Wissembourg, sentit tout le danger résultant de la dissémination de ses troupes, et résolut d'en opérer la concentration. Cette résolution prise et ordonnée le 5 août commençait à peine à s'exécuter lorsque le lendemain 6, l'armée du prince royal de Prusse, continuant de Wissembourg sa marche en avant, se trouvait en présence des troupes du maréchal Mac-Mahon au nombre d'environ quarante-cinq mille hommes occupant Fræschwiller, Reischoffen et Vœrth. Les Allemands comptaient au moins soixante-dix mille hommes, avec une artillerie nombreuse.

La bataille commença le matin, et, malgré le désavantage du nombre, nos troupes, déployant un courage et une constance au-dessus de tout éloge, maintinrent longtemps leurs positions, mais finirent par plier sous le nombre et l'artillerie de l'ennemi. A trois heures, le maréchal Mac-Mahon, se jugeant perdu, chercha à ralentir la marche en avant de l'ennemi en ordonnant ces fameuses charges de cuirassiers sous les ordres des généraux Bonnemain et Michel, dans lesquelles nos braves soldats, avec un courage héroïque, se sacrifièrent à Reischoffen au salut du reste de l'armée, sans pouvoir, hélas ! y parvenir.

En effet, à trois heures et demie, nos troupes étaient repoussées sur toute la ligne et obligées à une retraite précipitée qui bientôt se changea en déroute. Les rangs étaient confondus, les bataillons mêlés ; les soldats n'écoutaient plus la voix de leurs chefs et fuyaient dans un affreux désordre.

Fort heureusement, la 1re division du 5me corps d'armée qui opérait une marche de concentration, débouchant sur la route de Bitche, recueillit les fuyards, et rétablit un peu d'ordre en arrêtant la poursuite de l'ennemi.

Notre défaite était complète, écrasante. Nous avions perdu plus de six mille hommes tués ou blessés et autant de prisonniers, trente pièces de canon, six mitrailleuses et deux drapeaux. L'Alsace était perdue, et la défense des défilés des Vosges rendue impossible. Cette armée allemande pouvait à son aise faire sa jonction avec les deux autres armées qui avaient pénétré en Lorraine et marcher de concert sur Paris, en laissant celle du prince Frédéric-Charles en présence des forces du maréchal Bazaine.

A la Chambre.

Tels furent les détails navrants qui suivirent de près l'annonce du *Journal officiel* du 6 août de nos premiers revers. Ils produisirent dans Paris la consternation et l'exaspération la plus grande. La nation, surprise par la défaite au milieu des illusions dont on la berçait depuis trois semaines, jeta un immense cri de douleur et d'indignation. Le ministère Ollivier, assailli de plaintes et de reproches, pliant sous la responsabilité et la réprobation dont il était accablé, se décida à convoquer le Sénat et le Corps législatif pour le 9 août.

L'effervescence à Paris était inouïe. De tous côtés on courait aux portes des ministères de la guerre et de l'intérieur réclamer des armes. Déjà se faisait jour l'idée de sauver la patrie en écartant du pouvoir ceux qui l'avaient compromise.

La séance s'ouvrit au milieu de l'agitation la plus grande.

M. E. Ollivier présenta la situation comme difficile, mais, nos ressources étant immenses, le pays sentait son courage grandir avec les épreuves. « Nous vous demandons, dit-il, de nous aider à organiser la levée en masse de tout ce qui est valide dans le pays », ajoutant que l'armée n'était nullemnnt compromise.

M. J. Favre lui lança cette interruption : « Si! elle est « compromise, et par l'impéritie de son chef. Oui, malgré

« son gouvernement le pays est patriotique, mais il est
« indignement gouverné. »

M. Latour-Dumoulin et quinze de ses collègues du
centre proposèrent que le pouvoir fût confié au général
Trochu, avec le droit de choisir ses collaborateurs. De
toutes parts se faisait jour cette pensée : Ceux qui ont
créé la situation actuelle doivent se retirer et faire place
à d'autres.

L'insolence de la majorité avait fait place à l'abattement, dans un pareil moment elle ne pouvait échapper
à la responsabilité qu'elle sentait peser sur elle.

M. J. Favre, exprimant un sentiment partagé par un
grand nombre de ses collègues, dit : « Il est indispensable
« que nos forces militaires soient concentrées entre les
« mains d'un seul homme qui ne soit pas l'Empereur.
« Il faut qu'il abandonne le quartier général. Il faut,
« si la Chambre veut sauver le pays, qu'elle prenne
« en main le pouvoir.

« Quand l'impéritie de ceux qui le gouvernent l'a
« conduit à cet état qu'il ne peut envisager qu'avec
« rage et colère, et que rien ne pouvait lui faire présager,
« il faut qu'il se confie à ses représentants.

« **M. Jérôme David**. La Prusse était prête, et nous
« ne l'étions pas.

« *Voix diverses à gauche* ; Le ministère avait dit que
« nous étions prêts. — Il nous a donc trompés ! — Il a
« trahi la France.

« **M. de Kératry**. Quand M. le ministre de la guerre
« est venu dans la Commission, il a donné sa parole
« d'honneur que nous étions prêts ; s'il nous avait
« déclaré qu'il n'était pas prêt, nous n'aurions pas
« voulu voter. »

Enfin M. Clément Duvernois déposa un ordre du
jour portant que la Chambre était décidée à appuyer un

ministère capable d'organiser la défense. M. E. Ollivier déclara s'opposer à son adoption ; la Chambre l'ayant voté, il saisit cette occasion pour annoncer que ses collègues et lui donnaient leur démission.

Quelque temps après, et dans la même séance, il annonça à la Chambre que l'Impératrice régente, avec l'assentiment de l'Empereur, venait de charger le général Palikao de composer un ministère.

A la séance du lendemain 10, le général se présenta à la Chambre et fit connaître les noms des nouveaux ministres.

La démission des précédents ministres donnait satisfaction à la vindicte publique ; mais par contre, parmi les nouveaux, figuraient MM. Jérôme David et Clément Duvernois, impérialistes exaltés, et qui avaient, comme on l'a vu, par leurs interpellations, poussé le gouvernement à la guerre, en demandant qu'il ne considérât pas comme suffisant le désistement du prince de Hohenzollern, confirmé et approuvé par le roi de Prusse.

Dans la séance du 11 août, répondant à la question posée, le général Palikao déclara que le maréchal Lebœuf n'était plus major-général.

Dans cette séance, M. Thiers déclara que l'explication de nos défaites donnée dans le monde, c'est que la France n'était pas prête. « Aujourd'hui, dit-il, je puis « vous avouer que lorsqu'il y a quelques jours je vous « suppliais de réfléchir avant de déclarer la guerre, il « y avait une chose que je ne vous disais pas, parce que « je ne pouvais pas la dire, c'est que la France n'était « pas prête. Cela a été pour moi, non pas le seul motif, « mais l'un des plus graves pour m'opposer à la guerre.

« Il y a peu de personnes ici, parmi celles qui me con« naissent, il n'y a pas un ministre, qui ne m'aient en« tendu répéter avec passion : je suis convaincu que

« nous ne sommes pas prêts ! Et je pouvais en donner
« des preuves évidentes, incontestables. La préparation
« a été insuffisante et la direction profondément incapa-
« ble.

« **M. Ernest Picard** : Incapacité qui a duré vingt
ans. »

Des esprits superficiels ont prétendu, depuis les événements, que M. Thiers aurait dû faire cette déclaration
à la Chambre au moment de la discussion de la déclaration de guerre. Il est facile de comprendre, après un peu
de réflexion, que M. Thiers ne pouvait pas faire publiquement une telle déclaration qui eût été, non seulement
trahir un secret d'État inutilement, mais encore encourager la Prusse dans ses sentiments d'hostilité à l'égard
de la France.

Dans la séance du 12, le général Palikao déclara que
le maréchal Bazaine était nommé commandant en chef
de tous les corps d'armée, et que l'Empereur n'en
commandait plus aucun. Au point de vue militaire
c'était vrai, mais, en réalité, il restait le souverain qui
manifestait des désirs équivalant à des ordres.

Le 17 août, on apprenait à Paris qu'une affaire très
sérieuse avait eu lieu le 16 du côté de Gravelotte, que
nous avions eu l'avantage dans le combat, mais que
nos pertes étaient grandes, et enfin que ce même jour,
au matin, l'Empereur avec son fils avaient quitté l'armée
de Bazaine pour se rendre à Châlons.

Dans la séance du 20, le général Palikao fit connaître
qu'une autre grande bataille venait d'être livrée le 18
à Saint-Privat, que les Prussiens prétendaient avoir ce
jour-là obtenu un très grand avantage, mais qu'il n'en
était rien. Il continua ainsi :

« Sans entrer dans des détails que je ne peux pas
« donner ici, vous le comprendrez, je me bornerai à

« vous dire que j'ai communiqué à quelques-uns de
« vous les dépêches que j'ai reçues et qui constatent
« que, le 18, trois corps de l'armée prussienne se sont
« réunis contre le corps d'armée du maréchal Bazaine,
« et que, au lieu d'avoir eu un succès, comme ils vou-
« draient le faire croire, différents renseignements, qui
« paraissent dignes de foi, m'annonçaient qu'ils ont été
« rejetés dans les carrières de Jaumont.»

Nous verrons aux opérations militaires combien ces assertions étaient contraires à la vérité.

Cette vérité commença à se faire jour à la suite de la publication d'une note par le *Journal officiel* du 22 dans laquelle il était dit : que, l'interruption des communications télégraphiques n'ayant pas permis d'avoir des nouvelles de l'armée du Rhin depuis deux jours, il y avait lieu de penser que le plan arrêté par le maréchal Bazaine n'avait pas encore abouti.

L'émotion produite par cette note fut vive.

Dès l'ouverture de la séance de ce même jour, le général Palikao, désireux d'amoindrir le mauvais effet de cette note, fit connaître qu'il avait reçu des nouvelles du maréchal Bazaine du 19, qu'elles étaient bonnes, mais qu'il ne pouvait pas les communiquer.

L'opposition de gauche et une partie des députés libéraux du centre proposèrent de nommer une commission qui ferait partie du comité de défense institué par le gouvernement. Ces propositions étaient l'indice d'un manque de confiance évident. La dissimulation de la vérité ne pouvait pas durer longtemps. Des lettres de nos officiers faisaient un tableau peu rassurant de l'armée du Rhin, et prétendaient que l'Empereur commandait toujours comme par le passé.

De là, le désir de connaître exactement la situation.

Le gouvernement, revendiquant l'entière responsabilité des mesures à prendre, repoussait l'ingérence de la Chambre et maintenait son droit de désigner lui-même tous les membres du Comité de défense ; M. Clément Duvernois, l'un des ministres, parlait même, dans un tel moment, de faire observer scrupuleusement la Constitution. M. J. Favre répondit, dans la séance du 24 : « La politique impériale « a perdu la patrie, comment voulez-vous la sauver « ver en y persévérant ? Oui, écartons la politique ; « celui qui guetterait la défaite pour asseoir sur les « ruines nationales les bases de ses espérances, celui-« là serait un citoyen qui mériterait d'être trois fois « maudit. Cependant je ne saurais admettre la persé-« vérance dans un système qui nous a perdus. »

Toutes ces propositions furent repoussées par la majorité.

Dans la séance du 31 août, M. Keller, député alsacien, annonça qu'il venait de recevoir de Strasbourg une lettre contenant des détails navrants sur le bombardement féroce auquel résistait cette patriotique cité avec un courage héroïque. Il dénonça les moyens barbares et monstrueux employés par les Prussiens, tirant sur la population inoffensive afin de l'obliger à se rendre.

Il termina en demandant à la Chambre de proclamer que l'héroïque population de Strasbourg a bien mérité de la patrie, et que jamais elle ne cessera d'être française.

La Chambre entière se leva, et vota cette proposition à l'unanimité et par acclamation.

L'armée du Rhin.

Nous avons vu précédemment que, le 12 août, le maréchal Bazaine avait été nommé commandant en chef de l'ármée. Cette nomination avait eu lieu sous la pression de l'opinion publique, et aussi à la suite d'une démarche dans ce sens faite auprès du général Palikao par MM. J. Favre et E. Picard au nom de l'opposition.

Cette nomination plaçait l'Empereur dans une situation équivoque ; ne commandant plus, à quel titre suivait-il l'armée avec son fils ? Leur présence constituait en réalité un véritable *impedimentum*, et on comprend facilement que le maréchal Bazaine fût désireux de les voir s'éloigner de l'armée. (*Voir le rapport du général de Rivière, pages 8 et 9.*)

Le 13 un conseil de guerre fut tenu chez l'Empereur, dans lequel il fut décidé que le 14 l'armée quitterait Metz en y laissant une forte garnison, et se dirigerait sur Châlons par Verdun.

Une première armée allemande forte d'environ cent mille hommes, et commandée par le général Steinmetz, s'avançait de Sarrebruck, se dirigeant au nord de Metz. Une seconde, forte de plus de deux cent mille hommes, sous les ordres du prince Frédéric-Charles, marchait de Sarreguemines sur Pont-à-Mousson au sud de Metz, avec ordre d'y franchir la Moselle et de se diriger vers le nord afin de barrer la route de Verdun à l'armée du maréchal Bazaine et de la retenir sous Metz.

Enfin, une troisième armée sous les ordres du prince royal de Prusse, après avoir battu le maréchal Mac-Mahon, s'avançait de Nancy sur Frouard où elle s'emparait des immenses approvisionnements qui avaient été faits par le gouvernement impérial. Elle comptait environ cent cinquante mille hommes et se dirigeait sur Paris.

Le 14 août, le maréchal Bazaine avait deux jours d'avance sur le prince Frédéric-Charles pour exécuter sa retraite et arriver à Verdun. Son armée devait d'abord passer de la rive droite sur la rive gauche de la Moselle. En vue de retarder sa marche, l'armée du général Steinmetz attaqua nos troupes sur la rive droite le 14 dans l'après-midi. Si le maréchal Bazaine voulait réellement quitter Metz et devancer l'ennemi sur la route de Verdun, il devait refuser la bataille et continuer le passage de la Moselle. Au contraire, par ses ordres, une bataille sanglante eut lieu à Borny. Nos troupes conservèrent toutes leur positions, et infligèrent à l'ennemi des pertes sérieuses, c'est vrai, mais pendant ce temps-là notre retraite était retardée, et le maréchal Bazaine perdait une partie de son avance sur le prince Frédéric-Charles.

Pour déterminer la mise en accusation du maréchal en 1873, le général de Rivière fut chargé par le ministre de la guerre de relever toutes les charges pesant sur lui et d'en faire un rapport. C'est dans ce rapport que nous avons puisé la plus grande partie des détails relatifs aux opérations militaires accomplies jusqu'à la catastrophe de Sedan.

Dans ce rapport qui devint l'acte d'accusation du maréchal, le général de Rivière trouve dans sa conduite du 14 la preuve que, dès cette époque, son intention était de se renfermer dans Metz en vue de conserver son armée et de devenir l'arbitre des destinées de la France.

Cette opinion fut également celle que manifesta M. Mezières dans un travail qui fut très remarqué sous ce titre : *Le Blocus de Metz.* Telle fut aussi celle du colonel d'Andlau dans son livre : *Metz, campagnes et négociations.*

Le maréchal Bazaine avait donné trop de preuves de ses capacités militaires pour qu'on puisse admettre qu'il ait, sans motif, négligé de faire couper les ponts sur la Moselle entre Metz et Frouard, afin de retarder la marche de l'ennemi, et conserver intacte la ligne ferrée de Nancy à Metz, qui assurait l'approvisionnement de l'armée.

En outre, l'ordre de marche de l'armée pour le 14 aurait dû s'opérer par quatres routes différentes, tandis qu'au contraire elle fut dirigée sur les deux routes de Mars-la-Tour à Étain qui, entre Metz et Gravelotte, se confondent en une seule, sur laquelle se produisit un encombrement effroyable, retardant considérablement la marche des convois.

L'Empereur, qui avait suivi l'armée pendant la journée du 15, la quitta dans la matinée du 16, et, escorté par une brigade de cavalerie, partit avec son fils pour Verdun par la route de Conflans.

Profitant des ponts de la Moselle, les Prussiens la passèrent le 14 à Pont-à-Mousson, et se dirigèrent à marches forcées sur la route de Metz à Verdun.

Partie de Metz le 14, l'armée avait fait peu de chemin. Les corps les plus avancés se trouvaient le 15 au soir entre Rezonville et Gravelotte, à 5 lieues environ de Metz. Le général Frossard, qui se trouvait en avant, avait signalé l'ennemi le 15 et avisé le maréchal Bazaine qu'il comptait être attaqué le lendemain.

Pour arriver sur le théâtre de l'action, les troupes prussiennes devaient déboucher de ravins descendant à la Moselle, véritables coupe-gorges qu'il était facile de défendre. Il n'en fut rien fait, ni par le général Frossard, ni par le maréchal Bazaine, et on les laissa déboucher à leur aise et se déployer le 16 au matin.

L'armée prussienne qui, au début de l'action, ne comptait pas plus de 35 à 40 mille hommes, mais qui devait être renforcée par l'arrivée successive de plusieurs corps d'armée, nous attaqua vers 11 heures. Le maréchal Bazaine, qui disposait de troupes supérieures en nombre, aurait pu, en les utilisant toutes, infliger une défaite complète à un ennemi assez imprudent pour commencer l'action dans d'aussi mauvaises conditions.

Le maréchal Bazaine n'en fit rien, et manœuvra pour maintenir ses communications avec Metz, pensant que les Prussiens cherchaient à l'en faire sortir, quant au contraire leur but était de l'y faire rentrer et de l'y retenir. C'est ainsi qu'il n'employa qu'une partie des forces qu'il avait sous la main, et qu'il donna à l'ennemi le temps de recevoir des renforts, et de mettre en ligne à la fin de la journée environ cent mille hommes.

La bataille fut acharnée de chaque côté et ne se termina qu'à la nuit. Nous conservions nos positions, mais nous avions 16 ou 17 mille hommes hors de combat. L'ennemi en avait au moins autant, mais pour nous le résultat était négatif.

Si le maréchal Bazaine eût voulu quitter Metz, il n'eût pas dû perdre une minute, il eût dû s'avancer au plus vite sur la route de Verdun et ne pas donner à l'ennemi le temps d'y arriver avec des forces considérables. Le soir même il écrivait à l'Empereur que, manquant de vivres et de munitions, il était obligé de su replier pour se ravitailler.

La retraite de l'armée sur Metz combla de joie l'état-major prussien. Au cours de son procès, il a été constaté que ses allégations étaient fausses, et qu'il pouvait se ravitailler sur place et continuer sa marche sur Verdun.

La journée du 17 fut employée à établir l'armée sur les plateaux en avant de Gravelotte, à Saint-Privat-la-Montagne. Notre position de droite était la moins forte, et aurait dû être occupée par des troupes fraîches et nombreuses. Au contraire, le maréchal Bazaine y plaça le maréchal Canrobert, dont le corps d'armée avait le plus souffert à Rezonville, et dont l'artillerie était très insuffisante et mal pourvue de munitions.

L'armée du prince Frédéric-Charles, et celle du général Steinmetz réunies, comptaient environ 220 mille hommes auxquels nous n'avions à opposer que cent à cent dix mille hommes, plus, des troupes de réserve qui ne furent pas utilisées.

Quoique tous les chefs de corps aient signalé au maréchal Bazaine l'imminence d'une bataille pour le lendemain 18, il ne visita pas les emplacements des corps de troupes, et se borna à donner des ordres vagues et généraux en prévision de la bataille du lendemain.

Les Prussiens en effet nous attaquèrent le 18 sur toute la ligne. Sentant notre position de droite moins forte, ils portèrent tous leurs efforts de ce côté afin de nous couper la route de Verdun par Briey. Le maréchal Canrobert, qui défendait Saint-Privat, ne cessa de réclamer des secours et des munitions. Ce fut en vain. La bataille durait depuis cinq heures, et le maréchal

Bazaine n'avait pas encore quitté son quartier général, situé à deux lieues en arrière.

Dans son ouvrage : *Metz, campagnes et négociations, pages 86 et suivantes*, le colonel d'Andlau caractérise ainsi sa conduite : « Ce que l'on ne voudra jamais ad-
« mettre, c'est qu'au bruit de l'effroyable canonnade
« qui s'engage sur toute notre ligne, à la nouvelle de
« l'attaque qui se prononce à la fois sur tous nos
« corps, il ne bouge pas, n'envoie pas d'ordres, et se
« contente de répondre aux officiers qui viennent le
« prévenir de ce qui se passe à une ou deux lieues de
« son quartier général : C'est bien : votre général a
« de très fortes positions ; qu'il les défende ! »

Enfin, à trois heures, il monte à cheval, mais, au lieu de s'occuper de son aile droite qui court les plus grands dangers, il n'a d'attention que pour la gauche sur laquelle l'ennemi n'opère que des simulacres d'attaque. Le colonel d'Andlau continue ainsi : « Il remonte à
« cheval et traverse les bivouacs de cette réserve d'ar-
« tillerie, dont les pièces sont au parc, dont les che-
« vaux ne sont pas même garnis ; plus loin, il trouve
« les batterie de la réserve de la garde, qui ne sont pas
« attelées, et il ne songe pas, en entendant ces canons
« qui tonnent autour de lui, qu'il y a là cent vingt
« bouches à feu de gros calibre qui devraient être
« depuis longtemps sur le champ de bataille. »

A cinq heures, toute la garde royale prussienne est lancée sur notre aile droite qui tient bon ; renforcée, et elle pouvait l'être, elle aurait enlevé le gain de la bataille. A six heures, un corps saxon ayant 80 bouches à feu entre en ligne et détermine l'abandon de la position par le maréchal Canrobert, dont la conduite fut au-dessus de tout éloge.

La retraite fut désordonnée ; les troupes se retirèrent

sur Metz entraînant celles du 4e corps commandé par le général Ladmirault, qui jusque-là n'avait pas perdu un pouce de terrain. Le maréchal Bazaine était rentré à son quartier général. Le lendemain 19 août, toute l'armée du Rhin était renfermée dans le camp retranché de Metz qu'elle ne devait plus quitter, hélas ! que pour se rendre en Allemagne prisonnière de guerre.

Au camp de Châlons.

L'Empereur, qui avait quitté l'armée le 16 août au matin, arriva le soir du même jour au camp de Châlons, se croyant suivi par le maréchal Bazaine.

Le général Trochu, qui venait d'être nommé commandant du 12ᵉ corps d'armée en formation à Châlons, y arriva également. Enfin le maréchal de Mac-Mahon y parvenait de son côté, ramenant le 1ᵉʳ corps et suivi de près par les autres composant son armée en déroute depuis Frœschwiller.

Le lendemain 17 eut lieu chez l'Empereur un conseil de guerre auquel assistèrent le prince Napoléon, le maréchal de Mac-Mahon, les généraux Trochu, Berthauld et Schmith. Il y fut résolu que le général Trochu se rendrait à Paris en qualité de gouverneur, et qu'il y serait suivi de près par l'Empereur. Le maréchal Mac-Mahon devait couvrir Paris avec son armée qui, réorganisée et renforcée, allait compter 120 mille hommes.

Cette décision très sage était d'autant plus nécessaire qu'on n'était pas certain de l'arrivée du maréchal Bazaine, et qu'il était indispensable d'empêcher les Prussiens d'attaquer la capitale. Paris, grâce à ses fortifications, pouvait se défendre seul, mais sa garnison ne pouvait tenir la campagne. L'armée du maréchal Mac-Mahon, massée derrière la Seine le long de la voie ferrée d'Orléans, rendait impossible son investissement.

Le général Trochu arrivé à Paris le 18 fut aussitôt reçu par l'Impératrice qui lui dit : « Les ennemis seuls « de l'Empereur ont pu lui conseiller ce retour à Paris ; « il ne rentrerait pas vivant aux Tuileries[1]. » Le lendemain le général Palikao déclara de son côté que l'armée du maréchal Mac-Mahon ne viendrait pas à Paris, et qu'au contraire son intention était d'envoyer sur le théâtre de la guerre toutes les troupes et le matériel qu'il pourrait réunir. Il ajouta : « J'ai déjà télégraphié « à l'Empereur pour le supplier de renoncer à une « marche sur Paris qui paraîtrait l'abandon du maré- « chal Bazaine. »

A cette dépêche du général Palikao, l'Empereur répondit qu'il se rendait à cette opinion. De son côté, et le même jour, le maréchal de Mac-Mahon télégraphia: « Veuillez dire au conseil des ministres que je ferai « tout pour rejoindre Bazaine. »

Cette résolution nouvelle ne mit pas un terme à ses perplexités. Nous en trouvons l'expression dans sa déposition devant la Commission d'enquête du 4 septembre: « Abandonner le maréchal Bazaine, que je croyais « voir arriver d'un moment à l'autre sur la Meuse, me « causait un véritable chagrin ; mais, d'un autre côté, « il me semblait urgent de couvrir Paris et de conser- « ver à la France *la seule armée qu'elle eût encore de dis-* « *ponible.* J'envoyai alors au maréchal Bazaine la dépê- « che suivante : Si comme je le crois vous êtes obligé « de battre en retraite, je ne sais, à la distance où je me « trouve, comment vous venir en aide sans découvrir

---

[1] Ce propos a été rapporté à la tribune de l'Assemblée nationale par le général Trochu, et n'a jamais été démenti.

« Paris. Si vous en jugiez autrement, faites-le moi con-
« naître. »

Vers midi la nouvelle arrive que les coureurs ennemis ne sont plus qu'à 40 kilomètres du camp. Le maréchal de Mac-Mahon se décide à reporter son armée sur
Reims, et l'annonce au général Palikao.

Le 21 au soir, en rentrant de visiter les nouveaux
campements, il trouva à son quartier général M. Rouher. Voici comment dans son livre : *Un ministère de 24
jours, page 113*, le général Palikao parle de cette entrevue : « Le président du Sénat, M. Rouher, ayant le
« vif désir de voir l'Empereur, partit, *proprio motu*, le
« samedi 20 août, mais sans aucune mission du conseil
« des ministres qui n'eut pas connaissance de cette dé-
« marche.

« L'Empereur ayant réuni le maréchal Mac-Mahon
« et M. Rouher, la conversation s'engagea **sur le ter-
« rain de la politique.**Le projet de se retirer sur Paris
« était mis en avant par l'Empereur comme il avait
« été arrêté à Châlons. M. Rouher fit valoir **au point
« de vue politique** les motifs qu'il jugeait les plus
» sérieux en faveur de la marche vers Bazaine, pour
» ne pas blesser l'opinion publique par l'abandon de
» l'armée de Metz.

« Le maréchal Mac-Mahon, ne considérant l'opéra-
« tion **que sous le rapport militaire,persista dans
« l'opinion qu'il fallait rallier Paris.** Il basait sur-
« tout sa manière d'envisager la question sur l'impossi-
« bilité dans laquelle se trouvait le maréchal Bazaine
« de tenir la campagne plus de quatre ou cinq jours,
« faute de vivres, et étant enfermé par les Prussiens
« dans un cercle de fer.

« M. Rouher revint à Paris, et, le 22 à neuf heures du

« matin, il fit connaître au conseil son voyage et la
« démarche qu'il avait tentée sans succès. »

M. Rouher rapportait de Reims, pour les publier à
l'*Officiel*, un décret de l'Empereur nommant le maréchal Mac-Mahon commandant de toutes les forces de
l'armée dite de Châlons, et de toutes celles qui étaient
ou seraient réunies sous les murs ou dans Paris, un
projet de lettre de l'Empereur au maréchal Mac-Mahon, et enfin une proclamation de ce dernier faisant
connaître l'impossibilité de secourir Bazaine et l'intention de venir défendre Paris.

Ainsi, après avoir télégraphié le 19 qu'il allait tout
faire pour rejoindre Bazaine, le maréchal Mac-Mahon
faisait valoir à M. Rouher le 21 les motifs qui le déci-
daient à y renoncer, et à se replier sur Paris.

Voici du reste la déposition que sur ce sujet il fit
devant la Commission d'enquête :

« J'exposai à M. Rouher que je ne croyais pas l'armée
« de Châlons en état de se compromettre au milieu de
« plusieurs armées ennemies ; que l'armée opposée au
« maréchal Bazaine près de Metz devait se composer
« de plus de deux cent mille hommes ; qu'une armée
« commandée par le prince de Saxe estimée à quatre-
« vingt mille hommes se portait dans la direction de
« Verdun ; enfin que le prince de Prusse arrivait à Vi-
« try à la tête de cent cinquante mille hommes ; qu'en
« me portant vers l'est je pouvais éprouver un désas-
« tre. L'armée de Bazaine pouvait être battue ; par
« suite, il était de la plus haute importance de conser-
« ver à la France l'armée de Châlons qui avait encore
« assez de cadres pour organiser une armée de deux
« cent cinquante à trois cent mille hommes.

« En terminant, je déclarai de la manière la plus po-
« sitive que si je ne recevais pas le lendemain 22 des

« instructions du maréchal Bazaine, je me porterais sur
« Paris. »

En réponse aux résolutions qui venaient d'être prises
à Châlons, le général Palikao adressa à l'Empereur la
dépêche suivante :

Paris, 22 août, une heure cinq du soir.

« Le sentiment unanime du conseil, en présence
« des nouvelles du maréchal Bazaine, est plus éner-
« gique que jamais. Les résolutions prises hier soir
« devraient être abandonnées. Ne pas secourir Ba-
« zaine aurait à Paris les plus déplorables conséquen-
« ces. En présence de ce désastre, il faudrait craindre
« que la capitale ne se défende pas.

« Votre dépêche à l'Impératrice nous donne la con-
« viction que notre opinion est partagée. Paris sera à
« même de se défendre contre l'armée du prince royal
« de Prusse. Nous attendons votre réponse. »

L'Empereur répondit par la dépêche suivante du
même jour quatre heures :

« Reçu votre dépêche. Nous partons demain pour
« Montmédy. J'accepte Wimpffen à la place de Failly.
« Massiat ne peut pas continuer, vous nommerez La-
« cretelle à sa place, supprimez les décrets que vous a
« portés Rouher. »

´ Le général Palikao soutenait également auprès du
Comité de défense institué à Paris la marche de l'armée de Châlons vers le Nord.

Les objections à ce projet ne lui furent pas ménagées.

Voici en quels termes M. Thiers, sur ce sujet, s'est
exprimé devant la Commission du 4 septembre : « Les
« motifs qu'on avait pour tenter cette expédition
« étaient assez obscurs, difficiles à pénétrer. Je répé-
» tais tous les soirs, et le général Trochu avec moi

« que les Prussiens avaient eu le temps d'envelopper
« l'armée de Metz ; qu'entre cette armée et Paris il y
« avait un mur d'airain, formé de trois cent mille
« hommes, impossible à percer, qu'en faisant cette
« expédition on se priverait inévitablement du seu
« moyen de rendre efficace la défense de Paris, et que,l
« si l'armée de secours ne périssait pas, le moins qui
« puisse lui arriver serait d'être bloquée comme celle
« de Metz. Vous avez un maréchal bloqué, disais-je,
« vous en aurez deux. »

Au point de vue militaire, le maréchal Mac-Mahon
se rendait parfaitement compte de la situation. Il comprenait fort bien que son armée, réorganisée et renforcée du corps de Vinoy qu'on lui envoyait, compterait
bientôt cent cinquante mille hommes, avec lesquels il
pourrait empêcher l'investissement de Paris et maintenir ses communications avec la province, donnant
ainsi aux troupes de secours le temps de s'organiser.

Il savait aussi que son armée n'était en réalité
qu'une agglomération de troupes venues de toutes les
directions et sans cohésion ; les unes démoralisées
par la défaite, les autres débandées, ou comptant un
certain nombre de réservistes sans instruction et sans
esprit militaire ; qu'elle était incapable de lutter avec
avantage contre les troupes allemandes, beaucoup
plus nombreuses, et animées de l'ardeur que donne la
victoire, enfin que, manœuvrant au milieu de trois armées allemandes, parfaitement commandées, elle marcherait infailliblement à la défaite.

D'après ce qu'on vient de lire, on voit clairement en
présence deux opinions différentes ; la première, envisageant la situation au point de vue politique et dynastique, partagée par l'Impératrice régente, le conseil privé et le conseil des ministres, et soutenue éner-

giquement en leur nom par le général Palikao, con-
cluant à la marche fort dangereuse vers le nord ; la
seconde, l'envisageant uniquement au point de vue
militaire, affirmée par le maréchal Mac-Mahon, et con-
cluant à la retraite de l'armée sous les murs de Paris.

Si on se place au point de vue dynastique, il est évident que la marche vers le nord était préférable ; car
cette marche assurait la dynastie contre tout renversement, aussi longtemps que l'armée elle-même n'éprou-
verait pas un grand désastre.

Que si, au contraire, on se place au point de vue militaire seul, il est de toute évidence que les motifs invo-
qués par le maréchal Mac-Mahon en faveur de la retraite sur Paris étaient irréfutables, mais cette retraite
même faisait courir à l'Empereur le risque de ne pouvoir se maintenir en présence de l'exaspération de la
population parisienne. En un mot, la présence de
l'Empereur à Paris constituant un danger pour sa dynastie, la marche vers le nord l'éloignait, tandis que
celle sur Paris le rapprochait.

Dans une circonstance aussi grave, le maréchal Mac-
Mahon fit preuve d'une faiblesse de caractère inconcevable chez un commandant en chef. Un caractère fortement trempé l'eût placé bien au-dessus de considérations secondaires ; il ne lui eût pas permis de voir
autre chose que l'intérêt supérieur de la France, et
l'eût soustrait à toute influence de personnes quelles
qu'elles soient.

Enfin, pour refuser de faire vers le nord cette marche qu'au point de vue militaire il condamnait, il
n'avait qu'à se rappeler ce qu'avait dit à Sainte-Hélène
Napoléon I⁰ʳ, et qu'on trouve dans ses *Mémoires et observations sur les campagnes de 1796-1797* :

« **Tout général en chef qui se charge d'exécu-**

« ter un plan qu'il trouve mauvais ou désastreux
« est criminel. »

Nous allons le voir, irrésolu, changeant à tout instant ses projets de marche, et n'en exécutant aucun
franchement.

Le 22 août dans la matinée, le maréchal Mac-Mahon avait donné des ordres pour la marche de l'armée
sur Paris.

A dix heures, il reçoit communication d'un rapport
sommaire sur la bataille du 18, adressé le 19 à l'Empereur par le maréchal Bazaine, dans lequel ce dernier en atténuait les conséquences, et qu'il terminait
en disant : « Je compte toujours prendre la direction
« du nord et me rabattre ensuite par Montmédy sur la
« route de Sainte-Menehould et Châlons, si elle n'est
« pas fortement occupée. Dans ce cas je continuerai
« sur Sedan et même Mézières pour gagner Châlons. »

Ce rapport était-il de nature à détruire les objections
que le maréchal Mac-Mahon avait faites au projet de
marche vers le nord, et devait-il le décider à renoncer
à la retraite sur Paris ? Non ; les motifs qu'il avait fait
valoir contre ce projet subsistaient, quoiqu'il pût
croire que le maréchal Bazaine était encore libre de
ses mouvements, et que bientôt il marcherait sur
Montmédy.

Cependant, dans l'après-midi du même jour, il con-
tremanda les ordres donnés le matin en vue de la retraite sur Paris, et se décida de nouveau pour la marche vers le nord. Les ordres furent donnés pour que le
départ de l'armée eût lieu le lendemain matin 23 août.

La dépêche du 20 août.

Le 20 août dans la soirée, le maréchal Bazaine avait envoyé par un exprès parti de Metz trois dépêches. La première adressée à l'Empereur, et la seconde au ministre de la guerre, étaient sans importance et n'étaient que la confirmation du rapport qu'il avait adressé la veille.

La troisième, très importante au contraire, était adressée au maréchal Mac-Mahon et conçue en ces termes : « J'ai dû prendre position près de Metz pour « donner du repos aux soldats et les ravitailler en vi- « vres et en munitions. L'ennemi grossit toujours autour « de moi, et je suivrai très probablement pour vous « rejoindre la ligne des places du nord, et vous pré- « viendrai de ma marche, si toutefois je puis l'en- « treprendre sans compromettre l'armée. »

Cette dépêche parvint au maréchal Mac-Mahon à Courcelles dans l'après-midi du 22, au moment même où l'armée recevait l'ordre de se mettre en marche pour le nord.

En comparant la dépêche du 19 avec celle ci-dessus, on y trouve une différence essentielle. En effet, si dans la première le maréchal Bazaine ne met pas en doute son départ de Metz, dans la seconde, au contraire, ce départ n'est plus qu'une probabilité, et il dit que l'en- nemi grossit toujours autour de lui, et qu'il préviendra de sa marche, **si toutefois il peut l'entreprendre sans compromettre son armée.**

Lorsqu'après les événements cette dépêche fut connue, on s'étonna avec juste raison que le maréchal Mac-Mahon en la recevant n'eût pas arrêté la marche de son armée vers le nord, alors qu'il ne lui était plus permis de croire que le maréchal Bazaine était sorti de Metz se dirigeant sur Montmédy. Questionné à ce sujet devant la Commission d'enquête du 4 septembre, le maréchal Mac-Mahon déclara qu'il n'avait jamais reçu cette dépêche, et, qu'en raison de son importance, il lui paraissait impossible, s'il l'avait reçue, que ni lui-même ni les officiers de son cabinet, les colonels d'Absac et Emmanuel d'Harcourt, n'en aient gardé aucun souvenir.

En cherchant l'origine de cette dépêche, on reconnut qu'elle avait été apportée de Metz par un commissaire de police nommé Guyard, en même temps que celles adressées à l'Empereur et au ministre de la guerre ; qu'arrivées à Longwy, les deux dernières avaient été adressées aux destinataires directement, tandis que celle à l'adresse du maréchal Mac-Mahon avait été remise à deux inspecteurs de police de Paris, Miès et Rabasse, qui étaient aux ordres du colonel Stoffel, attaché à l'état-major particulier du maréchal. Il fut constaté en outre que ces agents la lui avaient adressée de suite par le télégraphe, en même temps qu'ils demandaient de nouvelles instructions.

L'affirmation du maréchal Mac-Mahon que cette dépêche ne lui avait jamais été remise, fit peser sur le colonel Stoffel le soupçon de son détournement. Ce fut alors que le maréchal Mac-Mahon déclara que la réception de cette dépêche n'aurait pas arrêté son mouvement sur le nord.

Le général Séré de Rivière, chargé vers cette époque par le ministre de la guerre d'un rapport relatif aux agissements du maréchal Bazaine pendant la guerre, estima cette dépêche d'une importance telle, qu'il ne put admettre que le maréchal Mac-Mahon, malgré sa déclaration contraire, ait continué sa marche vers le nord si cette dépêche lui était parvenue, et dans son rapport, qui devint l'acte d'accusation contre le maréchal Bazaine, il accusa formellement le colonel Stoffel de l'avoir soustraite, en se demandant sur quel ordre il avait pu commettre un pareil détournement.

La marche de l'armée de Châlons vers le nord, au lieu de sa retraite sur Paris, eut les conséquences les plus graves. La perte de notre dernière armée à Sedan amenait la chute de l'Empire, et surtout nous privait de l'un de nos principaux moyens de continuer la guerre avec avantage.

La responsabilité de cette direction donnée à l'armée est par suite tellement grande, qu'on ne saurait examiner les faits avec trop de soin afin de déterminer, en toute connaissance de cause, sur qui elle doit peser. Il est donc indispensable de savoir si, oui ou non, le maréchal Mac-Mahon a reçu la dépêche du 20 août.

Lors du procès Bazaine, dans sa séance du 3 novembre 1873, le conseil de guerre voulut élucider cette question.

Les deux inspecteurs de police, appelés comme témoins, déclarèrent qu'ils avaient bien envoyé cette dépêche au colonel Stoffel, et qu'en même temps ils avaient demandé s'ils devaient rejoindre l'armée ; ils ajoutèrent qu'il leur fut répondu, par l'entremise du commandant de place de Longwy, qu'ils devaient rallier le quartier général à Bethenville-sur-Suippes.

Cette dépêche était donc parvenue à destination puisqu'on y avait répondu.

Ces inspecteurs déclarèrent, en outre, qu'arrivés dans la nuit du 25 au 26 août à Rethel, où se trouvait le quartier général, ils s'y présentèrent, qu'en l'absence du colonel Stoffel, ils furent reçus par le colonel d'Absac auquel ils remirent l'original de la dépêche ; que ce dernier, après l'avoir parcouru, le leur rendit en disant : « Nous connaissons cela, c'est ce que vous nous avez télégraphié il y deux jours », et enfin qu'à huit heures du matin, ils le remirent au colonel Stoffel.

Interrogé sur ce point, le colonel d'Absac répondit qu'il n'avait aucun souvenir de ce qu'affirmaient les deux inspecteurs, et qu'il n'avait jamais eu connaissance de cette dépêche.

Questionné de son côté, le colonel Stoffel n'apporta que des souvenirs confus qui ne pouvaient éclairer les esprits, et qui étaient plutôt de nature à faire croire à sa culpabilité. Il commit en outre la faute grave de déclarer qu'il avait pour le général Séré de Rivière le plus profond mépris. Sur son refus de rétracter ses paroles, procès-verbal en fut dressé séance tenante. En outre, le général Pourcet, qui occupait le siège du ministère public, demanda et obtint du conseil de guerre qu'il lui soit donné acte des réserves qu'il faisait en vue de poursuivre le colonel Stoffel pour détournement de ladite dépêche.

Le conseil de guerre ne crut pas devoir pousser plus loin ses investigations sur un sujet qui, en somme, avait peu d'importance au point de vue de la culpabilité du maréchal Bazaine.

Beaucoup d'écrivains, dans des ouvrages militaires critiques ou dans des études spéciales publiées dans des revues, ont admis comme certain le détournement dont était accusé le colonel Stoffel, et justifié le maréchal Mac-Mahon d'avoir continué sa marche vers le nord que la réception de cette dépêche anrait dû arrêter. Si ces écrivains avaient poussé plus loin leurs recherches de la vérité, ils n'auraient pas commis d'abord cette erreur historique, et laissé peser ensuite une telle accusation sur un officier de l'armée française.

Le 5 novembre suivant, le colonel Stoffel demanda au ministre de la guerre à être traduit devant un conseil de guerre afin de répondre à l'accusation dont il était l'objet. Une instruction fut ordonnée, elle dura plus de six mois. Dans cette instruction, il fut reconnu que les deux inspecteurs avaient dit la vérité ; pour l'établir de la façon la plus péremptoire, on entendit d'autres témoins. La bonne de la maison de Rethel, où était logé l'état-major, déposa qu'elle avait reçu les deux inspecteurs et qu'elle les avait guidés au premier étage. Ceux-ci donnèrent sur la distribution des diverses pièces de la maison des détails qui, reconnus exacts, ne laissèrent aucun doute. Il fut reconnu par M. Marescalchi, lieutenant de la garde mobile attaché à l'état-major particulier du maréchal Mac-Mahon, que ce fut à lui que la servante présenta les deux inspecteurs, et que ce fut lui qui alla réveiller le colonel d'Absac, auquel il entendit faire aux inspecteurs la réponse rapportée par eux devant le conseil de guerre.

Il fut enfin constaté que cette dépêche, qui était chiffrée, n'avait pu être lue par le colonel Stoffel qui ne possédait pas le chiffre du maréchal Mac-Mahon, et que les officiers de son cabinet possédaient seuls. Cette dépêche adressée au colonel Stoffel fut portée, en son absence, au cabinet du maréchal où elle fut déchiffrée, ce qui explique parfaitement la réponse faite par le colonel d'Absac aux inspecteurs, lorsqu'ils lui présentèrent deux jours plus tard l'original de cette dépêche.

Le colonel Stoffel fut condamné, il est vrai, à trois mois de prison par le tribunal correctionnel de Versailles, mais ce fut en raison de l'injure faite devant le conseil de guerre au général Séré de Rivière.

Après la constatation des faits relatifs à la dépêche du 20 août, le ministre de la guerre, à la date du 13 juillet 1874, rendit en faveur du colonel Stoffel une ordonnance de non-lieu qui lui fut notifiée par la lettre suivante :

« Paris, le 16 juillet 1874.

« Monsieur le colonel,

« J'ai l'honneur de vous prévenir que le ministre de
« la guerre, après examen de la procédure suivie con-
« tre vous sur votre propre demande, à rendu à la
« date du 13 juillet une ordonnance de non-lieu.

« Recevez, Monsieur le colonel, l'assurance de mes
« sentiments les plus distingués.

Le commissaire du gouvernement près
le conseil de guerre,

COLONEL CLAPPIER.

Ainsi donc, la justification de la marche de l'armée de Châlons vers le nord, résultant de ce fait que le maréchal Mac-Mahon n'avait pas reçu la dépêche du 20 août, est mal fondée puisqu'il est constant que cette dépêche lui est bien parvenue.

Par suite, il n'est pas douteux que cette direction vers le nord donnée à l'armée ne fût déterminée que par des considérations politiques, auxquelles le maréchal Mac-Mahon eut le plus grand tort de s'associer, malgré le danger qu'il savait faire courir à notre dernière armée.

Pour ceux qui douteraient encore, il nous suffit pour en faire la démonstration la plus complète, de reproduire la lettre suivante écrite par l'Empereur lui-même, pendant sa captivité en Allemagne, et qui se trouve à la *page 140* du rapport officiel de M. Saint-Marc-Girardin, président de la Commision d'enquête du 4 septembre, et l'un des rapporteurs de cette Commission :

Wilhœlmshohe, ce 29 octobre 1870.

« Mon cher Sir Burgoyne,

« Je viens de recevoir votre lettre qui m'a fait le
« plus grand plaisir, parce qu'elle est une preuve tou-
« chante de votre sympathie pour moi, et ensuite
« parce qu'elle me rappelle le temps heureux et glorieux
« où nos deux armées combattaient ensemble pour la
« même cause [1].

« Vous qui êtes le Moltke de l'Angleterre, vous avez
« compris que nos désastres viennent de cette circons-
« tance que les Prussiens ont été plus tôt prêts que
« nous, et que, pour ainsi dire, ils nous ont surpris en
« flagrant délit de formation. L'offensive m'était devenue
« impossible, je me suis résolu à la défensive ; mais,

[1] Sir Burgoyne était le chef d'état-major général de l'armée anglaise lors de la guerre de Crimée.

« empêchée par des considérations politiques, la mar-
« che en arrière a été arrêtée, puis est devenue impos-
« sible.

« Revenu à Châlons, j'ai voulu conduire à Paris la
« dernière armée qui nous restait, mais là encore,
« **des considérations politiques nous ont forcés**
« **à faire la marche la plus imprudente et la**
« **moins stratégique qui a fini par le désastre de**
« **Sedan.**

« Voici en peu de mots ce qu'a été la malheureuse
« campagne de 1870. Je tenais à vous donner ces
« explications parce que je tiens à votre estime.

« *Signé :* Napoléon. »

Comme on le voit, l'aveu est complet.

La marche vers le nord.

Pour bien comprendre le mouvement des armées tel qu'il va être décrit, il serait utile que le lecteur ait sous les yeux une carte de France un peu détaillée.

Partie de Reims le 23 août, l'armée du maréchal Mac-Mahon, après avoir passé l'Aisne, était campée le 26 au soir entre Tourteron et Vouziers.

Après avoir refoulé Bazaine sous Metz, les Prussiens avaient distrait une partie de leurs forces et composé une armée nouvelle comptant environ cent mille hommes, comprenant toute la garde royale et d'excellentes troupes. Cette nouvelle armée, placée sous le commandement du prince de Saxe, devait se diriger sur Verdun et les défilés de l'Argonne, faire sa jonction à Châlons avec celle du prince royal de Prusse, et de là marcher ensemble sur Paris.

Le 23, le roi de Prusse et M. de Moltke rejoignaient le prince royal à Bar-le-Duc où il venait d'arriver.

Le maréchal Mac-Mahon n'ignorait pas que l'ensemble des armées prussiennes comptait près de 500,000 hommes, dont 350,000 se trouvaient entre Châlons et la frontière du nord-est.

Si le maréchal qui s'était décidé le 23 à faire cette marche vers le nord l'avait entreprise avec confiance, s'il n'avait pas par ses hésitations perdu du temps et qu'il ait fait avancer son armée plus vite, il est évident qu'il aurait eu sur le prince royal de Prusse une avance d'au moins quatre jours que celui-ci n'aurait pu gagner, et qu'il serait arrivé à temps devant les armées qui bloquaient Metz.

Aussitôt qu'il connut la marche du maréchal Mac-Mahon sur Metz, le prince royal de Prusse changea immédiatement la direction de son armée. La faisant pivoter sur sa droite, il prit, lui aussi, la direction du nord en marchant sur Vouziers. La nouvelle armée prussienne, ayant passé la Meuse au-dessus de Verdun, attendait le maréchal Mac-Mahon en marchant au nord sur Stenay, tandis que le prince royal le suivait et poussait ses éclaireurs à gauche sur Rethel, en vue de couper la ligne ferrée de cette ville à Reims.

La marche de ces armées, connue en partie du maréchal Mac-Mahon, et l'absence de toute nouvelle de Bazaine augmentaient ses perplexités, et contribuaient encore au ralentissement de sa marche en avant. C'est ainsi que sentant qu'elle compromettait ses communications avec Paris, il ne faisait avancer son armée que de trois lieues en un jour et demi, la portant de la ligne de Tourteron à Vouziers sur celle du Chesne: Populeux à Boult-au-Bois. Les Prussiens, au contraire, suivaient le maréchal à marches forcées, et lui faisaient bientôt perdre l'avance qu'il avait sur eux.

Le 27 août, le maréchal Mac-Mahon faisait connaître sa situation au général Palikao auquel il adressait la dépêche suivante, datée du Chesne, 8 heures 30 du soir: « Les 1ʳᵉ et 2ᵐᵉ armées, plus de 200,000 « hommes, bloquent Metz, principalement sur la rive « gauche, une force évaluée à 50,000 hommes serait « établie sur la rive droite de la Meuse pour gêner ma « marche sur Metz. Des renseignements annoncent que

« l'armée du prince royal de Prusse se dirige aujour-
« d'hni sur les Ardennes avec 50,000 hommes ; elle se-
« rait déjà à Ardeuil. Je suis au Chesne avec un peu
« plus de cent mille hommes. Depuis le 19 août je n'ai
« aucune nouvelle de Bazaine; si je me porte à sa ren-
« contre, je serai attaqué de front par les 1re et 2me
« armées, qui, à la faveur des bois, peuvent dérober
« une force supérieure à la mienne, et en même temps
« attaqué par l'armée du prince royal de Prusse, me
« coupant toute ligne de retraite. Je me rapproche de-
« main de Mézières, d'où je continuerai ma retraite
« selon les événements vers l'ouest. »

Dans cette dépêche le maréchal Mac-Mahon, qui
croyait les forces de l'ennemi inférieures à leur nombre réel, jugeait bien le danger de sa position, et sa
résolution de retraite par Mézières était extrêmement
sage et prudente.

Dans les conseils du gouvernement, les intérêts
dynastiques primaient toujours ceux de la France, et
le général Palikao, voulant à tout prix empêcher cette
retraite, répondit le même soir par la dépêche suivante de 11 heures : « Si vous abandonnez Bazaine,
« la révolution est dans Paris, et vous serez atta-
« qué vous-même par toutes les forces de l'ennemi.
« Contre le dehors Paris se gardera. Les fortifications
« sont terminées. Il me paraît urgent que vous puis-
« siez parvenir rapidement jusqu'à Bazaine. Ce n'est
« pas le prince royal de Prusse qui est à Châlons, mais
« un des princes, frère du roi de Prusse, avec une
« avant-garde et des forces considérables de cavalerie.
« Je vous ai télégraphié ce matin deux renseignements
« qui indiquent que le prince royal de Prusse, sentant le
« danger auquel votre marche tournante expose et son
« armée et l'armée qui bloque Bazaine, aurait changé de

« direction vers le nord, vous avez au moins trente-six
« heures d'avance sur lui, peut-être quarante-huit.
« Vous n'avez devant vous qu'une partie des forces qui
« bloquent Metz, et qui, vous voyant vous retirer de
« Châlons à Reims, s'étaient étendues vers l'Argonne.
« Votre mouvement les avait trompées, comme le
« prince royal de Prusse ; ici tout le monde a senti la
« nécessité de dégager Bazaine, l'anxiété avec laquelle
« on vous suit est extrême. »

Nous ne ferons pas au maréchal Mac-Mahon l'injure
de croire qu'il ait pu un instant prendre au sérieux
l'affirmation du général Palikao, qu'avec ses cent mille
hommes il tournait les armées prussiennes, et que
cette dépêche ait pu l'empêcher de voir qu'il allait ac-
culer son armée contre la frontière belge, d'où il ne
pourrait la dégager que par une grande victoire remportée sur des armées beaucoup plus nombreuses que
la sienne.

Le maréchal Mac-Mahon était un soldat brave, loyal,
et d'un esprit chevaleresque, capable de faire un excel-
lent général de division, mais il ne montra jamais aucune des qualités qui distinguent un commandant en chef.

En supposant la chance la plus favorable, Bazaine
débloqué et la jonction opérée, il ne pouvait opposer
aux forces prussiennes que les cent mille dont se composait son armée, et l'armée de Bazaine comptant à
peine cent trente mille hommes, defalcation faite des
vides résultant des différents combats livrés devant
Metz, qui n'avaient pu depuis être comblés, et en outre de la garnison qu'il fallait laisser dans la place en
la quittant ; soit en tout deux cent trente mille hommes.

Celles de l'ennemi leur étaient encore de beaucoup
supérieures en nombre et le maréchal Mac-Mahon ne
pouvait l'ignorer.

Questionné sur ce point par la Commission d'enquête, le maréchal a dit : « Croyant devoir céder aux « observations si nettement exprimées par le ministre « de la guerre, je pris la résolution de marcher sur « Montmédy. »

Cette résolution, il ne la justifie par rien.

Sa faiblesse de caractère l'emporte encore une fois sur sa raison, et, au lieu de s'inspirer exclusivement des intérêts de la défense de la France, il cède encore devant des considérations politiques et aggrave ainsi sa responsabilité devant l'histoire, en persistant dans une entreprise dont il signale lui-même tout le danger.

Le 27 août, après une perte de près de deux jours, la retraite sur Mézières étant abandonnée, l'armée fut portée en avant sur Metz par Beaumont et Mouzon.

Le 30 vers midi, le commandant de Failly se laissa surprendre à Beaumont au moment où ses soldats préparaient la soupe. Après une défense précipitée, son corps d'armée fuyait en désordre perdant deux mille hommes tués ou blessés, quatre mille prisonniers, vingt-trois pièces de canon, tous les bagages, et tout le campement.

Ainsi se terminait la carrière militaire du favori de l'Empereur, de celui-là même qui, à Mentana, avait dit : « les chassepots ont fait merveille. »

Le même jour, une division du septième corps était également mise en déroute. Dès lors la marche sur Montmédy devenait impossible, et le maréchal Mac-Mahon serré de près par l'ennemi fit obliquer son armée à gauche sur la place forte de Sedan, située sur la rive droite de la Meuse à douze kilomètres de la frontière belge.

Elle y arriva le 31 août.

Il ne restait plus alors au maréchal Mac-Mahon

qu'une chance de salut, celle de gagner à marches forcées Mézières, où il pouvait devancer les Prussiens, du moins avec la plus grande partie de son armée. Il préféra s'arrêter à Sedan pour y livrer bataille.

Quels furent les motifs de cette détermination, eut-il un plan arrêté en vue de la bataille du lendemain ? Tout porte à croire que non. Aucun des généraux sous ses ordres n'en eut connaissance. Le général Ducrot notamment a déclaré que le maréchal ne lui en a jamais fait part, et que son intention fut de s'inspirer des circonstances qui surgiraient.

Sedan.

L'armée du prince royal de Prusse avait fait sa jonction avec celle du prince de Saxe, formant ainsi un ensemble de 240,000 hommes munis d'une puissante artillerie.

Le maréchal Mac-Mahon se dirigeant sur Montmédy, au sud de la place de Sedan, s'était par cela même éloigné de la route de Mézières. Décidé à livrer bataille à Sedan, il avait contourné cette place et avait fait occuper par la majeure partie de son armée l'espace faisant face au nord à la Belgique, dont la distance n'est que de douze kilomètres, dont cinq en forêt.

De son côté, le prince royal s'était avancé autant qu'il l'avait pu sur l'espace qui sépare Sedan de Mézières, en vue de couper au besoin la retraite au maréchal Mac-Mahon de ce côté.

Le général Ducrot, qui pressentait le danger que courait notre armée, avait pris sur lui, n'ayant pas d'ordres le 31 août, de diriger son corps d'armée sur le plateau d'Illy au nord de Sedan, afin de s'assurer un moyen de retraite sur Mézières. Le maréchal Mac-Mahon, informé de ce mouvement, lui intima l'ordre de ramener ses troupes à l'est de Sedan. Dans son livre *la Journée de Sedan (pages 12 à 19)*, le général Ducrot dit qu'il obéit, mais « avec rage ».

Profitant de leur supériorité numérique, les Prussiens s'établirent entre nos troupes et la frontière belge sur une bande de terrain fort étroite, afin de nous couper la retraite de ce côté, au risque d'y être rejetés eux-mêmes au moindre insuccès.

Nous avons dit dans le chapitre précédent que le maréchal Mac-Mahon n'avait fait connaître à aucun de ses subordonnés le plan de bataille qu'il comptait exécuter ; ce qui autorise à croire qu'il n'en avait pas d'arrêté, c'est que dans ses dispositions on ne voit pas de quel côté il avait préparé sa retraite, et que depuis il ne l'a jamais fait connaître.

Le 1er septembre, dès le matin, nos troupes furent attaquées au village de Bazeilles sur la route de Montmédy. Le maréchal Mac-Mahon, s'y étant porté vers 7 heures, fut blessé par un éclat d'obus, et dut quitter le champ de bataille, ordonnant que le commandement en chef fût remis au général Ducrot ; l'Empereur y consentit.

Le général Ducrot, pénétré du danger, donna immédiatement l'ordre de se porter en toute hâte sur Mézières, espérant encore percer les lignes prussiennes et sauver, sinon toute l'armée, du moins la plus grande partie. A la rigueur il comptait gagner la Belgique.

Ses ordres commençaient à s'exécuter, lorsque vers neuf heures, le général de Wimpffen, désigné pour remplacer le général de Failly, et arrivé de la veille au soir, réclama le commandement en chef en vertu d'un ordre de service que lui avait donné le ministre de la guerre, en prévision du cas qui se présentait. Comment s'expliquer que le général Palikao ait pu donner un pareil ordre de service, pour le cas échéant, à un général arrivant d'Afrique et qui, quels que fussent ses mérites, avait le tort de ne pas du tout connaître l'armée à laquelle il aurait à commander ?

C'est une question qui jusqu'à ce jour n'a encore reçu aucune explication, et que le général Palikao dans son livre, *un Ministère de 24 jours*, a laissé dans l'ombre.

De son côté, le général Wimpffen eut le tort de réclamer ce commandement pendant la bataille et d'en déposséder le général Ducrot.

C'est en vain qu'il a prétendu depuis qu'il ne l'avait fait que parce qu'il était convaincu que la retraite sur Mézières était devenue impossible à exécuter. Il n'a pas voulu laisser à son collègue la responsabilité du sort de l'armée, et il a ainsi assumé celle de sa perte.

Après avoir contremandé les ordres du général Ducrot, il porta ses efforts sur Balan et Bazeilles.

Pendant ce temps, les Prussiens achevaient de nous cerner, et bientôt, 700 pièces de canon placées sur les hauteurs environnant Sedan écrasèrent nos soldats sous une grêle de projectiles.

Le général Lebrun, commandant du 12mo corps, était obligé d'évacuer Bazeilles tout en flammes et de se rapprocher de Sedan. Une puissante offensive de l'ennemi détermina sa retraite précipitée sur Balan.

De son côté, le général Ducrot, toujours préoccupé du mouvement tournant de l'ennemi, et voulant assurer la retraite sur Mézières, se porta avec le 1er corps sur le plateau d'Illy ; il trouva cette position importante évacuée par nos troupes se retirant en désordre sur Sedan. Après des efforts inouïs, il parvint à réunir quelques troupes avec lesquelles il tenta de reprendre le plateau d'Illy. Cette tentative fut paralysée par le feu de plus de 400 pièces de canon dirigé contre elles.

Dans l'ouvrage de l'état-major prussien, *page 1170*, il est dit : « De trois directions différentes, 71 batteries « faisaient converger leurs feux dans l'étroit espace

« dans lequel l'armée française se trouvait refoulée. »

De toutes parts on voyait des soldats débandés se réfugiant en désordre vers l'intérieur de la ville, dont on dut même un moment fermer les barrières pour éviter l'encombrement.

Ce fut dans ces circonstances que le général Wimpffen prit la résolution d'un effort suprême, et écrivit à l'Empereur la lettre suivante :

Sire,

« Je me décide à percer la ligne qui se trouve de« vant le général Lebrun et le général Ducrot plutôt « que d'être prisonniers dans la place de Sedan. Que « Votre Majesté vienne se placer au milieu de ses trou« pes ; elles tiendront à honneur de lui ouvrir un pas« sage. »

1 heure 1/4, 1er septembre.

WIMPFFEN.

Cette tentative suprême qu'il voulait faire fait sans doute honneur à son caractère et à son courage ; cependant, en raison de la situation critique où se trouvait l'armée, il ne pouvait conserver aucune illusion quant à son succès.

Pour percer les lignes prussiennes dans la direction de Carignan comme il voulait le faire, il eût fallu, dit l'état-major prussien, *page 1208*, reprendre Bazeilles, jeter dans la Meuse un corps de 20,000 Bavarois et son artillerie, et enfin écraser le 4me corps de réserve en réserve à Francheval.

C'était absolument impossible.

A la réception de cette lettre, oubliant que le commandement n'était plus entre ses mains, mais se souvenant qu'il était encore, comme souverain, le chef suprême, l'Empereur fit arborer le drapeau blanc de la capitulation. Il était près de 3 heures.

La vue du drapeau blanc produisit sur les chefs de corps un sentiment d'indignation profonde. Ils n'en pouvaient croire leurs yeux. Ils durent bientôt s'incliner, en apprenant qu'il avait été arboré par ordre de l'Empereur.

Nous ne pouvons mieux faire que d'analyser le rapport officiel sur la capitulation de Sedan. Ce rapport constate, comme nous l'avons fait nous-même : que des causes plus politiques que militaires, malgré la réorganisation encore fort incomplète de l'armée de Châlons, ont déterminé le gouvernement de la régence à prescrire l'expédition très dangereuse tentée par cette armée pour secourir le maréchal Bazaine ; que le plan de retraite sur Mézières du général Ducrot était le plus rationnel quoique difficile, mais qu'il laissait au moins à l'armée la chance de se réfugier en Belgique. Il constate en outre que le changement de trois généraux en chef exerça une funeste influence sur l'armée, dont il ébranla davantage encore la confiance.

Enfin, le rapport reconnaît l'impossibilité pour le général Wimpffen de réaliser le plan qu'il avait conçu, et de percer les lignes prussiennes et gagner Carignan.

Le rapport déclare : que l'Empereur, en faisant hisser le drapeau blanc sur la citadelle, sans consulter ni le général en chef ni les commandants de corps d'armée, assumait toute la responsabilité de la capitulation ; que l'Empereur dicta l'ordre de faire cesser le feu sur toute la ligne, mais que le général Ducrot refusa de le signer, que le général Faure prié au nom de l'Empereur de signer cet ordre s'y refusa également en disant : je viens de faire abattre le drapeau blanc, ce n'est pas pour signer un pareil ordre, et que le général Wimpffen refusa également. Quelque temps avant, se rendant à la porte de Balan, il avait rencontré le général Lebrun suivi d'un homme portant un drapeau blanc qu'il avait fait abattre.

Quoiqu'aucun général n'ait voulu signer l'ordre dicté par l'Empereur, l'ennemi voyant flotter le drapeau blanc sur la citadelle cessa le feu, et le général Wimpffen reconnaissant enfin l'impossibilité de continuer la lutte se voyait obligé de capituler.

La Commission d'enquête sur les capitulations n'ayant pas à juger l'Empereur, le rapport ne formule aucune appréciation sur la responsabilité qu'il assuma en faisant arborer le drapeau blanc ; mais il approuve le général Wimpffen de l'avoir fait abaisser. Par contre, il le blâme d'avoir, dans la capitulation, accepté que les officiers qui s'engageraient par écrit à ne plus servir contre l'ennemi pourraient se retirer dans leurs foyers.

Nous avions perdu 20 mille hommes tués, blessés ou faits prisonniers, 85 mille hommes valides déposèrent les armes et furent emmenés en Allemagne prisonniers de guerre.

En signant cette douloureuse capitulation dans la nuit du 1er au 2 septembre, le général Wimpffen recevait le châtiment mérité de la présomption qui l'avait poussé à réclamer au général Ducrot le commandement en chef.

Les appréciations sur le rôle de l'Empereur dans cette fatale journée ont été et seront longtemps contradictoires. Quand on voit la sévérité des jugements rendus par la Commission d'enquête sur les capitulations, nul doute que si l'acte de l'Empereur eût relevé de cette commission, elle ne l'eût sévèrement blâmé au point de vue des règlements militaires.

Les partisans de l'Empereur ont fait, depuis lors, grand étalage du courage qu'il aurait montré dans la matinée aux avant-postes en voyant tomber quelques obus tout près de lui sans prendre la fuite ; ils ne devraient pas ignorer cependant que ce courage, les officiers et la plupart des soldats l'ont montré pendant toute la journée et en toutes circonstances. Ils sont allés jusqu'à le féliciter d'avoir ménagé la vie des hommes en arborant le drapeau blanc. C'est vrai, mais ces existences, il les eût bien mieux ménagées encore en ne lançant pas la France dans une pareille guerre.

En se rendant à la prière du général Wimpffen, et en se plaçant au milieu de ses troupes, il aurait très probablement trouvé la mort ; mais cette mort n'aurait pas été sans gloire. En tous cas elle lui aurait épargné la honte d'écrire au roi de Prusse : « N'ayant pu mou-« rir au milieu de mes troupes, il ne me reste plus qu'à « remettre mon épée entre les mains de Votre Majesté. »

Il eût été plus vrai en écrivant : « N'ayant pas **voulu** mourir au milieu de mes troupes... »

La veille de la bataille de Sedan l'Empereur avait fait accompagner son fils en Belgique.

Ainsi finirent les opérations militaires du second Empire.

Pour établir les responsabilités du désastre de Sedan, il faut bien se pénétrer de cette vérité, qu'il ne fut que la conséquence des fautes commises en 1866 et que nous avons énumérées précédemment.

Après Sedan.

Dans la matinée du 3 septembre, les bruits les plus alarmants commencèrent à circuler dans Paris sur les défaites successives qu'aurait subies le maréchal Mac-Mahon, et sur l'impossibilité de faire sa jonction avec le maréchal Bazaine. Ces bruits provenaient de certaines dépêches adressées de Belgique à des particuliers ; on parlait même de la mort du maréchal Mac-Mahon.

Ce fut sous ces impressions pénibles que s'ouvrit la séance de la Chambre du 3 septembre. Le général Palikao monta à la tribune et déclara que de graves événements venaient de se passer ; que d'après des nouvelles non officielles, mais qui lui paraissaient cependant vraies, le maréchal Bazaine, après une sortie vigoureuse, aurait eu un engagement d'une durée de neuf heures, mais qu'il aurait été obligé de se retirer sous Metz.

Il continua ainsi : « En outre, une bataille vient « d'être livrée entre Mézières et Sedan. Nous avons « d'abord culbuté une partie de l'armée prussienne « dans la Meuse ; mais ensuite nous avons dû, un peu « accablés par le nombre, nous retirer, soit dans Méziè-« res, soit dans Sedan, soit même sur le territoire « belge, mais en petit nombre. »

Il ajouta qu'il circulait d'autres nouvelles un peu

plus graves, mais que, n'en ayant pas d'officielles, il ne voulait pas en parler dans la crainte d'effrayer la nation inutilement. Il termina en reconnaissant la gravité de la situation, et en déclarant que le gouvernement allait faire appel aux forces vives de la nation.

En présence de ces aveux qui étaient cependant loin de la triste réalité, M. J. Favre renouvela sa proposition des jours précédents, de nommer une commision de gouvernement qui prendrait en main la défense du territoire, et il renouvela cet argument que celui actuel nous ayant perdus, il était indispensable de recourir à des moyens énergiques pour faire face à la situation. Pour donner à sa pensée une forme pratique, il proposa à la Chambre de confier le pouvoir à un général ayant la confiance du pays. Le général Palikao, appuyé par la majorité, lui opposa la question de légalité. Accepter une telle proposition, c'était avouer l'incapacité du gouvernement actuel, ce qu'il ne pouvait réellement pas faire.

Le marquis de Piré s'écria : Ce sont les défections de 1815. Oui, répliqua Gambetta, 1815, toujours l'invasion avec les Bonapartes.

La Chambre se sépara en proie à la plus vive émotion, pressentant des nouvelles beaucoup plus graves encore que celles qu'on venait de lui donner.

Ce même jour à quatre heures, M. de Vougy remettait à l'Impératrice une dépêche de l'Empereur ainsi conçue : « L'armée est défaite et captive ; moi-même « je suis prisonnier. » Cette dépêche bouleversa l'Impératrice et ses ministres. Personne dans son entourage ne se dissimula la crise gouvernementale qui allait résulter de la disparition de l'Empereur.

Le président de la Chambre, en raison de la gravité des circonstances, convoqua les députés à domicile pour une séance de nuit qui eut lieu le dimanche 4 septembre à une heure du matin.

Le général Palikao annonça que l'armée, après d'héroïques efforts, avait été refoulée dans Sedan, qu'elle avait dû capituler, et que l'Empereur avait été fait prisonnier. Il continua ainsi : « En présence de ces « événements si graves et si importants, il ne nous « serait pas possible, à nous ministres, d'entamer ici « une discussion relative **aux conséquences sérieu-** « **ses qu'ils doivent entraîner.** »

Ainsi, comme on le voit par cette citation, le gouvernement reconnaissait lui-même que la situation gouvernementale ne pouvait rester en l'état, que la disparition de l'Empereur allait entraîner de sérieuses conséquences, et il demandait à la Chambre de remettre sa séance au lendemain pour les examiner.

Le président allait consulter la Chambre lorsque M. J. Favre demanda et obtint la parole : « Si la Cham- « bre, dit-il, est d'avis que dans la situation doulou- « reuse et grave que dessine suffisamment la commu- « nication faite par M. le ministre de la guerre, il est « sage de remettre la délibération à midi, je n'ai aucun « motif pour m'y opposer ; mais comme nous avons à « provoquer ses délibérations sur le parti qu'elle a à « prendre, dans la vacance de tous les pouvoirs, nous « demandons la permission de déposer sur son bureau « une proposition que j'aurai l'honneur de lui lire, « sans ajouter, quant à présent, aucune observation.

« Nous demandons à la Chambre de vouloir bien « prendre en considération la motion suivante :

« ART. 1ᵉʳ. — Louis-Napoléon-Bonaparte et sa dynastie « sont déclarés déchus des pouvoirs que leur a confé- « rés la Constitution.

« ART. 2. — Il sera nommé par le Corps législatif une
« Commission de gouvernement composée de... (*Vous
« fixerez, Messieurs, le nombre de membres que vous juge-
« rez convenable dans votre majorité*) qui sera investie
« de tous les pouvoirs du gouvernement, et qui aura
« pour mission expresse de résister à outrance à l'in-
« vasion et de chasser l'ennemi du territoire.

« ART. 3. — M. le général Trochu est maintenu dans
« ses fonctions de gouverneur général de la ville de
« Paris.

« Je n'ajoute pas un mot. Je livre, Messieurs, cette
« proposition à vos sages méditations ; et aujourd'hui
« dimanche à midi, nous aurons l'honneur de dire les
« raisons impérieuses qui nous paraissent commander
« à tout patriote son adoption. »

Cette proposition était signée de vingt-sept députés.

Dans toute autre circonstance la majorité eût conspué
M. J. Favre, et le président lui eût bientôt imposé silence ; mais la situation était telle que cette proposition inconstitutionnelle souleva à peine quelques mur-
mures.

La séance fut levée à une heure et demie du matin,
et renvoyée au même jour à midi.

Paris, en s'éveillant le dimanche 4 septembre, apprit
toute l'étendue du désastre de Sedan et la captivité de
l'Empereur. Pour se faire une idée de l'état d'esprit de
la population, il faut se rappeler que Paris avait été le
témoin du renversement criminel de la République au
2 décembre 1851, et que depuis il n'avait pas,
comme la province, pardonné à son auteur. En effet,
tandis que la province votait docilement en majorité
pour les candidats de l'Empereur, Paris au contraire

avait toujours nommé des députés opposants ; au dernier plébiscite du mois de mai précédent, il avait encore déposé dans l'urne une majorité de non.

Depuis la déclaration de guerre, Paris avait eu le temps de mesurer l'étendue des fautes de son gouvernement, tant au point de vue de la préparation de la guerre qu'à celui du commandement de nos armées. Après les défaites de Wissembourg et de Frœschwiller, il n'avait contenu ses colères que par suite de la disparition du ministère Ollivier, et de son remplacement par le général Palikao qui passait pour un militaire habile et un organisateur expérimenté. Paris s'était pris à espérer un retour de la fortune, quand au contraire il apprenait tout à coup que l'armée du maréchal Mac-Mahon venait de disparaître avec l'Empereur.

A vrai dire, ce résultat était prévu par les hommes tant soit peu au courant des choses militaires. Il était prédit par tous les journaux étrangers qui, n'étant pas tenus comme ceux de France à une certaine discrétion, signalaient tous les jours la folie de la marche du maréchal Mac-Mahon, qui était représenté comme allant au-devant d'une catastrophe certaine, et qui néanmoins dépassait les prévisions les plus pessimistes.

Au premier moment de stupeur succéda bientôt une indignation générale. Sans doute Paris haïssait l'Empire, mais il aimait encore plus passionnément la patrie française, sa grandeur, sa gloire militaire. Paris croyait au succès comme on croit à ce qu'on désire.

Du reste le gouvernement, par l'organe du général Palikao, l'avait nourri d'illusions, et lui avait toujours caché avec soin la réalité, pressentant une explosion qu'il s'attachait à retarder le plus possible. C'est ainsi que la bataille du 18, si désastreuse pour nous, avait été annoncée comme une victoire. Le général Palikao n'avait-il pas dit que nos soldats avaient culbuté une partie de l'armée prussienne dans les carrières de Jaumont ? N'avait-il pas tenu à un grand nombre de députés ce propos bientôt répandu partout : « Je ne « veux encore rien dire ; car, si Paris savait ce que je sais, « ce soir il illuminerait. » Et c'est après avoir entretenu cette confiance qu'il fallait tout à coup avouer que l'armée du maréchal Mac-Mahon n'existait plus, que Bazaine était bloqué dans Metz, et que pour la troisième fois les Bonapartes allaient ramener l'étranger victorieux devant Paris, au cœur même de la patrie.

Aussi le mouvement fut-il général, irrésistible. Dans tous les cœurs dominait cette pensée : il faut sauver la France en l'arrachant aux mains inhabiles et coupables qui l'ont perdue.

Tout Paris connaissait la proposition de déchéance déposée dans la nuit par M. J. Favre, et on savait que la Chambre devait se réunir à midi au palais Bourbon pour l'examiner. Dès onze heures, de tous les points de la capitale, une foule nombreuse se dirigeait comme un flot humain vers la place de la Concorde. Elle se composait pour la plus grande partie de gens appartenant à la bourgeoisie, l'élément ouvrier y était en minorité. On y remarquait en outre un certain nombre de gardes nationaux en uniforme et sans armes. Ces gardes nationaux faisaient partie des bataillons de la garde nationale qui habitaient les quartiers riches, celle des autres quartiers ayant été jugée dangereuse pour l'Empire et supprimée depuis longtemps.

Le sentiment qui dominait cette foule était celui d'une attente générale des événements.

Vous fixerez vous-mêmes, Messieurs, le nombre de membres que vous jugerez convenable dans votre majorité, avait dit M. J. Favre. L'opposition, comme on le voit, voulait la déchéance de l'Empire, mais, loin de rechercher le pouvoir, elle l'offrait à la majorité de la Chambre ; se déciderait-elle à l'accepter ? On pouvait l'espérer après avoir entendu le général Palikao parler à la tribune des conséquences sérieuses que les événements devaient entraîner.

L'opposition, dès sept heures du matin, délibérait dans un des bureaux de la Chambre avec les membres du centre gauche. Vers dix heures, M. Thiers vint soumettre une proposition de déchéance signée de quarante-huit députés appartenant à toutes les nuances de la Chambre, et dont les termes lui paraissaient devoir être acceptés plus facilement que ceux employés dans celle déposée par M. J. Favre. Elle était ainsi conçue :

« Vu la vacance du pouvoir, la Chambre nomme
« une Commission de gouvernement de défense natio-
« nale.

« Une Constituante sera convoquée dès que les cir-
« constances le permettront. »

Quoiqu'ils préférassent celle de M. J. Favre dont les termes étaient plus clairs et plus nets, les députés de l'opposition acceptèrent de donner la priorité à la proposition présentée par M. Thiers, et de la voter.

Devant la Commission d'enquête du 4 septembre, M. Thiers a expliqué l'origine de cette proposition en déposant ainsi : « Le dimanche 4 septembre, après « avoir pris un peu de repos, je me rendis à la Cham- « bre où l'agitation était extrême.

« Des membres du centre, autrefois très réservés avec
« moi, m'abordèrent et me dirent : Il est évident qu'il
« faut en finir ; nous sommes décidés à rendre le trône
« vacant. On nous demande le mot de déchéance, nous
« ne pouvons pas le prononcer, c'est chose impossible.
« Nous avons soutenu cette dynastie pour éviter une
« révolution ; **nous nous sommes trompés en la**
« **soutenant,** mais il nous est impossible d'en pronon-
« cer nous-mêmes la déchéance. Soit pour la chose,
« mais qu'on nous épargne le mot.

« Ils me prièrent de trouver une rédaction qui con-
« ciliât leur dignité avec la nécessité devenue évidente
« de faire vaquer le trône. »

Ce fut pour atteindre ce but que M. Thiers rédigea
sa proposition, et qu'un peu plus tard il remplaça ces
mots : « Vu la vacance du pouvoir » par ceux-ci : Vu les
circonstances.

La chute de l'Empire.

La séance de la Chambre annoncée pour midi ne fut ouverte qu'à une heure un quart.

Le général Palikao monta aussitôt à la tribune et s'exprima ainsi : « Je viens au milieu des circonstances « douloureuses, dont je vous ai rendu compte, vous dire « que le gouvernement a cru devoir apporter certaines « modifications aux conditions actuelles du gouverne- « ment, et qu'il m'avait chargé de vous soumettre un « projet de loi ainsi conçu :

« Art. 1er. — Un conseil de gouvernement et de dé- « fense nationale est institué. Ce conseil est composé de « cinq membres. Chaque membre de ce conseil est « nommé à la majorité absolue par le Corps législatif.

« Art. 2. — Les ministres sont nommés sous le contre- « seing des membres de ce conseil.

« Art. 3. — Le général comte de Palikao est nommé « lieutenant général de ce conseil.

« Fait au palais des Tuileries. »

Le général demande l'urgence pour ce projet de loi.

M. J. Favre la réclame aussi en faveur de la proposition de déchéance déposée par lui dans la nuit. Ce fut alors que M. Thiers demanda la parole et lut à la Chambre la proposition que nous avons mentionnée plus haut.

M. le ministre de la guerre monta à la tribune et y fit cette importante déclaration qu'on peut trouver au *Journal officiel du 5 septembre 1870, page 1526 :* « Je n'ai qu'un mot à dire, c'est que le gouvernement **« admet parfaitement que le pays sera consulté,** « lorsque nous serons sortis des embarras pour lesquels « nous devons réunir tous nos efforts. » (*Mouvements divers.*)

Après cette déclaration du gouvernement, la Chambre consultée vota l'urgence sur les trois propositions, et leur renvoi à une commission de neuf membres qu'elle allait nommer.

La Chambre se retira dans ses bureaux pour la nomination de cette commission. Il était une heure quarante-cinq.

Voici comment s'est exprimé M. le comte Daru dans son rapport sur la Commission d'enquête du 4 septembre, *pages 15 et 16 :*

« Le projet du comte de Palikao, dès qu'il fut connu « à midi avant la séance dans les groupes auxquels il « le communiqua, causa une impression générale de dé-« sappointement, et rencontra de nombreuses résistances.

« A la même heure, M. Thiers présentait à la signa-« ture de ses collègues une proposition qu'il avait rédi-« gée, et communiquée à quelques membres de l'oppo-« sition ; elle débutait ainsi : vu la vacance du pouvoir... « Cette proposition fut connue en même temps que « celle du général Palikao et fut plus favorablement « accueillie.

« Les trois projets furent renvoyés à l'examen des « bureaux ; après une courte discussion, tous les com-« missaires élus : MM. Buffet, Martel, Josseau, Daru, « Lehon, Jules Simon, Gaudin, Genton et Dupuy de « Lôme, se réunirent, et au bout d'une demi-heure,

« sans presqu'aucun débat, donnèrent à l'unanimité
« leur approbation au projet de M. Thiers.

« Le rapporteur nommé fut M. Martel. Il rédigea sé-
« ance tenante un rapport en quelques lignes qui fut lu
« à la Commission et adopté par elle, en même temps
« que le texte de la proposition suivante : Vu les cir-
« constances, la Chambre élit une commission de cinq
« membres choisis par le Corps législatif. Cette commis-
« sion nomme les ministres. Dès que les circonstances
« le permettront, la nation sera appelée à élire **une As-**
« **semblée constituante qui se prononcera sur la**
« **forme du gouvernement.**

« L'accord s'était fait entre les partis, M. J. Simon avait
« voté comme tous les membres de la commission en fa-
« veur du projet ainsi amendé.

« L'Impératrice ne faisait point obstacle à l'adoption
« de ce projet ; elle s'en rapportait au gouvernement
« et à la Chambre.

« Il semblait que d'un concert commun la question
« si grave de l'organisation du pouvoir exécutif allait
« être résolue. M. Martel sortait du bureau pour lire
« son rapport à la tribune lorsque des figures étranges
« parurent dans les cours et dans les couloirs dn Palais.
« La salle des séances venait d'être envahie, et le flot des
« envahisseurs débordait dans le palais tout entier. Il
« était deux heures un quart. »

Plus loin, à la page 39, M. Daru rapporteur écrit encore :

« La révolution était faite. Le trône, les Chambres,
« le gouvernement étaient renversés. Le dernier coup
« était porté à un pouvoir assurément fort ébranlé.

« Ces violences étaient non-seulement coupables,
« mais parfaitement inutiles, car, à l'heure où elles
« étaient commises, le rapport de M. Martel était prêt

« et il allait être lu à la Chambre. Le rapporteur con-
« cluait à la reconstitution du pouvoir exécutif. Toutes
« les mesures commandées par les circonstances, en
« moins de douze heures avaient été prises ; elles al-
« laient être sanctionnées par les mandataires du pays.
« Un gouvernement allait s'installer le soir même sans
« secousses, sans violences au Palais-Bourbon. »

Voici ce qui s'était passé au dehors pendant que les
députés délibéraient dans les bureaux. Plus de cent
mille personnes de tout rang, de toutes conditions, at-
tendaient devant le Palais-Bourbon dans une agitation
fiévreuse la proclamation de la déchéance qui ne faisait doute pour personne. Il était près de deux heures,
et aucune nouvelle ne parvenait au dehors.

Au commencement de la séance, l'opposition, émue
des bruits persistants de coups d'Etat et de l'arrestation
en masse de ses membres, chargea M. de Kératry de
demander compte au gouvernement du rassemblement
de troupes qui s'était fait autour de l'Assemblée. Le
général Palikao, dont les intentions ne sauraient être
suspectées, avait promis de les faire remplacer par la
garde nationale.

C'est au moment où ce changement venait de s'opérer, qu'après s'être contenus pendant plusieurs heures,
les sentiments de la foule éclatèrent spontanément.
Une poussée formidable, irrésistible vers les grilles du
palais se produisit, et la garde nationale qui venait
d'arriver, cédant elle-même au sentiment général, laissa
passer la foule qui, en un clin d'œil, se répandit dans
les couloirs et les tribunes publiques.

Les députés de l'opposition, qui savaient que la Commission avait à l'unanimité accepté la déchéance (moins
le mot) et que le rapporteur allait proposer à la Chambre de la voter, firent les plus grands efforts pour ob-

tenir le silence et surtout l'évacuation par la foule des tribunes. M. Crémieux et M. Gambetta s'y employèrent de toutes leurs forces, comprenant tout l'intérêt qu'il y avait à ce que la déchéance fût votée par la Chambre elle-même.

Toutes leurs objurgations adressées à la foule furent inutiles. Bien plus, à trois heures, une poussée vigoureuse opérée sur les premiers arrivés les fit pénétrer dans la salle des séances par une porte faisant face à la tribune, aux cris de : Vive la République ! C'en était fait, toute délibération était dès lors devenue impossible ; le président déclara la séance levée et se retira.

Après être restés assez longtemps au milieu et comme noyés dans cette foule d'ailleurs inoffensive, les députés se donnèrent rendez-vous pour une séance qui devait avoir lieu à cinq heures dans les appartements de la Présidence.

Cette séance eut lieu en effet à l'heure indiquée ; elle fut tenue dans la grande salle à manger, et présidée par M. Leroux, l'un des vice-présidents de la Chambre, 150 à 200 députés y assistèrent.

A la page 516 de son rapport, M. Daru dit : « Après « les discours de MM. Garnier-Pagès, Buffet et Estan- « celin, M. Martel lut son rapport sur les trois proposi- « tions, et proposa à la Chambre de voter la résolution « suivante : Vu les circonstances, etc.....

M. le président. « Je mets aux voix la proposi- « tion de M. Thiers modifiée par la Commission.

« La proposition est votée. »

A la page 518 du même rapport, se trouve un compte-rendu de cette même séance fait par M. Kolb-Bernard, député du Nord, dans lequel il est dit que, sur 150 à 200 membres présents, cinq ou six seulement votèrent contre la proposition.

Aussitôt que la séance du Palais-Bourbon fut levée, à trois heures et demie, la plus grande partie des membres de l'opposition se dirigèrent vers l'Hôtel de Ville, suivis par une foule immense aux cris mille fois répétés de : Vive la République ! à bas l'Empire, à bas Badinguet !

Il est de mode depuis d'accuser l'opposition d'avoir renversé l'Empire et de s'être emparée du pouvoir en présence de l'ennemi.

Nous n'hésitons pas à déclarer fausses ces affirmations. D'abord, peut-on dire que l'Empire ait été renversé ? Ce serait faire croire que sans l'envahissement de la Chambre il eût pu continuer de subsister. Les faits ci-dessus établissent, au contraire, que la Chambre allait elle-même constituer un pouvoir nouveau et proclamer la fin de l'Empire, en édictant que la nation serait appelée par la nomination d'une Constituante à se prononcer sur la forme de son gouvernement.

Il est évident qu'il ne peut y avoir renversement que là où il y a résistance. Où cette résistance s'est-elle produite ? Quelle a été l'attitude des partisans effrénés de l'empire, de ceux qui avaient le plus poussé à la guerre et injurié M. Thiers défendant la paix ? Quand M. J. Favre déposa sa proposition de déchéance, quel est donc celui qui s'en indigna et qui invoqua la Constitution ? Aucun. Tous, comme l'Empereur, pliaient sous le poids de la responsabilité qu'ils sentaient peser sur eux, et aucun d'eux ne crut possible la continuation de l'Empire.

L'impératrice et ses ministres n'en jugèrent pas autrement. C'est ainsi qu'à l'ouverture de la séance du 4 septembre, le gouvernement proposait lui-même de transférer le pouvoir exécutif des mains de l'Impératrice en celles d'une commission de cinq membres que la Chambre aurait désignés. N'était-ce pas sous une forme adoucie la déchéance effective, réelle ?

Cette proposition du gouvernement jugée insuffisante, supposons-la votée par la Chambre ; est-ce que par suite l'Empire ne disparaissait pas en même temps que la régence de l'impératrice ? Nous pouvons encore ajouter à ces considérations la déclaration du général Palikao citée plus haut, que le gouvernement acceptait que la nation serait consultée, une fois sortie de ses embarras, sur la forme de son gouvernement.

D'un autre côté, le Sénat, ayant pour président M. Rouher, et dont tous les membres avaient été nommés par l'Empereur, le Sénat a-t-il montré la moindre velléité de résistance ? Non. Il a assisté aux événements passivement ; quand il a connu l'envahissement de la Chambre, son président a déclaré la séance levée et tout fut dit.

En réalité, il n'en pouvait être autrement. Pendant 18 ans, les partisans les plus zélés avaient identifié l'Empire avec l'Empereur. L'un était le corps, l'autre en était la tête, comment dès lors supposer l'existence de l'un sans l'autre ?

Il n'est donc pas vrai de dire que l'Empire fut renversé. La vérité, c'est qu'il s'est écroulé sous le poids de la responsabilité qu'il avait encourue, et sans qu'il ait été fait le moindre effort pour l'empêcher de tomber.

Quant au reproche fait aux députés de l'opposition de s'être saisis du pouvoir par ambition, il n'est pas plus fondé, comme on va le voir.

Dans sa déposition devant la Commission d'enquête, M. Thiers dit : « Les députés de l'opposition me dirent : « la révolution est proche, elle est inévitable. C'est « dans vos mains que le pouvoir doit passer. Mettez-

« vous à notre tête, et nous nous appliquerons tous
« ensemble à sauver le pays qui, sans cela, va
« périr.

« Ma pensée en ce moment, c'était de se servir de ce
« que j'appelais le Corps législatif *repentant* pour résou-
« dre les difficultés de cette affreuse situation. Il fallait,
« selon moi, que le Corps législatif déclarât le trône va-
« cant, formât une commission de gouvernement,
« essayât de signer un armistice avec l'ennemi, puis
« convoquât une assemblée du sein de laquelle sorti-
« rait le remède à nos malheurs. »

Cette pensée et ce programme furent ceux des membres de l'opposition. La proposition de M. J. Favre
n'en était-elle pas la réalisation ? Ne proposait-elle pas
le pouvoir à la majorité ?

Ce qu'on ne redira jamais assez, c'est que l'opposition comprenait tout l'intérêt qu'elle avait à placer le
pouvoir entre les mains de la majorité, et à laisser à
ceux qui, par leurs complaisances envers l'Empire,
avaient leur part de responsabilité dans nos malheurs,
la tâche bien difficile de les réparer.

Ainsi s'expliquent les efforts surhumains tentés par
M. Gambetta pour obtenir que la Chambre pût délibérer et voter la proposition de M. Thiers, complétée
par la Commission, et désigner les cinq membres qui
devaient composer le nouveau gouvernement.

Malheureusement la foule, qu'en pareille circonstance il est impossible de contenir, n'en laissa pas le
temps et envahit la Chambre une heure trop tôt.

Après avoir un peu plus tard voté dans la salle à
manger de la Présidence la déchéance de l'Empire
(moins le mot) et la constitution d'un pouvoir nouveau, la Chambre envoya aux députés de l'opposition
qui s'étaient rendus à l'Hôtel de Ville une délégation

chargée de lui faire connaître ce vote, et de se concerter avec eux sur la désignation des membres du nouveau gouvernement; mais il était trop tard, la république était proclamée, et le gouvernement de la Défense nationale composé de tous les députés de Paris, à l'exception de M. Thiers, était constitué.

Depuis, on a bien souvent reproché aux députés républicains d'avoir pris le pouvoir en présence de l'ennemi. Remarquons d'abord que si la Chambre eût vôté la proposition de déchéance et désigné les membres du nouveau gouvernement une heure plus tôt, le même reproche eût pû leur être également adressé.

Sans doute les députés républicains pouvaient ne pas aller à l'Hôtel de Ville ramasser le pouvoir tombé; mais qui donc peut ignorer que des hommes que nous avons vus depuis à la tête de la Commune ne demandaient qu'à s'en emparer? Qui donc les en eût empêchés?

Nous laissons au lecteur le soin de juger s'ils furent coupables en acceptant la charge du pouvoir, ou s'ils devaient plutôt le laisser prendre par leurs compétiteurs.

Causes réelles de la guerre.

Ainsi finit l'Empire après un règne de dix-huit années, laissant la France sans armées et livrée aux horreurs de l'invasion.

Quels motifs ont pu déterminer l'Empereur à déclarer la guerre dans des conditions aussi défavorables? Cette question ne peut être résolue d'une façon absolue ; l'Empereur n'ayant pas, que nous sachions, fait connaître avant sa mort ces motifs particuliers.

Force nous est donc de procéder par inductions.

Son inconcevable politique en 1866 avait eu les plus déplorables conséquences. Elle avait jeté l'Italie dans les bras de la Prusse, et permis à cette dernière de faire à l'Autriche la guerre qui avait abouti à Sadowa. L'inaction incompréhensible de l'Empereur lui avait permis en outre de retirer de sa victoire des avantages inespérés, qui avaient créé pour la France, par rapport à la Prusse, un état d'infériorité auquel son passé et son génie militaire ne lui permettaient guère de se résigner.

De là une incertitude, un malaise général, une irritation sourde et mal contenue, qui avaient donné à tous les hommes au courant des choses politiques la conviction qu'une guerre avec la Prusse était inévitable.

Pour faire face aux difficultés d'une telle situation,

il eût fallu à la France un homme de génie, un Cavour
ou un Bismarck, préparant sagement mais lentement
les moyens de réparer les fautes commises. Nous n'a-
vions au contraire pour présider aux destinées de la
France que l'Empereur, celui-là même qui par son incapacité avait créé la situation présente et qui devait
bientôt, en nous lançant dans une guerre affreuse,
consommer notre ruine.

La vérité se faisait jour, et la responsabilité de l'Empereur apparaissait de plus en plus grande. Le sentiment public avait enfin compris qu'un tel état de
choses était dû à son imprévoyance et à son inaction
en 1866. L'Empereur plus que personne en ressentait
les effets. Il ne pouvait ignorer l'atteinte portée au prestige de sa dynastie. De là, les concessions faites par lui
à l'esprit libéral ; concessions qui avaient abouti à
créer un système de gouvernement bâtard, hybride,
qui n'était plus le pouvoir personnel, et qui n'était pas
non plus le gouvernement constitutionnel ; qui affai-
blissait l'autorité de l'Empereur, sans pour cela diminuer sa responsabilité légale.

Les élections amenaient à la Chambre un nombre de
plus en plus grand de députés indépendants, et désireux d'exercer sur les affaires de l'État un contrôle
sérieux et embarrassant pour un pouvoir habitué aux
adhésions faciles. Au point de vue extérieur comme à
celui de l'intérieur, l'Empire était fortement amoindri.
En outre, l'Empereur se sentait vieillir et, de plus, il
était atteint d'une cruelle maladie qui lui faisait désirer ardemment d'assurer la transmission de la couronne à son jeune fils.

Cette transmission n'était pas possible dans de telles
conditions ; aussi est-il facile de comprendre que l'Im-

pératrice ait souvent tenu ce propos : « Mon fils ne « pourra régner que si Sadowa est réparé. »

Lorsque se produisit en 1870 la candidature du prince de Hohenzollern, l'Empereur y vit l'occasion souhaitée de réparer Sadowa par une guerre qu'il crut d'abord devoir être facile et de courte durée.

Une victoire sur la Prusse eût relevé le prestige de l'Empire, elle eût permis à l'Empereur de revenir sur les concessions libérales que les circonstances lui avaient imposées. Constatons à ce propos que les libertés d'une nation sont toujours étendues à la suite de revers militaires, et qu'au contraire les victoires remportées ont toujours pour conséquences de renforcer le pouvoir à leur détriment.

Enfin, l'Empereur entrevit après une guerre heureuse la possibilité d'abdiquer en faveur de son fils.

Tels nous paraissent avoir été les motifs qui le déterminèrent à déclarer la guerre en 1870, en même temps que le désir bien légitime de réparer des fautes dont il sentait tout le poids.

Avant de prendre une telle résolution, s'est-il demandé quelles pourraient être pour la France les conséquences de la défaite ? S'est-il rendu un compte suffisant de l'état de notre armée, comparé à celui de l'armée prussienne dont il connaissait parfaitement l'organisation et la préparation ?

Il est impossible d'admettre qu'il ait pu en être autrement, mais, pas plus que ses ministres de la guerre, les maréchaux Niel et Lebœuf, il ne sut apprécier ce qu'il fallait avoir pour être prêt. Comme par le passé, il s'est confié à sa bonne étoile, il a compté sur le courage de nos soldats pour suffire à tout, et sans prévoir la possibilité de la défaite.

C'est ainsi qu'après avoir commis la faute de ne pas agir en 1866 quand le moment était on ne peut plus opportun, il commit en 1870 le crime de vouloir et de déclarer la guerre dans les conditions les plus défavorables.

La responsabilité de ce crime pèsera sur son auteur de plus en plus, au fur et à mesure que les actes qui l'ont précédé parviendront à la connaissance de ceux qui les ignorent encore.

La guerre était à peine déclarée que déjà il sentait le besoin d'en rejeter la responsabilité sur la nation qui, dans son irrésistible élan, lui aurait imposé sa résolution. Tel est en effet le langage tenu par lui à Saint-Cloud le 16 juillet 1870 à M. Rouher, président du Sénat.

Quand on a vu que, dès le premier jour, l'Empereur et ses ministres ont tout fait pour rendre la guerre inévitable, et finalement la déclarer, on peut dire sans crainte que jamais mensonge plus grand ne fut proféré.

Depuis nos désastres, les partisans de l'Empire ont fait grand bruit de l'assentiment donné à la déclaration de guerre par la plupart des journaux.

Sans doute le sentiment public accueillit favorablement une déclaration de guerre qui devait réparer les fautes de 1866, arrêter les entreprises de la Prusse, et mettre enfin un terme à des armements ruineux. Toutefois, il convient de rappeler que la nation était alors indignement trompée par son gouvernement.

Chacun avait présentes à l'esprit les déclarations de l'Empereur et du maréchal Niel qui, pendant les années 1868 et 1869, avaient sur tous les tons vanté notre organisation militaire, et prétendu que notre armée était la mieux préparée de toute l'Europe, qu'elle était pourvue de tout et prête à entrer en campagne.

Au mois de juillet 1870, tous les moyens furent employés pour surexciter l'esprit public. La *Marseillaise*, jusque-là prohibée avec tant de rigueur, était chantée par ordre sur tous les théâtres et cafés-concerts ; il en était de même du *Rhin allemand* de Musset.

Contrairement à la vérité, le gouvernement avait dit : la Prusse refuse de donner satisfaction à la France au sujet de la candidature du prince de Hohenzollern ; bien plus, le roi de Prusse vient d'insulter la France en faisant publier qu'il avait refusé de recevoir notre ambassadeur. Comme l'avait déclaré le maréchal Niel, 600 mille hommes peuvent en sept jours être réunis sur la frontière, et l'armée est là, frémissante, attendant avec impatience la déclaration de guerre pour venger l'outrage fait à la nation.

Nous le demandons à tout homme de bonne foi, quelle est donc la nation qui, dans de pareilles circonstances, fût restée indifférente à une question intéressant à ce point les intérêts et l'honneur national ?

Si le gouvernement fut encouragé, poussé même à la guerre, ce fut surtout par ses plus zélés partisans, par ceux-là même qui étaient le mieux placés pour connaître la vérité. Qu'on en juge.

Après avoir, dans la séance du 30 juin 1870, poussé ce cri : « Prenons le Rhin d'abord et ensuite nous di-« minuerons notre armée de cent mille hommes. » M. Granier de Cassagnac, dans son journal *le Pays* (*du 2 juillet*), écrivait :

« Après nous être nous-mêmes préparés, après avoir « fait pénétrer dans la conviction politique des deux « grands peuples conservateurs de l'Europe, c'est-à-« dire l'Autriche et l'Angleterre, que notre intérêt n'est à « aucun degré d'intervenir dans les affaires de l'Alle-« magne du Sud, nous dirions nettement à la Prusse :

« Il faut s'expliquer et en finir. Vous guettez telle oc-
« casion douloureuse qui pourrait créer à l'ordre inté-
« rieur en France des difficultés momentanées. Eh
« bien ! de même que vous voulez choisir votre temps,
« nous choisissons le nôtre, et nous vous déclarons
« qu'il ne nous convient pas de laisser peser plus long-
« temps sur la France de graves et de redoutables
« éventualités. Telle est la politique que nous con-
« seillerions. »

Le 6 juillet, il fit une longue dissertation pour démontrer nos droits sur les territoires de la rive gauche
du Rhin.

Le 9 juillet, son fils Paul de Cassagnac écrivait de
son côté : « Que les Prussiens prennent tout leur
« temps, la **France est prête, elle**; depuis trois
« jours elle accomplit sa veillée d'armes, les femmes
« sont à genoux, et les hommes sont armés. »

Le 11 juillet, au moment où on annonçait la possibilité d'une solution pacifique, M. Granier de Cassagnac écrivait, toujours dans son journal *le Pays* : « Or,
« à notre avis, un désaveu pur et simple du prince
« de Hohenzollern par le cabinet de Berlin serait une
« mystification. Il n'y a qu'un acte **humiliant** qui
« puisse être accepté, parce qu'il n'y a qu'un acte hu-
« miliant qui sera sincère. Tout autre chose sera un
« nouveau traité de Prague, c'est-à-dire un mensonge.

« Il n'y a plus qu'un cri dans les rangs de la majo-
« rité : il faut en finir. La France n'a jamais été aussi
« bien préparée à la guerre qu'en ce moment.

« Ce serait une faute, ce serait un crime de ne pas
« profiter de la situation actuelle pour donner à l'or-
« dre et à la paix de l'Europe une base solide et défi-
« nitive. »

Le lendemain 12, M. Paul de Cassagnac écrivait de son côté :

« M. de Bismarck n'a-t-il pas foulé aux pieds tous
« les engagements, tous les traités, tous les serments ?
« **Il nous avait promis le Rhin**, il s'est rétracté. Il
« avait signé l'article 5 du traité de Prague, il a biffé
« sa signature. Et Mayence qu'il occupe, et l'île d'Alsen
« qu'il a volée... Et c'est la promesse de cet homme
« qui nous satisferait, qui nous contenterait, qui nous
« arrêterait ! Nous aimerions mieux prendre Judas
« pour confesseur, Bourmont pour général que Bis-
« marck pour répondant. »

Tous commentaires seraient superflus. Ces citations sont suffisantes pour montrer quels sont ceux qui ont à se reprocher d'avoir poussé à la guerre, et qui depuis auraient dû avoir la pudeur de se taire.

En vue d'amoindrir sa part de responsabilité dans les événements, voici ce qu'a écrit à ce sujet M. le duc de Gramont dans son livre *la France et la Prusse avant la guerre (page 317)* :

« Nous connaissions les forces de notre ennemi,
« mais nous avions des nôtres une idée fort exagérée.

« Éblouis par le souvenir des victoires passées, ras-
« surés par l'existence d'un approvisionnement mili-
« taire supérieur comme matériel à tout ce que la
« France avait jamais possédé, on n'avait pas suffi-
« samment analysé et étudié la situation militaire au
« point de vue de sa mobilisation et de la valeur in-
« trinsèque des réserves... Nous n'avions en réalité de
« bonne armée que celle qui était sous les drapeaux ;
« quant aux réserves, elles devaient tromper l'attente
« de ceux qui, dans leurs prévisions, les avaient fait
« entrer en ligne de compte sur le même pied que l'ar-
« mée active. »

Il est au moins étrange de voir un ministre des affaires étrangères rejeter sur nos réserves la responsabilité de la défaite, afin sans doute de dégager la sienne ; accuser de la sorte son collègue de la guerre et lui reprocher de n'avoir pas assez tenu compte de leur manque d'instruction militaire, et d'avoir compté sur elles comme sur l'armée active.

De son côté, M. E. Ollivier dans son livre *Principes de conduite (page 6)* a écrit : « Pendant toute l'année 1869 « jusqu'à sa mort, le maréchal Niel n'a cessé de décla- « rer au Corps législatif, au Sénat, à la Commission « du budget, au Conseil d'État, partout, que l'armée « était complètement prête, organisée, équipée, appro- « visionnée, instruite, et qu'en sept jours elle pourrait « présenter en bataille plus de six cent mille hommes. »

Terminons ces citations par la traduction d'un journal anglais, le *Daily-News*, article qui fut très remarqué, mais dont nous lui laissons la responsabilité :

« Pendant les dernières années de l'Empire, la liste ci- « vile de Napoléon n'avait pas suffi aux dépenses extra- « vagantes de sa cour, à ses largesses envers ses créa- « tures, et aux frais du service secret qu'il était obligé « d'entretenir afin de conserver l'amour de ses sujets « pour l'impérialisme. Environ cinquante millions de « francs étaient donc annuellement enlevés au minis- « tre de la guerre pour être remis à l'Empereur. Ce « détournement était dissimulé par des achats d'appro- « visionnements qui figuraient dans les comptes sans « avoir jamais été opérés, et par l'absorption des fonds « qui étaient versés dans la caisse militaire par les jeu- « nes gens tombés au sort, et qui devaient servir à « leur procurer des remplaçants.

« Les régiments, qui nominalement figuraient pour « deux mille hommes, n'en contenaient que quinze

« cents ; le prix des remplaçants et les frais supposés
« de leur entretien étaient détournés pour la liste ci-
« vile. Dans la pensée de l'Empereur, une seule victoire
« gagnée devait amener une paix glorieuse, et permet-
« tre de mettre sur le compte de la guerre le déficit en
« hommes et en matériel. »

Il a paru commode depuis les événements de faire
remonter la cause de nos désastres à la révolution du
« septembre seulement, comme si avant cette époque
notre territoire n'était pas déjà envahi et rançonné par
un ennemi implacable.

Beaucoup d'esprits sincères , mais ignorants des
faits, pensent et répètent à tout instant que sans le
renversement de l'Empire au 4 septembre tous nos
malheurs eussent pu être évités. C'est là une erreur
profonde. On ne proclamera jamais assez haut que la
guerre de 1870 fut la conséquence de l'incapacité et de
l'impéritie montrées par l'Empereur lors des événements de 1866, et qu'il n'y a pour la France qu'une
date qui mérite de rester dans l'exécration publique :
celle de la déclaration de la guerre, de cette guerre
faite dans un intérêt dynastique, sans préparation,
sans alliances, et sans la moindre justification plausi-
ble.

On ne répétera jamais assez que ce manque de motifs légitimes pour faire cette guerre nous a valu la
condamnation de l'opinion européenne et, sinon la
malveillance, tout au moins l'indifférence des gouvernements étrangers.

La situation après Sedan.

Depuis la chute de l'Empire ses partisans ont répété, et bien souvent, que s'il n'avait pas été renversé, il aurait signé la paix après Sedan, et à des conditions moins douloureuses pour nous.

D'une façon générale, il est certain que si la paix avait été possible après Sedan, elle nous aurait coûté moins cher, de même qu'elle nous aurait coûté encore moins avant Sedan.

L'Empire jugea-t-il la paix possible après Sedan? Tenta-t-il du moins de la faire à des conditions acceptables? Nullement.

Le 3 septembre, à la nouvelle de la catastrophe, et après le premier moment de stupeur passé, les ministres sous la présidence de l'Impératrice-régente tinrent conseil vers six heures du soir. Ils décidèrent qu'aucune ouverture de paix ne serait faite, mais qu'au contraire la guerre serait énergiquement continuée. A cet effet, la proclamation suivante fut rédigée et envoyée dans la soirée au *Journal officiel* où elle parut le 4 au matin.

Elle était conçue en ces termes :

Proclamation du Conseil des ministres au peuple français.

« Un grand malheur frappe la patrie. — Après trois
« jours de luttes héroïques soutenues par l'armée du
« maréchal Mac-Mahon contre 300,000 ennemis,

« 40,000 hommes (en réalité 85,000) ont été faits pri-
« sonniers.

« Le général Wimpffen, qui avait pris le commande-
« ment de l'armée en remplacement du maréchal de
« Mac-Mahon grièvement blessé, a signé une capitula-
« tion.

« Ce cruel revers n'ébranle pas notre courage. Paris
« est aujourd'hui en état de défense, les forces militai-
« res du pays s'organisent.

« Avant peu de jours une armée nouvelle sera sous
« les murs de Paris, une autre armée se forme sur les
« bords de la Loire.

« Votre patriotisme, votre union, votre énergie sau-
« veront la France.

« L'Empereur a été fait prisonnier dans la lutte.

« Le gouvernement, d'accord avec les pouvoirs pu-
« blics, prend toutes les mesures que comporte la gra-
« vité de la situation.

Le Conseil des ministres,

Comte DE PALIKAO, CHEVREAU, amiral
RIGAULT DE GENOUILLY, JULES BRAME,
Prince DE LA TOUR D'AUVERGNE,
GRANDPERRÉ, MAGNÉ, CLÉMENT DU-
VERNOIS, BUSSON-BILLAULT, JÉRÔME-
DAVID.

Ils crurent avec raison qu'il nous restait encore bien
des chances favorables, et ne songèrent qu'à continuer
la guerre, sans même chercher à connaître les conditions auxquelles il serait possible de faire la paix.

L'Impératrice partageait ces sentiments. Nous en
trouvons la preuve dans une dépêche qu'elle adressait
à sa mère le 4 septembre 1870, et dans laquelle elle lui

disait : **Si la France veut se défendre, elle le peut.**

De leur côté, les partisans de l'Empire tinrent-ils après Sedan un autre langage ? Parlèrent-ils de faire la paix ? Qu'on en juge.

Un de leurs principaux organes, qui occupait alors une large place dans leur parti, le *Gaulois*, publiait après Sedan ce qui suit, sous la signature de son directeur-gérant , M. Edmond Tarbé :

« Que va-t-il se passer ? En entrant en campagne le roi
« Guillaume disait : ce n'est pas à la France que nous
« faisons la guerre ; c'est à l'empereur Napoléon III.

« L'Empereur est prisonnier, que va faire le roi
« Guillaume ? S'il a dit vrai, si ce n'est pas une lutte
« nationale qu'il a engagée contre nous, dans huit jours
« il ne doit plus rester un seul soldat prussien sur le
« territoire français ; le roi Guillaume a atteint son
« but.

« Mais si un seul pouce de notre pays est encore
« en sa possession après ces huit jours, c'est que le roi
« Guillaume aura menti ; c'est que la chute de l'Em-
« pereur n'était pas sa seule volonté ; c'est que la
« **Lorraine, l'Alsace et la Champagne** étaient le
« véritable objet de la guerre.

« Dans ce cas, c'est une **lutte à outrance**, une guerre
« nationale, une guerre sacrée qui réclame chacune de
« nos gouttes de sang.

« Pour personne il n'y a plus d'hésitation à avoir !
« c'est la levée en masse guidée par le meilleur des
« chefs, **la rage.**

« C'est la France tout entière se ruant sur l'ennemi
« avec des fusils, si elle en trouve assez, mais aussi
« avec des piques, des bêches, des faux, des pieux,
« si elle n'a pas d'autres armes.

« C'est la province se répandant en nuées de citoyens
« décidés à sauver la patrie ou à mourir.

« C'est Paris s'ensevelissant sous ses décombres, s'il
« le faut, plutôt que de subir la honte de l'asservisse-
« ment.

Signé : Edmond Tarbé.

Ce langage patriotique, loin de le critiquer, nous l'ad-
mirons, mais, après l'avoir tenu, les partisans de l'Empire ont-ils le droit de reprocher aux républicains
d'avoir fait ce qu'eux-mêmes réclamaient alors avec
tant d'énergie, sans savoir si la paix était possible,
quand au contraire les républicains n'ont continué la
guerre que parce que les conditions imposées par le
vainqueur étaient déshonorantes, ainsi qu'on le verra
bientôt ?

Quand on parle de la révolution du 4 Septembre, on
le fait toujours comme si la proclamation de la République avait seule renversé l'Empire. C'est là une erreur
générale et qu'on détruira bien difficilement ; et cependant les faits sont là, patents et irrécusables.

En effet, après avoir voté, comme elle n'a pu le faire
que plus tard, l'institution d'une Commission de gouvernement de Défense nationale, la Chambre devait
désigner ensuite les cinq membres chargés de la composer. Ceux-ci auraient inauguré leur entrée en fonctions
en nommant de nouveaux ministres avec le concours
desquels ils auraient géré les affaires publiques, jusqu'à
ce que, les circonstances le permettant, la nation ait élu
une assemblée constituante qui se serait prononcée sur
la forme de son gouvernement.

L'Empereur prisonnier, la régence remplacée par le
nouveau gouvernement, que restait-il de l'Empire?
Rien, absolument rien.

Au point de vue strictement légal, ce gouvernement eut été tout aussi irrégulier que celui de la Défense nationale, la Chambre en effet n'ayant pas le droit de supprimer la régence de l'Impératrice et de constituer un pouvoir exécutif nouveau.

Comme on le voit, le gouvernement de la Défense nationale n'a pas remplacé l'Empire, qui déjà moralement n'existait plus ; en réalité il a pris la place d'un pouvoir qui allait être constitué.

Les députés républicains avaient tout intérêt à ce que les choses se passassent ainsi. Ils ne pouvaient douter que ce nouveau gouvernement ne résisterait pas 24 heures à la pression de l'opinion publique réclamant la proclamation de la République ; surtout si on tient compte qu'à la nouvelle du désastre de Sedan, elle avait été proclamée sans opposition à Lyon, Marseille et Bordeaux avant de l'être à Paris.

Le gouvernement de la Défense nationale se constitua sans difficultés intérieures, mais il se trouva dès les premiers moments aux prises avec les difficultés les plus grandes au point de vue militaire.

Le maréchal Bazaine, qui commandait notre seule armée, était bloqué dans Metz.

A Paris se trouvait le corps d'armée fort de 35,000 hommes que le général Vinoy venait de ramener des Ardennes, en outre les débris des bataillons vaincus qui portaient avec eux le découragement plutôt que l'espérance ; la garnison sédentaire de Paris, mais peu nombreuse ; la gendarmerie des environs, plus les douaniers et une partie du corps des sergents de ville ; la garde nationale en formation, montrant beaucoup de bonne volonté, mais n'ayant aucune habitude des manœuvres militaires ; 90,000 mobiles avaient été appelés de la province à Paris, la plupart des paysans bretons dont une partie était en blouses et en sabots ; tous à peine armés, et n'ayant jamais manié un fusil, présentant l'aspect le plus piteux ; les murs d'enceinte non armés ; les ouvrages avancés commencés sur les hauteurs non achevés.

Enfin dans les départements, la nation, mais la nation non armée. Comme on le voit, au point de vue militaire tout était à faire.

Par contre, 300,000 Prussiens bien organisés, bien commandés, disciplinés, ayant l'ardeur que donne la victoire, allaient marcher sur Paris. Telle était la situation après Sédan.

Tentatives de paix.

En prenant possession du ministère des affaires étrangères, M. J. Favre adressa à tous nos agents diplomatiques à l'étranger une circulaire faisant connaître les
vues du nouveau gouvernement sur la situation.

Cette circulaire d'une haute conception, et écrite
dans un style admirable, contenait entre autres déclara-
rations celle suivante :

« Nous ne céderons ni un pouce de notre territoire
« ni une pierre de nos forteresses.

« Une paix honteuse serait une guerre d'extermina-
« tion à courte échéance.

« Nous ne traiterons que pour une paix durable. »

Après avoir fait connaître ces résolutions à l'Europe,
et désireux d'éviter s'il était possible les effroyables
calamités de la guerre, M. J. Favre, quoiqu'il dût lui
en coûter, et sans même consulter ses collègues, résolut
de connaître les intentions de la Prusse relativement
aux conditions de la paix.

A cet effet, il entra en communication avec l'ennemi
par l'intermédiaire de l'ambassadeur d'Angleterre, et
le 18 septembre il adressa à M. de Bismarck directe-
tement une demande d'entrevue, dans l'espoir d'obtenir des conditions honorables. M. de Bismarck ayant
accepté, il se mit immédiatement en route pour le rejoindre.

Leur première entrevue eut lieu le 19 septembre au château de la Haute-Maison près Meaux, et les autres à Ferrières.

Les lecteurs que cette page d'histoire intéresse feront bien de lire dans un livre de M. J. Favre, *le Gouvernement de la Défense nationale*, la narration détaillée qu'il a faite de ses entretiens avec M. de Bismarck, en outre la circulaire diplomatique adressée par ce dernier le 27 septembre aux agents prussiens, et enfin celle adressée quelque temps après par M. J. Favre à nos ambassadeurs.

Nous allons résumer ces documents aussi exactement que possible d'après la narration la plus détaillée, et les deux circulaires diplomatiques.

Ma première parole à M. le comte de Bismarck, dit M. J. Favre, a été celle-ci : « J'ai cru avant d'engager « une lutte définitive sous les murs de Paris qu'il était « impossible de ne pas tenter une transaction honora- « ble prévenant d'incalculables malheurs, et j'ai voulu « connaître à cet égard les intentions de Votre Excel- « lence. Notre situation, bien qu'irrégulière, est par- « faitement nette. Nous n'avons pas renversé le gou- « vernement de l'Empereur. Il est tombé de lui-même ; « et, en prenant le pouvoir, nous n'avons fait qu'obéir « à une loi de suprème nécessité.

« C'est à la nation qu'il appartient de prononcer « elle-même sur la forme de gouvernement qu'elle en- « tend se donner, et sur les conditions de la paix. « C'est pour cela que nous l'avons convoquée. Je viens « vous demander si vous voulez qu'elle soit interrogée, « ou si c'est à elle que vous faites la guerre avec l'in- « tention de la détruire, ou de lui imposer un gouver- « nement. Dans ce cas je fais observer à Votre Excel- « lence que nous sommes décidés à nous défendre jus-

« qu'à la mort. Paris et ses forts peuvent résister pen-
« dant trois mois.

« D'un autre côté, votre pays souffre nécessairement
« par la présence même de vos armées sur notre terri-
« toire ; une lutte qui prendrait le caractère d'extermi-
« nation serait fatale aux deux pays, et je crois qu'avec
« de la bonne volonté nous pouvons la prévenir par
« une paix honorable.

« Le comte m'a répondu : Je ne demande que la paix.
« Ce n'est pas l'Allemagne qui l'a troublée. Vous
« nous avez déclaré la guerre sans motifs, dans l'uni-
« que dessein de nous prendre une portion de notre
« territoire. En cela vous avez été fidèles à votre passé.
« Depuis Louis XIV, vous n'avez cessé de vous agran-
« dir à nos dépens. Nous savons que vous ne renonce-
« rez jamais à cette politique ; que vous ne reprendrez
« des forces que pour nous faire une guerre nouvelle.
« L'Allemagne n'a pas cherché cette occasion, elle l'a
« saisie pour sa sécurité, et cette sécurité ne peut être
« garantie que par une cession de territoire. Strasbourg
« est une menace perpétuelle contre nous. Il est la clef
« de notre maison, et nous la voulons.

« J'ai répliqué : Alors c'est l'Alsace et la Lorraine. »
Comme on le voit, les deux contradicteurs se trouvaient placés, dès le début, chacun sur un terrain tout
a fait opposé, aussi le désaccord éclata-t-il aussitôt.
M. de Bismarck, invoquant le droit du plus fort pour
s'annexer l'Alsace et la Lorraine, rappela que ces provinces avaient été conquises de la même manière deux
cents ans avant par Louis XIV. En outre, il fit valoir
que les annexions de Nice et de la Savoie à la France
avaient eu lieu sans même avoir été le prix de la victoire.

M. J. Favre répondit qu'il n'était pas possible de

comparer deux époques aussi différentes ; qu'au moment où Louis XIV annexa à la France l'Alsace et la Lorraine, il ne répondait que faiblement à l'agrandissement considérable de la Prusse qui, d'un état insignifiant, est devenue une puissance de premier ordre. A cette époque les peuples ne s'appartenaient pas, mais depuis, un droit nouveau a surgi et la France le reconnaît et le pratique : c'est celui des peuples de disposer d'eux-mêmes. L'annexion de Nice et de la Savoie n'a eu lieu, en raison de ce droit, que du consentement des populations ; M. de Bismarck serait-il disposé à surbordonner l'annexion de l'Alsace et de la Lorraine à leur consentement ?

M. de Bismarck répondit que non, qu'il savait fort bien que ces provinces voulaient rester françaises, mais qu'il les voulait pour renforcer la position militaire de l'Allemagne, et pour se défendre dans la nouvelle guerre que la France ne manquerait pas de lui déclarer quand elle jugerait le moment opportun.

M. J. Favre répondit encore : Nous pouvons être vaincus et obligés de céder à la force, mais je considérerais comme un déshonneur de consentir à l'abandon de l'Alsace et de la Lorraine Ce serait une lâcheté que de consommer une iniquité pour se racheter soi-même. On ne trouverait pas un Français digne de ce nom qui pense et agisse autrement.

Du reste, ainsi que l'avait déclaré M. J. Favre dès le début, l'Assemblée seule aurait qualité pour signer la paix ; ce n'était donc que sur la demande bien naturelle qu'il en avait faite, et à titre seulement de renseignement, que cette discussion avait eu lieu. Sa démarche n'avait pour but que d'obtenir un armistice pour pouvoir nommer une Assemblée à laquelle le gouvernement de la Défense nationale remettrait ses pouvoirs, et qui seule pourrait traiter des conditions de la paix. C'est ainsi du reste que les choses se sont passées.

M. de Bismarck qui avait d'abord refusé l'armistice finit par l'accepter, mais à des conditions, non seulement contraires à tous les usages, mais encore qu'on a peine à concevoir ainsi qu'on en peut juger.

L'armistice ne devait pas s'appliquer à Metz, et les hostilités devaient continuer autour de cette place.

Nous devions livrer les places assiégées de Toul et de Bitche, plus Strasbourg dont l'héroïque garnison devait être prisonnière de guerre.

En outre, nous devions livrer à l'ennemi le fort du Mont-Valérien, dont la position dominante équivalait à la livraison de Paris même, dont le siège était à peine commencé, moyennant quoi les communications eussent été libres.

Si nous ne voulions pas livrer Paris, le siège devait se continuer, et les élections avoir lieu au milieu des hostilités. En outre l'Assemblée, une fois réunie, aurait délibéré sur la paix ou la guerre au bruit du canon.

Dans le premier cas, c'était livrer la France à l'ennemi et lui fournir ainsi le moyen de dicter ses conditions de paix à l'Assemblée, sans qu'il lui soit possible de les refuser.

Dans le second cas, Paris assiégé et sans communications avec les provinces, et les hostilités continuant partout, l'armistice n'était plus qu'une dérision, et, les élections ne pouvant avoir lieu librement dans les pays occupés par l'ennemi, une partie de la France seulement y aurait pris part. Dans l'un comme dans l'autre cas, la reddition des places assiégées était exigée, et l'Alsace et la Lorraine étaient exclues du droit de voter, leur sort étant considéré comme réglé par leur annexion à l'Allemagne.

Devant de telles exigences, M. J. Favre suffoqua de douleur. Il avoua même qu'il ne put retenir ses larmes de désespoir. Il quitta M. de Bismarck le cœur navré, et les pourparlers furent rompus.

N'est-il pas honteux de penser que, depuis, il s'est trouvé des Français assez aveuglés par l'esprit de parti pour se moquer des larmes patriotiques versées par M. J. Favre ?

Le *Journal officiel du 21 septembre* contenait la note suivante :

« Avant que le siège de Paris commençât, le minis-
« tre des affaires étrangères a voulu connaître les in-
« tentions de la Prusse, jusque-là silencieuse. La Prusse
« répond à ces ouvertures en demandant à garder l'Al-
« sace et la Lorraine, par droit de conquête. Elle ne
« consentirait même pas à consulter les populations, et,
« quand elle est en présence de la convocation d'une
« assemblée qui constituera un pouvoir définitif et vo-
« tera la paix ou la guerre, la Prusse demande comme
« conditions préalables d'un armistice l'occupation des
« places assiégées, le fort du Mont-Valérien, et la gar-
« nison de Strasbourg prisonnière de guerre.

« Que l'Europe soit juge ! Pour nous l'ennemi s'est
« dévoilé, il nous place entre le devoir et le déshonneur,
« notre choix est fait. »

Refus des conditions de l'armistice.

A ceux qui seraient tentés de reprocher au gouvernement de la Défense nationale de n'avoir pas consenti aux conditions de l'armistice, qui aurait permis au vainqueur de nous imposer la paix qu'on connaît, nous rappellerons que lors du procès du maréchal Bazaine, le général Boyer et M. Rouher ont déposé devant le conseil de guerre que, par suite des intrigues du maréchal Bazaine auprès de l'ex-Impératrice, par l'entremise d'un sieur Regnier, elle présida à des délibérations qui eurent lieu à Londres, et auxquelles assistèrent d'anciens dignitaires de l'Empire. Le général Boyer et M. Rouher ont déposé que, sans connaître exactement les conditions de paix réclamées par la Prusse, jamais l'Impératrice n'eût consenti dans aucun cas à une mutilation du territoire.

Notre impartialité nous faisait un devoir de signaler ce fait tout à l'honneur de l'ex-Impératrice.

N'osant formuler un tel reproche, ces hommes aveuglés par l'esprit de parti ont prétendu qu'après Sedan la paix nous aurait coûté seulement la cession de Strasbourg et de sa banlieue. A ces affirmations sans preuves, nous allons répondre par celles les plus irrécusables, que les Prussiens étaient alors bien résolus à nous imposer l'abandon de l'Alsace et de la Lorraine.

Lorsque parut la note du 21 septembre, il existait à

Paris une grande quantité de journaux représentant les opinions les plus diverses. Nous avons parcouru les plus importants de cette époque, et dans aucun d'eux nous n'avons trouvé exprimé l'avis de faire la paix à de pareilles conditions. Au contraire, en présence des prétentions de l'ennemi, tous ont été d'avis de continuer la lutte avec la plus grande énergie.

Les journaux bonapartistes ne le cédèrent en rien aux républicains, voici en quels termes s'exprimait M. Léonce Detroyat, rédacteur en chef du journal *la Liberté*, dans son nº du 23 septembre : « Le gouverne-« ment de la Défense nationale a bien fait son devoir. « Détenteur du sang et de l'honneur du pays, il a tout « essayé pour épargner le sang ; mais il eût fallu sacri-« fier l'honneur, il s'est arrêté ; cela est bien.

« Nous ne discutons pas les conditions de M. de Bis-« marck, elles se résument dans un seul mot: l'anéan-« tissement de la France. Nous ne faisons pas davan-« tage à nos concitoyens l'affront de les interroger. « Tout Français en lisant ces insolentes exigences a dû « sentir la rougeur lui monter au front, et, s'il s'est « trouvé un lâche capable de souscrire à cette honte, « il s'est tu.

Après avoir reproduit la note officielle, *le Pays* écrivait ce qui suit :

« Le *Journal officiel* de ce matin nous apprend le « résultat de la démarche de M. J. Favre : La Prusse « pose comme première condition des négociations « l'abandon de l'Alsace et de la Lorraine. Quant aux « conditions préalables de l'armistice, nous ne pouvons « les qualifier que d'un seul mot ; c'est une suprême « insulte.

« En mentionnant hier la tentative de M. J. Favre, « nous avons eu soin de prévenir nos lecteurs contre

« toute illusion. Les prétentions de l'ennemi ne nous
« prennent donc nullement à l'improviste.

« D'après la note qu'on vient de lire, la démarche
« entreprise par M. J. Favre a échoué. Cela ne nous
« étonne ni ne nous effraye. Le roi de Prusse et M. de Bis-
« marck, grisés par leurs succès et par les vapeurs du
« vin de Champagne qu'ils ont bu à Reims, se mon-
« trent aussi intraitables qu'arrogants. Cela devait être,
« c'est dans leur nature. Ils veulent mettre un terme à
« notre organisation ; ils veulent l'anéantissement de
« la France comme puissance européenne ; ils veulent
« l'Alsace et la Lorraine ; ils veulent Metz et Stras-
« bourg ; ils veulent comme condition préalable d'un
« armistice l'occupation des places assiégiées, le fort
« du Mont-Valérien et la garnison de Strasbourg pri-
« sonnière de guerre. Ils veulent... que pourraient-ils
« bien vouloir encore ? Allez, Messieurs, ne vous gênez
« pas pendant que vous y êtes, annexez tout de suite
« nos 89 départements et envoyez-nous comme vice-roi
« le prince de Hohenzollern ; c'est le bouffon et l'odieux
« dans le tragique.

« Que prétendait donc ce roi piétiste et soudard lors-
« qu'au début de la guerre il déclarait qu'il ne faisait
« pas la guerre à la France, mais à l'ex-Empereur ?

« La voilà cette nation, hier encore la première du
« monde, surprise, blessée, le flanc découvert, l'âme
« brisée, et voyant tomber autour d'elle ses plus nobles
« enfants ; elle propose la paix, elle sait que ses défai-
« tes doivent rendre son ennemi exigeant ; elle se sou-
« met à payer les frais de la guerre ; elle offre loyale-
« ment une juste rançon, et, loin d'être ému au specta-
« cle de ce grand peuple **perdu par ceux qui**
« **avaient mission de le défendre**, cet ennemi bar-
« bare le repousse du bout de sa botte et ose lui dire :

« ce n'est pas seulement ton sang ; ce n'est pas seule-
« ment ton or que je veux ; c'est ton déshonneur. Ah !
« Majesté prussienne, c'est plus que l'esprit que vous
« avez perdu, c'est le cœur.

« Nous ignorons de quelle façon l'Europe accueillera
« les prétentions monstrueuses du roi Guillaume et de
« M. de Bismarck, mais ce que nous savons, c'est que
« nous devons désormais nous en remettre en Dieu,
« en notre bon droit, en notre courage, pour la défense
« de notre sainte cause ; ce que nous savons, c'est
« qu'entre l'asservissement qu'on veut nous imposer et
« **la lutte à outrance**, l'hésitation n'est pas possi-
« ble.

« Les épreuves suprêmes commencent pour Paris,
« nous sommes certains que la grande et généreuse
« ville les supportera avec la vaillance, avec l'héroïsme
« de Strasbourg la martyre ; nous avons le ferme es-
« poir que de ces épreuves jaillira notre triomphe.

« Nous désirions la paix, la guerre n'ayant été entre-
« prise que **dans un intérêt dynastique**; on nous
« oblige à la guerre, la guerre soit ; l'excès même des
« prétentions de notre ennemi nous la rendra favora-
« ble. »

Malgré son étendue, nous avons cru devoir reproduire intégralement l'opinion d'un journal dévoué à
l'Empire, et qui résume admirablement les sentiments
d'indignation ressentis par tous. Rien n'y manque du
reste, ni la condamnation de l'Empire, ni la nécessité
d'une lutte à outrance, ni même l'aveu que cette guerre
néfaste ne fut entreprise que dans un intérêt dynastique.

La paix aussitôt après Sedan nous aurait coûté
comme plus tard l'abandon de l'Alsace et de la Lorraine. Les preuves abondent.

C'est d'abord le rapport de M. J. Favre de son entrevue avec M. de Bismarck ; ensuite le témoignage du général Wimpffen que nous trouvons dans son ouvrage intitulé *Sedan*, et dans lequel est relatée la conférence avec M. de Bismarck relative à la capitulation de Sedan. *A la page 242* il a écrit : « Le comte de Bismarck, « venant ensuite à parler de la paix, me dit que la « Prusse avait l'intention bien arrêtée d'exiger, non « seulement une indemnité de guerre de quatre « milliards, mais encore la cession de l'Alsace et de la « Lorraine allemande, seule garantie pour nous, ajouta- « t-il, car la France nous menace sans cesse, et il faut « que nous ayons, comme protection solide, une bonne « ligne stratégique avancée. »

Cette déclaration s'accordait du reste avec celles postérieures, et avec les faits déjà accomplis. En effet, aussitôt que Bazaine fut enfermé dans Metz et que les Prussiens se crurent certains de prendre cette place, par un décret du 30 août, la partie de la Lorraine qu'ils appellent allemande fut réunie administrativement au gouvernement général d'Alsace créé précédemment. Cette partie est exactement celle dont l'abandon nous fut imposé par le traité de paix.

On voit que, même avant Sedan, les Prussiens étaient bien résolus à nous prendre l'Alsace et la Lorraine.

Dans une dépêche datée de Reims, 13 septembre, adressée à tous les agents diplomatiques de la Prusse, M. de Bismarck déclare qu'il faut à l'Allemagne les grandes forteresses qui sont les postes avancés de la France contre l'Allemagne.

Le 16 du même mois il leur en adressait une autre de Meaux plus explicite encore, dans laquelle il dit : « Les conditions de la paix, quel que soit le gouverne-

« ment avec lequel nous aurons à les traiter, ne dépen-
« dent en aucune manière de la question comment et
« par qui la nation française est gouvernée.

« Ces conditions nous sont dictées par la force des
« choses et la loi de la défense contre un peuple voi-
« sin, violent et ennemi de la paix. Aussi longtemps
« que la France possédera **Metz et Strasbourg,** sa po-
« sition offensive sera stratégiquement plus forte que
« notre position défensive pour tout le midi de l'Allema-
« gne du Nord, située sur et à la rive gauche du Rhin.

« Strasbourg entre les mains de la France est une
« porte toujours ouverte pour envahir l'Allemagne du
« Sud, **mais Strasbourg et Metz en notre posses-**
« **sion** prendront un caractère défensif. »

Les citations qui précèdent établissent de la façon la
plus irrécusable, la plus absolue, que la paix ne pouvait se faire après Sedan que par l'abandon de l'Alsace
et de la Lorraine. Devait-on l'accepter à ce prix, et
subir les conditions imposées par M. de Bismarck pour
obtenir un armistice ? Le gouvernement de la Défense
nationale ne le pensa pas et résolut de continuer la
guerre.

Pour juger cette résolution, il ne faut pas perdre de
vue qu'elle impliquait l'honneur de la France.

En effet, consentir à l'abandon de l'Alsace et de la
Lorraine sans avoir épuisé tous les moyens d'éviter un
tel sacrifice, c'était le déshonneur. Nos concitoyens
d'Alsace-Lorraine ne nous auraient jamais pardonné
cet abandon fait en vue de sauvegarder nos propres
intérêts. Le monde civilisé nous eût jugés méprisables
et lâches.

Avions-nous encore après Sedan les moyens de lutter, et nous restait-il quelques chances favorables ?
Toute la question est là.

Pour la résoudre, il faut par la pensée se reporter à cette époque où on ignorait le résultat de la continuation de la guerre que nous avons connu par la suite, pour ne voir que les chances favorables qui nous restaient, et qui ne nous permettaient pas alors de subir sans déshonneur les exigences de la Prusse.

D'abord, pouvait-on croire à l'investissement de Paris ? Tous nos généraux, et à leur tête le maréchal Niel, l'avaient déclaré impossible.

Sans doute jusqu'à Sedan nous n'avions essuyé que des revers ; néanmoins la France n'était nullement épuisée d'hommes ni d'argent. Une partie de son territoire était envahie par l'ennemi, mais nul n'ignorait que son éloignement de son propre pays rendait pour lui la lutte de plus en plus difficile. N'avions-nous pas eu autrefois la même position en Espagne, et n'en avions-nous pas été cependant expulsés plus tard ?

La défense de Paris s'organisait au moyen des ressources que nous avons fait connaître. Ces éléments pouvaient constituer par la suite des moyens de résistance fort respectables. Une nouvelle armée était en formation sur les bords de la Loire. Enfin le maréchal Bazaine enfermé dans Metz, place réputée imprenable, avait sous son commandement 180,000 hommes, l'élite de l'armée française.

L'ex-Impératrice et ses ministres avaient jugé possible la continuation de la guerre après Sedan ; qu'aurait-on pensé du gouvernement de la Défense nationale s'il avait livré Paris à l'ennemi, rendant ainsi toute lutte ultérieure impossible et livré par là même la France à merci ? N'aurait-on pas été autorisé à l'accuser de trahison ? Qui donc en outre pouvait alors prévoir qu'un maréchal de France, celui qu'on appelait le glorieux Bazaine, trahirait ses devoirs et mériterait une condamnation à mort ? Personne assurément. Son indigne conduite n'a-t-elle pas eu pour notre défense les plus désastreuses conséquences ?

Dans son rapport, le général de Rivière a établi :

Qu'en exécution du décret de 1863, il aurait dû 1° approvisionner la place de Metz en y faisant rentrer, soit par achats, soit par réquisition, une partie des grains, fourrages et bestiaux des environs, et qu'un dixième seulement lui eût fourni des vivres pour un mois de plus ;

2° Avant l'investissement de la place, en faire sortir toutes les bouches inutiles ; mais qu'au contraire il y laissa entrer environ 20,000 habitants ruraux dont on avait exigé qu'un apport de vivres pour 40 jours, et qui durent plus tard être nourris pendant 37 jours au moyen des ressources de la place ;

3° Qu'il laissa ignorer à l'intendance générale son intention de ne pas sortir de Metz, et qu'au lieu de rationner dès le début du siège, les chevaux furent nourris pendant longtemps avec du blé ; sans ce gaspillage la place aurait pu tenir un second mois de plus.

Voici sur ce sujet la déclaration qu'a faite à l'assemblée nationale le général Changarnier dans la séance du 29 mai 1871 : « Nous aurions pu dès le 22 août « rayonner à 18 ou 20 kilomètres autour de Metz, et « dans ce pays plantureux, fertile, admirablement cul-« tivé, où tous les plus beaux villages qui soient en « France se touchent, nous aurions pu en quelques jours « faire rentrer une quantité de bétail, de grains et de « fourrages suffisante pour plusieurs mois d'approvi-« sionnement. Malheureusement, le général en chef « n'eut pas cette sage prévoyance. S'il l'avait eue, l'his-« toire le placerait dans ce groupe glorieux des hommes « qui ont le mieux servi leur pays. »

La conduite du maréchal Bazaine eut des conséquences désastreuses. S'il eût fait son devoir, la place de Metz, qui faute de vivres capitula le 29 octobre, eût pu tenir jusque fin décembre, et retenir jusqu'à cette époque l'armée du prince Frédéric-Charles.

Nos armées s'organisaient en province, et avaient pour objectif de débloquer Paris. Le 10 novembre le général d'Aurelles de Paladinés avait obtenu un succès important à Coulmiers. Quelques jours plus tard, la route de Paris lui était barrée par l'armée du prince Frédéric-Charles qui arrivait de Metz. Sans ce contretemps Paris était débloqué.

Qui peut dire les conséquences qu'aurait eues un événement de cette importance ? Et qui donc en présence de ces faits pourrait accuser le gouvernement de la Défense nationale de n'avoir pas prévu la trahison d'un maréchal de France, et soutenir qu'il ne nous restait aucune chance d'obtenir la paix à de meilleures conditions ?

Siège de Paris, première partie.

Avant la démarche qu'il devait faire auprès de M. de Bismarck, M. J. Favre avait fait appel au patriotique dévouement de M. Thiers, et l'avait chargé d'une mission auprès des cabinets étrangers, en vue d'obtenir leur intervention en faveur de la paix. Connu de la plupart des hommes d'état de l'Europe, jouissant auprès d'eux d'une grande considération personnelle, s'étant opposé de toutes ses forces à cette criminelle déclaration de guerre, il était bien l'homme auquel une telle mission pût être confiée.

L'un des premiers actes du gouvernement fut de remplacer dans les vingt arrondissements de Paris les maires et les adjoints, nommés par l'Empire.

Un décret du 16 septembre convoqua une Assemblée nationale, à laquelle le gouvernement de la Défense nationale devait remettre ses pouvoirs.

Un autre décret du 18 convoqua les électeurs de Paris pour le 28 suivant, à l'effet de nommer, par le suffrage universel, un conseil municipal, des maires et adjoints dans chaque arrondissement. Après l'échec de la démarche de M. J. Favre, et en présence de la nécessité de continuer la lutte, le gouvernement, par un décret du 23, ajourna ces élections à des temps plus favorables.

Dès lors toute son attention se porta sur les moyens de défense.

Le général Trochu jouissait d'une grande réputation militaire. A tort ou à raison, il passait pour être depuis longtemps un adversaire de l'Empire, ce qui le rendit très populaire. Avant tout le général Trochu était un militaire. Ce fut à ce point de vue seul qu'il jugea la défense de Paris.

Lorsqu'au 4 septembre il accepta la présidence du nouveau gouvernement, il le fit surtout en vue de rallier les troupes éparses dans Paris, et de refaire une armée pour la défense de la capitale; quant au résultat de cette défense, il ne se fit et ne laissa à ses collègues aucune illusion. Dès les premiers jours, il leur rappela cet axiome militaire : « Toute place assiégée qui n'est « pas secourue est une place prise. » Il ajouta : « Si « Paris n'est pas secouru par la province, sa défense « sera une héroïque folie, mais cette folie nous devons « la faire pour l'honneur de la France. »

Ce raisonnement était vrai; toutefois Paris, en raison de sa circonférence et de sa nombreuse population, ne pouvait être comparé à une place de guerre ordinaire où l'élément civil ne compte pas au point de vue de la défense, laquelle repose toute entière sur la garnison.

Pas plus que le maréchal Niel, personne ne croyait à la possibilité de bloquer Paris en raison de sa circonférence ; on n'envisageait alors que la nécessité de repousser la force par la force, et de tenir assez longtemps pour que les armées de province aient le temps de s'organiser.

Les premiers soins de la défense se portèrent sur les fortifications.

En déclarant la guerre, l'Empereur n'avait vu que la

marche de nos armées sur Berlin, et n'avait nullement
prévu celle des Prussiens sur Paris. Si la négligence
de l'Empire avait laissé nos places fortes de l'Est sans
armement, sans approvisionnements et sans munitions, à plus forte raison en était-il ainsi des fortifications de Paris.

Dans sa déposition devant la Commission d'enquête,
M. Jérôme-David, ministre des travaux publics, a déclaré que la confiance dans le succès était telle, que
l'Empire n'avait pas cru nécessaire de mettre Paris en
état de défense, et qu'on n'y songea qu'à partir du 7
août. Il ajouta que le désordre et l'incurie étaient si
grands, que les forts manquaient de projectiles de 24,
les plus utiles à la défense, et que le 23 ou le 24 août
seulement, il dut prendre sur lui d'en commander à
l'usine de M. Varus près le Mans.

De son côté M. J. Brasme, autre ministre de l'Empire, a déposé comme suit devant la même Commission :
« Dès mon entrée au ministère, ma première pensée
« fut de me rendre un compte exact de l'état où se
« trouvaient les fortifications de Paris. J'allai visiter le
« lendemain les remparts et les différents forts qui les
« entourent.

« Les forts contenaient tout simplement un vieux
« commandant et un portier-consigne ; dans les forts
« et sur les fortifications, pas une pièce n'était en
« place ; ni munitions, ni gargousses, ni vivres, ni dé-
« fenseurs ; partout c'était le silence, le désert ; et
« l'ennemi était à huit journées de marche de
« Paris. »

Comme on le voit, au lendemain du 4 septembre, à
peu de chose près, tout était à faire en fait de travaux
d'armement aux forts et aux remparts de Paris. Il a
été reconnu depuis que si les Prussiens eussent connu

cette situation véritable, ils eussent pu en 48 heures s'emparer de plusieurs forts, et ainsi se trouver maîtres de Paris. Des travaux considérables furent exécutés ; on construisit aux fortifications un grand nombre de poudrières, de magasins et de tranchées-abris. On arma les forts en utilisant des pièces de marine à longue portée.

Pendant ce temps, l'ennemi arrivait en force et prenait position autour de Paris en occupant les points les plus élevés. Son objectif était de s'en approcher le plus possible et de diminuer ainsi l'étendue de sa circonférence d'investissement ; au contraire celui de la défense était de l'en éloigner afin de l'agrandir. Tous les combats qui furent livrés de part et d'autre pendant le siége n'eurent pas d'autre but.

Après avoir assuré la défense de Paris contre une attaque de vive force de l'ennemi, le gouvernement de la Défense nationale dut s'occuper de la constitution de forces capables de lutter en rase campagne, et de seconder celles qu'on attendait de la province pour débloquer Paris.

Ainsi que nous l'avons déjà dit, Paris ne contenait par d'armée proprement dite ; il ne s'y trouvait alors qu'environ 60,000 hommes de troupes régulières , composées de jeunes gens recrutés à la hâte, et n'ayant aucune consistance, ce qui explique la déroute précipitée du 18 septembre après un combat d'avant-postes, déroute qui permit à l'ennemi d'occuper les hauteurs de Châtillon, Clamart et Meudon, et de se diriger sur Versailles où il établit son quartier général.

Un grand nombre d'habitants des quartiers riches quittèrent Paris à l'approche de l'ennemi. Ils y furent remplacés par des habitants de la banlieue, qui n'avaient pas les moyens de se réfugier en province ou à l'étranger. Partout se tenaient des réunions publiques, dans lesquelles on réclamait l'armement de tous les citoyens, et l'organisation de la garde nationale. Sauver Paris et la France étant le but suprême, chacun voulait y prendre part.

La garde nationale fut organisée par quartiers. Elle comprit tous les hommes valides de 20 à 45 ans. Il fut alloué à chaque homme, n'ayant pas de ressources pour vivre, une indemnité de 1 fr. 50 par jour. Au dessus de 45 ans, on admit des engagements d'hommes de bonne volonté. On comprendra sans peine que dans les quartiers pauvres cette indemnité, indispensable à bien des familles, ait déterminé un nombre d'engagements plus grand que dans les quartiers riches.

La garde nationale, ainsi organisée, compta bientôt 245 bataillons de 1,000 à 1,200 hommes chacun, formant un ensemble de plus de 300 mille hommes. Sur toutes les places publiques on les voyait apprendre les exercices militaires avec beaucoup d'ardeur. Par décret du 18 septembre, la garde nationale fut appelée à nommer ses chefs au suffrage universel. Ce mode de nomination s'imposait ; il faisait partie des revendications de la plupart des membres du nouveau gouvernement. Bien que réclamé par eux en vue d'un état de paix, ils durent l'appliquer dans des circonstances toutes différentes. Dans les quartiers populeux, les choix se portèrent, surtout pour les hauts grades, sur des hommes politiques appartenant depuis longtemps au parti radical-socialiste-révolutionnaire.

Si Paris ne possédait pas une armée régulière nombreuse, par contre, il renfermait beaucoup d'éléments dont on eût pu tirer un meilleur parti. Il n'y avait presque pas d'artillerie de campagne, mais il existait dans Paris de quoi en fabriquer en quantité suffisante, qu'il eût fallu utiliser aussitôt l'investissement.

Au lieu d'englober dans la garde nationale tous les hommes valides de 20 à 45 ans, il fallait au début du siège faire le recensement de tous les hommes célibataires ou veufs sans enfants, et les confondre avec la garde mobile, qui eût été ainsi facilement doublée. L'autorité militaire aurait pu ainsi disposer de 250,000 hommes, qu'elle aurait eu à organiser, à instruire, et à aguerrir par des combats d'avant-postes et des petites sorties, qui auraient harcelé , fatigué l'ennemi, en attendant que plus tard on pût tenter des sorties plus sérieuses. Pendant ce temps, on aurait poursuivi les travaux d'armement et d'équipement destinés d'abord aux troupes placées sous l'autorité militaire. Ces troupes, bien entendu, auraient quitté l'intérieur de Paris, et auraient occupé les remparts, la zone militaire, jusque et au-delà les forts.

Cette organisation, du reste, eut été parfaitement légale et conforme aux stipulations des lois militaires du 21 mars 1832 et du 13 juin 1851. Les hommes mariés composant seuls la garde nationale sédentaire chargée de maintenir l'ordre, et le cas échéant de la défense intérieure, diminuée comme nombre, et ne comptant plus dans ses rangs toute cette jeunesse ardente et facile à entraîner, ne fût pas devenue bientôt pour le gouvernement, un embarras d'abord, et plus tard un danger.

Le général Trochu, auquel incombe la plus grande part de responsabilité dans la défense du siège de Paris, n'ayant jamais eu confiance dans le résultat final, et manquant du feu sacré que lui aurait donné cette confiance s'il l'avait eue, n'entra dans ces vues que beaucoup plus tard, et d'une façon insuffisante, alors surtout que le temps faisait défaut, et que les approvisionnements étaient déjà fortement diminués.

La nomination des officiers de la garde nationale par le suffrage universel s'imposait comme nous l'avons dit, mais ce mode de nomination n'aurait pas dû être étendu à la garde mobile. Ce fut cependant ce qui eut lieu, et ce fut une grande faute. En effet, cette troupe, destinée à aller au feu, devait être commandée par des chefs aussi instruits que possible des choses de la guerre et désignés par l'autorité militaire. La discipline y eût beaucoup gagné. Au contraire, le suffrage des hommes fit souvent tomber le choix sur des individualités bruyantes ou mises en évidence par leur situation de fortune, auxquelles le courage personnel ne faisait pas défaut, mais dont l'incapacité militaire fut très souvent compromettante.

Le parti révolutionnaire.

Les événements du 4 septembre nous ont révélé qu'à côté des républicains les plus connus, tels que les députés, ennemis irréconciliables de l'Empire, il existait un parti se disant plus avancé. Les revendications des premiers étaient surtout d'ordre politique ; celles du second étaient avant tout d'ordre économique et social, et ne pouvaient être obtenues, ou plutôt imposées, que par l'emploi de moyens révolutionnaires.

Dès le lendemain du 4 septembre, les chefs de ce parti avaient déclaré une guerre acharnée au nouveau gouvernement, auquel ils reprochaient de n'être pas assez révolutionnaire. L'un des principaux motifs de cette hostilité, c'est que les hommes du gouvernement de la Défense ationale, en acceptant le pouvoir le 4 septembre, leur avaient barré le chemin de l'autorité, objet de leurs convoitises.

La nomination comme chefs de bataillon dans la garde nationale de beaucoup de partisans du parti révolutionnaire, surtout dans les quartiers excentriques tels que Montmartre, Belleville, Ménilmontant, doubla l'importance et l'insubordination de ce parti. Pendant toute la durée du siège, ses chefs ne cessèrent de harceler le nouveau gouvernement. Dans les réunions publiques et dans leurs journaux, ils le déclaraient traître à la patrie, poussant à son renversement et à son remplacement par une nouvelle Commune imitée des plus mauvais jours de la première Révolution. Complètement étrangers à l'art de la guerre, ils blâmaient systématiquement toutes les mesures prises par le gouvernement, sans pouvoir démontrer l'efficacité de celles qu'ils préconisaient. Pour eux, la Commune était tout, répondait à tout, comme une panacée universelle qui devait tout sauver. Ces hommes, pour la plupart journalistes ou orateurs de clubs, étaient les adversaires acharnés de toute autorité chez les autres, en même temps qu'ils la désiraient ardemment pour eux-mêmes. Se prétendant seuls républicains, ils représentaient les membres du gouvernement de la Défense nationale comme d'affreux réactionnaires, et rappelaient sans cesse la levée en masse de 1792, sans tenir compte de la différence des temps et de la force d'organisation de l'ennemi que nous avions à combattre.

L'ajournement des élections municipales fut pour eux un nouveau prétexte pour dénigrer le gouvernement, en l'accusant de n'avoir décrété cet ajournement que dans son propre intérêt.

Ils comptaient en effet sur ces élections pour faire nommer dans la plupart des arrondissements de Paris des conseillers municipaux, et surtout des maires, qui auraient formé la Commune et se seraient substitués au gouvernement de la Défense nationale.

Le 5 octobre, 5,000 gardes nationaux de Belleville, commandés par le major Flourens, descendirent sur la place de l'Hôtel de Ville. Ils venaient exiger du gouvernement des élections municipales, réclamer leur armement avec des fusils Chassepot, et demander que des sorties en masses soient ordonnées.

Trois jours plus tard, nouvelle manifestation. Sans doute, les hommes qui troublaient ainsi l'ordre et je-

taient la terreur dans les esprits ne formaient qu'une minorité; mais une minorité ardente, bruyante, impose souvent ses volontés à une majorité paisible. Le gouvernement devait-il employer la force pour faire rentrer dans la
légalité ces bataillons turbulents? Qui oserait lui reprocher de n'avoir pas ajouté aux angoisses du siège les
horreurs de la guerre civile, à la grande satisfaction
des Prussiens dont elle eût comblé les vœux ?

A cette époque, le service des remparts était fait par
la garde nationale, et parmi ces mêmes hommes qui
demandaient des sorties en masses, un grand nombre,
et même des chefs, se montraient pendant le service
d'une intempérance écœurante ; il fallait, au moment
de relever les postes, aller les chercher chez les mar-
chands de vin des environs, où souvent on les trouvait
dans le plus triste état.

Le 7 octobre, Gambetta quitta Paris en ballon pour
aller en province activer l'organisation des forces destinées à secourir Paris. Ce départ nécessaire fut encore
une cause d'affaiblissement pour le gouvernement, qui
perdait ainsi le bénéfice de la popularité dont Gambetta
jouissait à Paris.

Le 22 octobre, le major Flourens adressa au journal
le Combat une lettre dans laquelle il exposait les *desi-
derata* du parti révolutionnaire : « le gouvernement de
« la Défense nationale est le règne des culottes de peau
« et des avocats ; nous en avons assez; il est temps
« qu'il finisse. Il faudrait faire une sortie en masse et
« mettre assez de Français en présence des Prussiens,
« pour que ces derniers soient vaincus. Je demande
« qu'on décrète la victoire comme en 1793, et que tout
« général qui sera vaincu soit fusillé sur le champ. »

Tout commentaire serait inutile.

A ces folies, le gouvernement répondait avec raison :

« Nous avons à lutter contre une armée très nombreuse,
« disciplinée, et munie de tous les engins de destruc-
« tion que la science et une longue préparation
« ont mis à sa disposition. Lancer contre une telle
« armée des hommes remplis de courage, mais
« mal armés, manquant de sang-froid et de la
« discipline que seule l'habitude de la vie mili-
« taire peut donner, ce serait les vouer à une mort cer-
« taine. » Ces raisons n'étaient que trop fondées.

Plus de 200,000 gardes nationaux n'étaient armés
que d'anciens fusils transformés, dits à tabatière, et il
fallait encore retirer aux autres un certain nombre de
fusils chassepot pour les donner de préférence aux
compagnies de marche en formation.

Dès le 26 octobre, le bruit de la capitulation de Metz
courut dans Paris. Le 27, le journal de Félix Pyat,
le Combat, publiait ce qui suit en tête de ses colonnes
entourées de grands filets noirs :

« LE PLAN DE BAZAINE. »

« Fait vrai, sûr et certain, que le gouvernement de la
« Défense nationale retient devers lui comme un secret
« d'État, et que nous dénonçons à l'indignation de la
« France comme une haute trahison.

« Le maréchal Bazaine a envoyé un colonel au camp
« du roi de Prusse, pour traiter de la reddition de Metz
« au nom de l'empereur Napoléon III. »

Cette publication eut dans Paris un immense et douloureux retentissement. Le gouvernement déclara qu'il
était toujours sans nouvelles de Metz, et qu'une telle
publication était odieuse.

Cette nouvelle était cependant vraie au fond ; le maréchal Bazaine avait en effet envoyé le 25 le général Changarnier au quartier général du prince Frédéric-Charles, pour connaître les conditions de la capitulation.

Le 31 octobre, le gouvernement fit afficher sur les murs de Paris la confirmation de la triste nouvelle, qu'il venait seulement de connaître par l'ambassadeur anglais et par M. Thiers.

Le 28 octobre, le général Carrey de Bellemarre fit attaquer avant le jour le village du Bourget sur la ligne de l'Est, et en délogea les Prussiens après une vive fusillade. Malgré un retour offensif de l'ennemi, nos troupes tinrent bon, et commencèrent les travaux nécessaires pour se maintenir dans cette position avancée.

Le général Trochu laissa le général de Bellemarre, et malgré ses réclamations, sans secours, sans munitions, sans vivres par une pluie battante, pendant la journée du 28 et toute celle du 29. Le 30 octobre seulement vers dix heures du matin, on achemina des troupes et des munitions sur le Bourget : mais, hélas ! lorsqu'elles arrivèrent, tout était fini ; ce même jour, et de grand matin, les Prussiens avec des forces importantes avaient repris ce village, en nous faisant subir de grandes pertes en tués, blessés et prisonniers.

L'opinion publique jugea sévèrement la conduite du général Trochu dans cette circonstance. En effet, s'il entrait dans son plan de conserver cette position avancée, il devait immédiatement y envoyer tous les renforts nécessaires afin d'en assurer la possession ; dans le cas contraire, ainsi du reste qu'il le déclara plus tard, il devait envoyer au général de Bellemarre l'ordre de l'évacuer, sans donner à l'ennemi le temps de l'y écraser par des forces supérieures.

Cette seconde mauvaise nouvelle fut connue à Paris dans la matinée du 31 octobre, en même temps que la reddition de Metz.

Une troisième mauvaise nouvelle, affichée sur les murs de la capitale, apprenait aux Parisiens que des négociations étaient engagées et poursuivies par M. Thiers, en vue d'obtenir un armistice.

L'impression fut immense et générale, surtout à la pensée de faire la paix, alors qu'on ne vivait qu'avec l'espoir de réunir toutes les forces organisées à Paris, et de repousser les Prussiens dans un grand effort auquel chacun se disait prêt à prendre part. Ce mécontentement avait gagné la plus grande partie de la population qui, sans partager les utopies du parti révolutionnaire, mais ne se rendant pas toujours un compte exact des difficultés de la défense, se montrait anxieuse et impatiente de voir notre organisation militaire marcher aussi lentement.

Le parti révolutionnaire, voulant profiter des circonstances, résolut de faire une grande tentative pour s'emparer du pouvoir.

Le 31 octobre, dès 10 heures du matin, une foule énorme se pressait sur la place de l'Hôtel de Ville. On y entendait les cris répétés de Vive la Commune ! Pas d'armistice ! La levée en masse ! A midi, le rappel était battu dans tous les quartiers ; les bataillons de gardes nationaux se formaient et marchaient vers l'Hôtel de Ville, les uns avec l'intention de renverser le gouvernement et de proclamer la Commune, les autres avec celle de le défendre. A la guerre étrangère allait s'ajouter la guerre civile.

A une heure, le général Trochu s'avance sur la place et veut parler à la foule malgré les clameurs ; il lui expose qu'il a trouvé Paris sans défense, et qu'il aurait pu être pris en 48 heures ; qu'il a consacré tous ses efforts à le rendre imprenable comme il l'est aujourd'hui. Il fut interrompu par de formidables cris de Vive la Commune ! A bas Trochu ! Pas d'armistice!

L'inévitable Flourens arriva vers 3 heures, suivi des bataillons de Belleville et de Ménilmontant. La panique fut générale, partout les boutiques se fermèrent. Vers 5 heures, Flourens paraît à l'une des fenêtres de l'Hôtel de Ville et, en même temps qu'il annonce à la foule la démission du gouvernement de la Défense nationale, il soumet à son acceptation les noms, en commençant par le sien, de ceux qui doivent composer le nouveau gouvernement : Blanqui, Félix Pyat, Delescluze, etc.

Les membres du gouvernement de la Défense nationale, sommés de signer leur démission, s'y refusèrent énergiquement et, bravant l'émeute, attendirent qu'on vînt les délivrer.

Dans Paris le rappel battait toujours, et la résistance à l'émeute s'organisait. En effet, vers 9 heures du soir, on voyait arriver sur la place de l'Hôtel de Ville un grand nombre de gardes nationaux en armes, suivis d'une grande quantité de citoyens criant : Vive Trochu ! à bas la Commune ! Les membres du gouvernement étaient toujours enfermés dans l'une des salles de l'Hôtel de Ville où ils étaient gardés à vue, pendant que ceux du gouvernement insurrectionnel, dans une autre salle, discutaient et signaient des décrets.

A 11 heures, les choses changèrent complètement de face. Un bruit formidable se faisait entendre. Les mobiles bretons faisaient irruption sur la place de l'Hôtel de Ville se joignant aux bataillons de l'ordre, bayonnettes en avant. Ce fut un sauve qui peut général, tant la panique fut grande. Les membres du gouvernement de la Défense nationale furent délivrés, un certain nombre d'insurgés arrêtés et conduits à la caserne Napoléon. Tout danger avait disparu pour ce jour-là : la Commune était vaincue sans effusion de sang.

Le lendemain 1ᵉʳ novembre, le gouvernement annonça la convocation de tous les électeurs de Paris et de la banlieue, à l'effet de déclarer, par oui ou par non, s'ils maintenaient les pouvoirs du gouvernement de la Défense nationale, ou s'ils préféraient un gouvernement révolutionnaire dirigé par Flourens, Félix Pyat, Blanqui, etc.

Le vote eut lieu, et donna en chiffres ronds 559,000 *oui*, contre 62,000 *non*. A l'occasion de cette convocation, le citoyen Rochefort donna sa démission de membre du gouvernement, et rentra dans les rangs opposants où l'appelaient ses tendances naturelles, en même temps que ses relations personnelles.

La mission de M. Thiers ; proposition d'armistice.

En quittant Paris M. Thiers se rendit à Londres, et de là à Vienne et à Saint-Pétersbourg. Nous allons donner un résumé de la narration qu'il a faite de sa mission, d'abord dans une dépêche qu'il adressa à nos ambassadeurs datée de Tours 9 novembre 1870, et ensuite dans sa déposition devant la Commission d'enquête le 17 septembre 1871.

Après avoir constaté le bon accueil personnel qui lui fut fait, M. Thiers dit qu'en Angleterre on se réjouit d'abord de nos revers, mais qu'à son arrivée ce sentiment avait fait place à une vague appréhension de voir l'équilibre européen détruit au profit de la Prusse. De là le désir manifesté par les hommes d'État anglais de nous voir de suite subir la loi du vainqueur. Ils ne lui cachèrent pas que nous n'avions aucun secours à espérer, et que tout le concours qu'ils pouvaient lui donner consistait à agir en vue de procurer à M. J. Favre les moyens de voir M. de Bismarck, et à titre d'intermédiaires seulement.

Invité par une dépêche du prince Gorschakoff à se rendre à Saint-Pétersbourg, M. Thiers accompagné de toute sa famille, et bien qu'âgé de 74 ans, n'hésita pas à partir pour cette capitale en passant par Vienne.

Il y fut reçu avec la plus grande bienveillance. Il y trouva de vives sympathies pour la France accompa-

gnées, hélas ! d'un aveu d'impuissance à nous secourir.
On lui promit de seconder volontiers les efforts que la
Russie pourrait faire pour nous obtenir une paix honorable : « Avant de me quitter, dit M. Thiers, MM. de Beust
« et Andrassy m'apprirent ce qu'ils avaient fait pour
« ôter à M. de Gramont toute illusion sur la possibilité
« d'une alliance entre la France et l'Autriche, et mi-
« rent ainsi le plus grand soin à repousser toute la res-
« ponsabilité de cette affreuse guerre. »

A Saint-Pétersbourg, le prince Gorschakoff, duquel
M. Thiers était beaucoup connu, l'accueillit de la façon
la plus cordiale. Il lui dit qu'il allait trouver à la cour
comme partout de grandes sympathies pour notre malheureux pays, et qui tiennent à d'anciennes conformi-
tés d'intérêts longtemps oubliées par l'empereur Napoléon, mais qu'en Russie, l'Empereur seul gouverne et
décide, qu'il veut la paix, qu'il trouvera auprès de lui
des secours pour négocier, mais pas pour autre chose.
M. Thiers fut reçu par l'Empereur qui lui confirma ce
que lui avait dit son ministre, en lui promettant son
appui dans les négociations pour que la France fasse
en territoire et en argent le moins de pertes possibles.

M. Thiers dit que partout il reçut le conseil de négocier la paix.

L'empereur de Russie écrivit au roi de Prusse à Versailles, et en obtint pour M. Thiers la faculté d'entrer
à Paris pour s'y procurer les pouvoirs nécessaires à la
signature d'un armistice qu'il devait ensuite aller négocier à Versailles. L'Autriche, l'Italie et l'Angleterre
s'empressèrent d'adhérer à la démarche de la Russie
en faveur de la paix.

M. Thiers arriva le 30 octobre à Versailles. Il y fut
reçu par M. de Bismarck avec la plus grande courtoi-
sie. En même temps que ce dernier lui apprenait la

reddition de Metz, il lui procurait les moyens de traverser la Seine au pont de Sèvres qu'on avait fait sauter, et d'entrer dans Paris.

Après avoir délibéré pendant toute la nuit du 30 au 31 octobre avec le gouvernement, il fut convenu que la première condition à réclamer pour un armistice serait le ravitaillement de Paris proportionné au nombre de jours de sa durée, ce qui du reste était de rigueur.

M. Thiers repartit de Paris le 31 octobre à 2 heures 30 pour Versailles, où il arriva le même soir. Le lendemain les négociations furent entamées et se poursuivirent dans de nombreuses conférences.

M. de Bismarck promit que dans les territoires occupés par les troupes prussiennes les élections seraient faites aussi librement qu'ailleurs, mais, sous prétexte d'éviter toute agitation électorale dans les provinces françaises limitrophes de la Prusse, il se refusa formellement à ce que des élections y aient lieu. Il finit cependant par concéder que le gouvernement français y désignerait lui-même un certain nombre de personnes notables, qui tiendraient lieu de députés. M. de Bismarck ne pouvait mieux révéler son intention bien arrêtée d'exiger ces provinces.

M. Thiers dut passer outre et aborder les autres points. Tous les détails furent réglés et on arriva à la question du ravitaillement.

M. de Bismarck en acceptait le principe et en discutait les moyens d'application. La difficulté gisait dans la fixation des quantités ; sur ce sujet, M. Thiers déclara que cette question ferait l'objet d'une discussion amiable, et que même il ferait des concessions importantes. Poussé dans ses derniers retranchements, M. de Bismarck voulut en référer au roi, et il ajourna la prochaine entrevue au 3 novembre.

Que se passa-t-il dans cet intervalle entre le roi, les autorités militaires et lui ? Nul ne le sait. Ce qui est certain, c'est que pendant ce temps ils apprirent les événements accomplis à Paris le 31 octobre, et que nous avons racontés, car, dit M. Thiers, à la conférence nouvelle qui eut lieu le 3 novembre, M. de Bismarck lui témoigna une réserve inaccoutumée, et lui annonça qu'il avait reçu des avant-postes prussiens de mauvaises nouvelles de Paris où une révolution se serait accomplie, et où le gouvernement aurait été renversé et remplacé par un autre. M. Thiers répondit que s'il en était ainsi ses pouvoirs ne seraient plus valables, mais qu'il connaissait assez la population de Paris pour croire que, le désordre eût-il un instant triomphé, la tranquillité n'aurait pas tardé à être rétablie.

M. Thiers, d'accord avec M. de Bismarck, dut envoyer à Paris l'un de ses secrétaires qui, revenu le soir-même, lui confirma que le triomphe des hommes de désordre n'avait duré qu'un instant et que tout était rentré dans l'ordre.

En reprenant la discussion sur la question du ravitaillement de Paris, M. Thiers ne tarda pas à s'apercevoir qu'au lieu de discuter sur la plus ou moins grande quantité de vivres à introduire journellement dans Paris, M. de Bismarck contestait maintenant le principe même du ravitaillement.

Pour expliquer ce revirement, M. de Bismarck invoqua l'ordre du roi, sur l'avis des autorités militaires, de n'accorder un armistice d'un mois que sans ravitaillement, ou bien avec ravitaillement moyennant la remise d'un ou plusieurs forts de Paris à l'armée prussienne. C'était, comme on le voit, la répétition de conditions inacceptables comme celles exigées précédemment à Ferrières, et refusées par M. J. Favre.

A de telles exigences M. Thiers répondit : « C'est
« Paris que vous nous demandez, car nous refuser le
« ravitaillement pendant l'armistice, c'est nous pren-
« dre un mois de notre résistance ; exiger de nous un ou
« plusieurs de nos forts, c'est nous demander nos rem-
« parts. C'est, en fait, demander Paris, puisque nous
« vous donnerions le moyen de l'affamer ou de le
« bombarder. En traitant avec nous d'un armistice,
« vous ne pouviez jamais supposer que la condition se-
« rait de vous abandonner Paris même, Paris notre
« force suprême, notre grande espérance, et pour vous
« la grosse difficulté qu'après cinquante jours de siège
« vous n'avez encore pu surmonter.

« Arrivés à ce point nous ne pouvions plus conti-
« nuer. »

Ce fut alors que M. de Bismarck proposa à M. Thiers
de traiter de suite des conditions de la paix, mais en
ajoutant qu'il était convaincu qu'il ne pourrait les faire
accepter à Paris. Ces conditions furent débattues entre
eux, non à titre officiel, mais seulement à titre de renseignements. M. Thiers n'avait reçu du gouvernement
de la Défense nationale que les pouvoirs nécessaires à
la conclusion d'un armistice, et le gouvernement lui-
même, eût-il voulu conclure la paix, n'avait aucune
qualité pour engager la nation et céder une partie de
son territoire.

Voulant tenir les membres du gouvernement au courant des négociations, M. Thiers dépêcha de nouveau
l'un de ses secrétaires à Paris, et donna rendez vous
pour le lendemain à M. J. Favre au pont de Sèvres,
aux avant-postes français. Le lendemain en effet, il y
trouvait M. J. Favre ainsi que le général Ducrot qui
l'avait accompagné.

M. Thiers, qui avait vu de près les horreurs de la

guerre, était navré et complètement découragé. Il n'osait plus espérer que nos armées de province pussent jamais être assez fortes pour vaincre l'ennemi et venir débloquer Paris. Il fit connaître à M. J. Favre et au général Ducrot, et dans tous ses détails, la situation en province et à Versailles. Il leur exposa en outre les exigences de M. de Bismarck pour conclure un armistice, et enfin les conditions de paix qui seraient exigées de l'Assemblée nationale qui devait être nommée pendant l'armistice, et il concluait, qu'en raison des circonstances, il était préférable de subir dès maintenant des conditions douloureuses, il est vrai, mais qui seraient encore aggravées plus tard par la continuation de la guerre.

Les événements ont prouvé qu'il avait raison.

De leur côté, M. J. Favre et le général Ducrot firent connaître à M. Thiers la situation de Paris, tant au point de vue de la défense qu'à celui de l'esprit dont sa population était animée.

« M. J. Favre, dit M. Thiers dans sa déposition, me « fit sentir l'impossibilité en ce moment d'amener la « population de Paris à une résolution raisonnable. Il « appréciait ce que je lui proposais, il le trouvait sage, « acceptable, nos malheurs donnés ; mais évidemment « la Commune de Paris dominait déjà la situation, « quoiqu'elle n'eût pas encore le gouvernement maté- « riel de la capitale. D'ailleurs, il faut bien le dire, les « honnêtes gens eux-mêmes, trompés sur nos moyens « de résistance, partageaient les erreurs des anarchis- « tes, sans partager la perversité de leurs sentiments. »

Dans sa déposition, M. Thiers n'a pas fait connaître les conditions de paix qui devaient être imposées à l'Assemblée, elles ont été révélées par le général Ducrot, qui, devant la Commission d'enquête, déposa comme suit : (*pages 87 et 95*) :

« Il y avait surtout deux choses qu'il s'agissait d'ob-
« tenir et qui avaient été refusées par M. de Bismarck.
« La première, que les départements occupés de l'Al-
« sace et de la Lorraine fussent autorisés à envoyer
« leurs représentants à l'Assemblée nationale ; la se-
« conde était l'armistice avec ravitaillement.

« Au pont de Sèvres M. Thiers nous dit : Aujour-
« d'hui, **je crois** que nous obtiendrions la paix aux
« conditions suivantes : l'Alsace et deux milliards, plus
« tard nous aurons à subir des ruines plus considéra-
« bles. Les Allemands nous demanderont certainement
« l'Alsace et la Lorraine, et cinq milliards. Eh bien ! dans
« ces conditions je crois qu'il est préférable d'accepter
« la paix maintenant.

« Je répondis : Mon Dieu, monsieur Thiers, je crois as-
« sez connaître l'esprit et les intentions du gouverneur
« de Paris pour être certain qu'il n'acceptera jamais de
« pareilles conditions, et je partage son avis. L'armis
« tice sans ravitaillement est contraire au droit des
« gens ; cela nous conduirait fatalement, non pas
« comme vous l'avez dit à la paix, mais à une sorte
« de capitulation. Or, nous avons des armes, nous
« avons des munitions, nous avons un matériel qui
« commence à être respectable, nous avons des vivres,
« nous ne pouvons pas capituler. Notre devoir est de
« résister tant que nous pourrons pour donner à la
« France la possibilité et les moyens de se lever. Per-
« mettez-moi de vous dire que si les ruines matérielles
« du pays en sont augmentées, ses ruines morales di-
« minueront dans la proportion inverse. Nous sommes
« aujourd'hui sous le coup des honteux désastres de

« Sedan et de Metz ; eh bien ! la défense de Paris peut
« nous relever de ces hontes.

« M. Thiers me dit alors : Général, vous parlez
« comme un soldat, c'est très bien, mais vous ne par-
« lez pas comme un homme politique.

« Monsieur, lui répondis-je, je crois parler aussi en
« homme politique, parce qu'une grande nation comme
« la nôtre se relève toujours de ses ruines matérielles,
« elle ne se relève jamais de ses ruines morales. Notre
« génération souffrira peut-être plus de cette ruine,
« mais nos enfants bénéficieront de **l'honneur que**
« **nous aurons sauvé.** »

M. Thiers retourna à Versailles. Rentré à Paris,
M. J. Favre, après en avoir délibéré avec les membres
du gouvernement de la Défense nationale, lui fit parvenir l'avis que l'armistice sans ravitaillement ne pouvait être accepté, et le pria de se rendre à Tours auprès de la Délégation ; ce qu'il fit, et les hostilités
suivirent leur cours.

Le refus de l'armistice.

Avant de continuer l'exposé des faits qui ont précédé la capitulation de Paris, nous devons faire connaître les motifs qui ont déterminé le gouvernement de la Défense nationale à repousser l'armistice du 3 novembre. Et d'abord, signalons un fait au moins étrange. Les grandes puissances de l'Europe avaient recommandé aux deux belligérants de s'entendre pour un armistice devant conduire à la paix.

La Prusse exigea un armistice sans ravitaillement, la France le voulut avec ravitaillement, conformément au droit des gens et à tous les usages de la guerre. Les belligérants ne purent s'entendre, et ces mêmes puissances laissèrent toujours ignorer à l'opinion publique quelle fut celle des deux puissances qu'elles blâmèrent ou qu'elles approuvèrent. Il est vraiment difficile d'imaginer un rôle plus modeste et plus effacé, et l'on se demande à quoi a bien pu servir leur intervention.

Ainsi que l'a déclaré M. J. Favre à M. Thiers, il est bien vrai que si le gouvernement eût consenti à l'armistice sans ravitaillement, il n'eût certainement pas été en son pouvoir de le faire accepter par la population de Paris. Les événements accomplis, on a beau jeu pour blâmer la continuation de la défense, et rappeler qu'elle nous a fait subir plus tard des conditions plus douloureuses encore.

Pour juger certains faits historiques d'une façon impartiale, il faut, ainsi que nous l'avons déjà dit, se placer par la pensée au milieu des circonstances dans lesquelles ces faits se sont produits.

La population parisienne, séparée de la France, ne pouvait s'imaginer que les armées de province ne viendraient pas, à un moment donné, lui tendre la main, et pendant toute la durée du siège elle vécut dans cette illusion. Il se publiait alors à Paris des journaux nombreux et de toutes les couleurs, on n'en trouverait pas un seul qui ait émis l'avis qu'on devait accepter l'armistice sans ravitaillement, pas plus qu'il ne s'en était rencontré un pour proposer l'acceptation du premier armistice, proposé à M. J. Favre à Ferrières.

Ceci s'explique par diverses raisons. D'abord, la croyance qu'on avait encore que la France était invincible, croyance qui ne pouvait disparaître facilement des esprits ; ensuite le public, auquel on ne pouvait pas faire connaître l'existence réelle de nos approvisionnements, ne se rendait pas un compte suffisant des nécessités de chaque jour, et ne songeait nullement qu'on en verrait la fin. Il faut aussi reconnaître qu'au commencement de novembre, cet approvisionnement était considérable, puisqu'il permit de nourrir encore pendant près de trois mois une population de deux millions d'habitants.

La population civile avait constamment les yeux tournés vers le commandement militaire, que, dans son vif désir de voir Paris débloqué, elle accusait volontiers de mollesse. Après l'émeute du 31 octobre, la grande majorité avait confirmé les pouvoirs du gouvernement de la Défense nationale ; sans doute elle n'avait aucune sympathie pour les hommes du parti révolutionnaire, elle ne dénigrait pas comme eux le gouvernement, et cependant, il faut bien le reconnaître, chacun en particulier approuvait les hommes ardents qui parlaient de sorties en masses, et blâmait le général Trochu d'organiser aussi tardivement les bataillons de marche de la garde nationale, de même qu'on aurait voulu voir depuis longtemps la fabrication des canons confiée à l'industrie privée, en supprimant toutes ces formalités de bureaux qui prenaient un temps précieux.

Il est certain que dans une population aussi nombreuse, il a dû se trouver un certain nombre de personnes disposées à accepter l'armistice à n'importe quelles conditions, mais ces personnes n'auraient pas osé en faire l'aveu. L'état général des esprits était tel que cet aveu eût été considéré comme la dernière des lâchetés.

Si nous n'hésitons pas à signaler les fautes qu'a pu commettre le commandement militaire, nous devons d'un autre côté reconnaître que la population parisienne n'a pas toujours, dans ses accusations, tenu un compte suffisant de la tâche que le gouvernement avait à remplir, pour pourvoir à l'habillement et à l'équipement d'un nombre aussi considérable de gardes mobiles et nationaux sédentaires, comptant ensemble environ 400,000 hommes. On peut dire que ce n'est pas l'activité qui a manqué, mais que ce fut plutôt la méthode.

Si la population civile fut opposée à l'acceptation de l'armistice, et si elle considéra comme une honte de se rendre sans combattre, après avoir tant fait pour se préparer à l'attaque ou à la défense, la déposition du général Ducrot nous montre que l'élément militaire ne s'y montra pas moins opposé. Aux motifs de refus de la population civile qu'il partageait, s'ajoutait, surtout chez les officiers, la question d'honneur et de respect des règlements militaires. Or, ces règlements prescrivent à tout commandant d'une place assiégée de ne capituler qu'après avoir épuisé tous les moyens de résistance. Tel n'était pas le cas du gouverneur de Paris dans les premiers jours de novembre. Après la guerre, il a été constitué une commission militaire, devant laquelle ont comparu tous les officiers qui avaient capitulé, et on sait avec quelle sévérité ont été blâmés ceux qui avaient accepté une capitulation sans avoir épuisé tous les moyens de résistance, et un tel blâme brise à jamais la carrière de celui qu'il frappe.

Le refus de l'armistice sans ravitaillement par le général Ducrot est d'autant plus significatif qu'il garantissait que le général Trochu partageait ses sentiments, qu'il émanait d'un homme dont le courage et les capacités militaires n'ont jamais été mises en doute, et qui depuis ne se montra pas l'ami politique des anciens membres du gouvernement de la Défense nationale.

Il est impossible de s'expliquer que M. Thiers dont l'esprit était si éclairé n'ait pas, dans cette circonstances, tenu un plus grand compte de ce qu'exigeait l'honneur de la France.

Dans ses délibérations, le gouvernement reconnut comme M. J. Favre l'impossibilité de faire accepter par la population parisienne un armistice sans ravitaillement, qui aurait livré Paris sans combattre. Il le jugea lui-même inacceptable dans ces conditions et le repoussa à l'unanimité de ses membres. Il approuva complètement les motifs donnés à M. Thiers par le général Ducrot et, de plus, se rendit parfaitement compte de la responsabilité qu'il encourait en l'acceptant.

Il est bien évident que si l'armistice avait eu lieu,

pendant sa durée, et en prévision de la paix, Paris n'aurait pas ménagé ses vivres, et l'Assemblée qui se serait réunie l'aurait trouvé dans l'impossibilité de continuer la résistance, et se serait vue dans l'obligation de subir la loi du vainqueur, quelle qu'elle fut.

Son acceptation équivalait comme on le voit à la reddition de Paris, et à l'abandon du territoire convoité par l'ennemi ; ce qu'il ne se crut jamais le droit de faire, estimant qu'il n'avait que celui de sauvegarder l'honneur de la France, par une résistance que le général Ducrot estimait pouvoir encore durer bien longtemps.

Le gouvernement dut se demander aussi quelles seraient les conditions de paix qui seraient imposées par le vainqueur. M. Thiers avait déclaré n'avoir obtenu de M. de Bismarck, sur ce point, que des indications, mais que ce dernier n'avait pris aucun engagement précis touchant ces conditions. C'est pourquoi au pont de Sèvres, parlant à M. J. Favre et au général Ducrot, il avait dit : « je crois que nous obtiendrions la paix moyennant l'abandon de l'Alsace et le paiement de deux milliards. » Ces conditions mêmes que le général Ducrot repoussait avec l'armistice sans ravitaillement, auraient-elles été maintenues après la reddition de Paris ? Il est bien permis d'en douter.

Nous avons vu M. de Bismarck, dans deux dépêches officielles adressées aux ambassadeurs prussiens, revendiquer l'Alsace et la Lorraine comme indispensables à la sécurité de l'Allemagne. Nous avons vu que fin août ces deux provinces avaient été réunies, organisées et administrées par des agents prussiens, ce qui constituait une véritable prise de possession, et, par voie de conséquence, M. de Bismarck se refusant à ce que ces deux provinces prissent part aux élections projetées.

M. J. Favre qui, lors de ses entrevues à Ferrières, avait pu se rendre un compte exact des prétentions des Prussiens, adressa à nos agents diplomatiques, le 7 novembre, une circulaire dans laquelle il leur dit que la Prusse se prétend contrainte de continuer la guerre par notre refus de lui céder **deux** de nos provinces.

Peut-on supposer que M. de Bismarck se serait cru lié par les indications données à M. Thiers? On peut sans crainte répondre : Non, surtout si on se rappelle qu'après avoir accepté le principe du ravitaillement de Paris, il le refusa ensuite sur l'ordre du roi, après l'émeute du 31 octobre, dans l'espérance de voir bientôt Paris en proie à la guerre civile et épuisant rapidement ses vivres.

Ce qu'il voulait, c'était évidemment réduire Paris par la famine, et sans pertes pour les armées allemandes, au moyen d'un armistice sans ravitaillement, et de négociations qu'il aurait fait durer jusqu'à l'expiration du temps fixé.

Ce moyen, il venait du reste de l'employer avec succès contre le maréchal Bazaine, avec lequel il simula des négociations qu'il prolongea pendant le temps nécessaire à l'épuisement des vivres de Metz, et jusqu'au moment psychologique où il lui notifia que, les négociations ne pouvant être continuées, il devait désormais s'adresser directement au prince Frédéric-Charles. On connaît le reste.

Le gouvernement se rendit alors parfaitement compte que si la fortune continuait à nous être défavorable, il viendrait un moment où nous serions obligés de subir la loi du vainqueur. C'est ici que nous devons faire ressortir la différence très grande qui existe entre **accepter** des conditions de paix, quand on possède encore des moyens de résistance, ou les **subir**, alors que la continuation de la lutte est devenue absolument impossible.

Aux yeux du monde civilisé, une nation qui, pour obtenir la paix, abandonne une partie de son territoire, sans avoir épuisé tous les moyens de résistance, est une nation déshonorée et méprisée ; tandis que celle qui a montré du courage en luttant jusqu'au bout, quoique vaincue, peut toujours relever la tête, et imposer le respect auquel le malheur a droit. N'est-ce pas parce que la France a fait noblement son devoir, et qu'elle n'a cédé que complètement vaincue l'Alsace et la Lorraine, qu'elle conserve l'affection et la reconnaissance de ces nobles martyres, ainsi que l'espérance de les voir un jour redevenir françaises ? Comme le disait si bien le général Ducrot : « une grande nation comme « la nôtre se relève toujours de ses ruines matérielles, « elle ne se relève jamais de ses ruines morales. Notre « génération souffrira peut-être plus de cette ruine, « mais nos enfants bénéficieront de **l'honneur que** « **nous aurons sauvé.** »

Pour ceux qui ne sentiraient pas la grandeur d'un tel raisonnement, nous rappellerons deux faits historiques contemporains.

En 1864, le petit royaume de Danemarck allait être attaqué par l'Autriche et la Prusse, qui convoitaient deux de ses provinces. Au point de vue militaire, le doute n'était pas permis, le Danemarck allait être vaincu. Céda-t-il sans combattre ? Non. Son honneur l'obligea à faire écraser sa petite armée, avant de subir l'abandon d'une partie de son territoire.

Constatons en même temps le peu de valeur des alliances monarchiques parfois tant vantées. L'une des filles du roi de Danemarck avait épousé le prince de

Galles, fils aîné de la reine d'Angleterre, une autre avait épousé le fils aîné de l'empereur de Russie, tous deux alors héritiers présomptifs du trône des deux plus fortes puissances de l'Europe. A quoi lui a servi cette belle parenté ? Absolument à rien.

En 1866, l'empereur d'Autriche pouvait neutraliser l'alliance de la Prusse avec l'Italie, en désintéressant cette dernière puissance par la cession de la Vénétie, et trouver des compensations aux dépens de la Prusse qu'il eût vaincue, s'il n'eût pas été obligé de distraire de ses forces une armée qu'il opposa aux Italiens ; mais là encore l'honneur s'opposa à une telle cession sans y avoir été obligé par la défaite, et alors que l'Autriche détenait cette province malgré les sentiments bien connus de sa population.

Siège de Paris, deuxième partie.

La victoire remportée par le gouvernement de la
Défense nationale sur le parti révolutionnaire resta
sans résultat. Au lieu d'en profiter pour placer Paris
sous la loi rigoureuse de l'état de siège, fermer les
clubs et supprimer les journaux qui tous les jours prê-
chaient la guerre civile et renseignaient l'ennemi, le
gouvernement se contenta de lancer une proclamation
dans laquelle il déplorait les événements insurrection-
nels qui venaient de se produire, et faisait appel pour
l'avenir au concours et au bon vouloir de tous. Les
chefs de l'insurrection ne furent pas même poursuivis,
on se contenta de garder à Mazas quelques-uns d'entre
eux et tout fut dit. Les autres continuèrent de plus
belle leurs agissements dissolvants. Le gouvernement
recula toujours devant des actes énergiques par crainte
de voir se déchaîner une guerre civile qui aurait dés-
honoré la défense de Paris.

Nous avons dit que le gouvernement aurait dû, dès
le commencement du siège, distraire de la garde nationale tous les célibataires et les veufs valides sans enfants, et en faire des gardes mobiles soumis comme ces
derniers à l'autorité militaire. Pressé par l'évidence
autant que par l'opinion publique, il se décida vers la
fin d'octobre à entrer dans cette voie, mais d'une façon
timide et incomplète. En même temps, des souscrip-

tions volontaires eurent lieu dans les bataillons des quartiers les plus aisés, et fournirent à l'industrie privée les moyens de fabriquer des canons dont nous avions le plus grand besoin, évitant ainsi les formalités des bureaux du ministère de la guerre.

Enfin, le 9 novembre parut un décret aux termes duquel chaque bataillon devait fournir quatre compagnies dites de guerre, fortes de cent ou cent vingt-cinq hommes suivant l'importance numérique des bataillons. Ce contingent devait être fourni, d'abord au moyen d'engagements volontaires d'hommes de tout âge, ensuite de célibataires ou veufs sans enfants de vingt à trente-cinq ans, et au besoin de trente-cinq à quarante-cinq ans ; et enfin d'hommes mariés ou pères de famille des mêmes âges.

Ce décret souleva les plus vives réclamations ; en effet, certains bataillons ne comptaient que des effectifs de sept à huit cents hommes quand d'autres, au contraire, en comptaient de deux mille cinq cents à trois mille ; par suite les premiers ne pouvaient fournir le contingent fixé que par l'incorporation des pères de famille, tandis que les seconds avaient des célibataires non incorporés. Toutefois, comme le temps manquait pour une organisation plus rationnelle, il fallut, malgré ses défectuosités, exécuter la précédente combinaison. Commencée aussi tardivement, elle put à peine être terminée à la fin du siège, et par suite les compagnies de guerre qui furent employées aux diverses sorties tentées furent relativement peu nombreuses, et ne pouvaient avoir dans les marches à faire, et devant l'ennemi, la valeur qu'elles eussent pu acquérir par un mois ou deux de pratique militaire.

Le choix des chefs, capitaines compris, fut fait

comme par le passé à l'élection, et produisit souvent de mauvais résultats.

Le 29 novembre, le général Trochu par une proclamation fit connaître à la population parisienne que le moment de combattre était arrivé, qu'il fallait tenter de donner la main à nos frères de la province.

De son côté le général Ducrot, commandant la deuxième armée, adressa à ses soldats un ordre du jour affiché dans tout Paris et bien fait pour exalter les courages et enflammer les cœurs.

« Je suis à votre tête, disait-il, pour percer le cercle de fer qui nous étreint. Vous serez plus de cent cinquante mille hommes avec quatre cents pièces de canon auxquelles aucun obstacle matériel ne saurait résister. Le premier choc contre l'ennemi exigera un effort suprême ; vainqueurs dans une première rencontre votre succès définitif est assuré. »

Il ajoutait : « Courage donc et confiance ; songez « que, dans cette lutte suprême, nous combattons pour « notre honneur, pour notre liberté, pour le salut de « notre chère et malheureuse patrie ; et, si ce mobile « n'est pas suffisant pour enflammer vos cœurs, pensez « à vos champs dévastés, à vos familles ruinées, à vos « sœurs, à vos femmes, à vos mères désolées. Puisse « cette pensée vous faire partager la soif de vengeance, « la sourde rage qui m'animent, et vous inspirer le mé- « pris du danger.

« Pour moi, j'y suis bien résolu, j'en fais le serment « devant vous, devant la nation tout entière. Je ne « rentrerai dans Paris que mort ou victorieux ; vous « pourrez me voir tomber, mais vous ne me verrez pas « reculer. Alors, ne vous arrêtez pas, mais vengez- « moi.

« En avant donc ! en avant, et que Dieu nous protège !

> « *Le général en chef de la deuxième*
> *armée de Paris,*

« A. DUCROT.»

L'effet de cet ordre du jour fut énorme et arracha des larmes à la foule qui, en le lisant, sentait le langage d'un homme de courage et d'un véritable Français.

Les opérations militaires commencèrent dans la soirée du 28 novembre par deux fausses attaques, l'une du côté de l'ouest, et l'autre au sud en vue d'y attirer l'ennemi.

Dans la journée du 29, le général Ducrot établit des ponts de bateaux en vue de passer la Marne et de marcher à l'ennemi du côté de l'est. Les ponts étaient à peine achevés qu'une crue subite de la Marne, provoquée par l'ennemi qui en avait retenu les eaux en partie, les rendit trop courts, et nous obligèrent à attendre jusqu'au lendemain un supplément de matériel pour les allonger.

Le 30, dès le matin, le général Ducrot traversa la Marne avec le centre de son armée marchant sur Champigny, tandis que sa gauche s'avançait sur Neuilly-sur-Marne, et que sa droite s'emparait de Mont-Mesly au-delà de Créteil.

Le projet du général Ducrot de surprendre l'ennemi par une attaque subite et vigoureuse venait d'échouer par suite de ce contre-temps. L'ennemi en effet avait mis ce retard à profit en concentrant un nombre de troupes considérable sur le point menacé, et se trouva ainsi en mesure d'opposer aux efforts de nos troupes dans la journée du 30 novembre une résistance vigoureuse.

La bataille dura toute la journée, furieuse, acharnée d'un côté comme de l'autre, surtout au village de Champigny. Nos troupes firent vaillamment leur devoir, mais sans toutefois parvenir à gagner beaucoup de terrain. Harassées après une pareille journée, elles durent bivouaquer sur les lieux du combat sans abris et sans couvertures par un froid très rigoureux.

La journée du 1ᵉʳ décembre fut employée à l'enlèvement des blessés et à l'enterrement des morts.

Le 2, à la pointe du jour, l'ennemi nous attaqua avec vigueur. Le combat dura une grande partie de la journée sans résultats. En réalité notre entreprise échouait du moment où nous ne pouvions pas faire reculer l'ennemi. Le 3, en effet, nos troupes repassaient la Marne et rentraient dans leurs cantonnements primitifs.

La cause de cet insuccès s'explique facilement.

Le 14 novembre, le gouvernement de la Défense nationale apprenait le combat heureux livré le 9 par le général d'Aurelles de Paladines à Coulmiers près Orléans, et qui avait amené la reprise de cette ville par nos troupes.

Après s'être montré pendant si longtemps contraire à nos armes, il était permis d'espérer que la fortune allait enfin nous devenir favorable, et que le général d'Aurelles de Paladines allait pouvoir continuer sa marche sur Paris. Malheureusement, la trahison de Bazaine avait amené la reddition de Metz fin octobre, laissant ainsi disponible l'armée du prince Frédéric-Charles, forte d'au moins deux cent mille hommes, qui étaient venus aussitôt renforcer l'armée qui bloquait Paris et celle qui envahissait nos départements du centre. Ces renforts arrêtèrent la marche de nos troupes sur Paris après la victoire de Coulmiers, en même temps qu'elle permirent aux assiégeants de repousser la tentative de sortie de fin novembre, et même de battre notre armée de la Loire le 4 décembre et de réoccuper la ville d'Orléans.

C'est ici qu'apparaissent les désastreuses conséquences de la trahison de Bazaine. Nous avons vu qu'en faisant son devoir il aurait pu tenir deux mois de plus, soit jusque fin décembre. Or, n'est-il pas de la dernière évidence que sans le secours apporté à l'ennemi par l'armée qui bloquait Metz, l'armée de Paris d'un côté, et celle de la Loire de l'autre, avaient les plus grandes chances de se donner la main ; et qui peut dire les conséquences qu'aurait eues la levée du siége de Paris ?

Les 21 et 22 décembre, une nouvelle tentative de sortie fut faite sur le nord-est avec diversion sur l'ouest, et dans laquelle furent tués les généraux Blanc et Favé. Cette tentative ne fut pas plus heureuse que la précédente. Partout nos troupes trouvèrent les Allemands abrités par d'énormes barricades, et par des retranchements garnis d'artillerie. La plupart des positions conquises par nos troupes au prix des plus grands sacrifices furent reprises le lendemain ou le surlendemain. Le froid était très rigoureux, il fallut creuser, dans un sol durci par la gelée à une profondeur de 50 centimètres, d'énormes tranchées pour abriter nos troupes contre le feu de l'ennemi. Finalement on fut obligé de faire encore une fois rentrer les troupes dans Paris, à la suite de la constatation d'un assez grand nombre de cas de congélation.

Décidément, la résistance matérielle devenait impossible, et les secours attendus de la province étaient plus éloignés que jamais.

Les illusions commencèrent à tomber.

Nous devons exposer ici, et très sincèrement, les causes de notre infériorité vis-à-vis de l'ennemi.

Cette infériorité résultait beaucoup moins du nombre de nos soldats que de leur qualité réelle. On ne saurait contester le courage du soldat allemand. Bien commandé, bien discipliné, bien nourri et pourvu de toutes les choses nécessaires, rompu aux fatigues de la guerre, ayant toujours vécu sous un climat plutôt froid que tempéré, il pouvait supporter les marches forcées et les intempéries de l'hiver sans grand inconvénient pour sa santé et son moral.

Commandée par des officiers et des sous-officiers solides et instruits, il est certain que l'armée allemande comme composition, organisation, armement et commandement, ne laissait rien à désirer.

Pour égaliser les chances, il nous aurait fallu nos vieux soldats prisonniers en Allemagne ou retenus à Metz avec le corps d'officiers qui les commandait. Malheureusement, en fait d'armée, nous ne possédions que des soldats de trois mois et des gardes mobiles, plus, des compagnies de gardes nationaux mobilisés, de formation toute récente, commandés par des officiers nommés à l'élection, et dépourvus pour la plupart de toute instruction militaire.

En raison des circonstances, ces soldats étaient mal nourris, un grand nombre tombaient malades après une journée d'efforts et remplissaient les hôpitaux. Qu'on ajoute à cela l'indiscipline dont se rendirent si fréquemment coupables les mobiles de la Seine et certaines compagnies de gardes nationaux mobilisés, et on aura une idée à peu près exacte des moyens dont disposaient les chefs de l'armée de Paris pour percer le cercle de fer qui nous étreignait.

La fin du siège.

Le but poursuivi par le gouvernement de la Défense
nationale fut de prolonger la résistance de Paris jusqu'aux dernières limites du possible ; d'abord, pour donner à la France le temps et les moyens de se soulever
contre l'envahisseur et d'organiser la défense nationale,
ensuite, en cas de non-réussite, afin de sauver du moins
l'honneur par cette résistance même et de nous assurer,
après avoir succombé, le respect dû au malheur.

Pour obtenir ce résultat, il est bien évident que, tant
à Paris qu'en province, les membres du gouvernement
atténuèrent toujours l'importance des mauvaises nouvelles, et que, par contre, ils exagérèrent les résultats
favorables que nous obtenions de temps à autre.

Étant donné le but à atteindre, il n'en pouvait être
autrement : on ne peut encourager à la résistance une
nation ou la population d'une place assiégée qu'en faisant luire à leurs yeux l'espérance de la réussite finale.

A partir de fin décembre cependant, ce rôle devenait
bien difficile à remplir pour le gouvernement à Paris.
Déjà à cette époque, les moyens de chauffage faisaient
complètement défaut ; les bois de Boulogne et de Vin-
cennes étaient mis en coupes réglées pour y suppléer,
et la plupart du temps ce bois était enlevé nuitamment
par des maraudeurs. Le bombardement des forts était
commencé depuis le 29 décembre, et celui de Paris com-

mença le 5 janvier sans avis préalable de l'ennemi.

Le parti révolutionnaire qui, depuis le 31 octobre, n'avait pas un seul jour cessé ses prédications anarchistes, fit afficher le 6 janvier une sorte de réquisitoire contre le gouvernement, signé par 140 soi-disant délégués des vingt arrondissements de Paris, dans lequel ils rendaient le gouvernement responsable de la situation critique de Paris : « Nous sommes, disaient-ils, 500 mille combattants, et 200 mille Prussiens nous étreignent. Le gouvernement n'a pas fait la levée en masse, il a laissé les bonapartistes en place et mis les républicains en prison ; là où pouvait exister l'abondance il a fait la misère, le froid et la faim. Il n'a fait que des sorties sans but, meurtrières et sans résultats. La Commune est l'unique salut. Place au grand peuple de Paris qui a détruit la Bastille et renversé les trônes ! » Elle se terminait ainsi : **Réquisitions générales. Rationnement gratuit. Attaque en masses. Place au peuple ! Place à la Commune !**

Les 140 signataires s'étaient, bien entendu, délégués eux-mêmes ; le fond de leur pensée était : cédez-nous la place.

C'était toujours de grandes phrases, des affirmations ronflantes, mais on y chercherait en vain la preuve qu'une sortie en masse aurait eu d'autre résultat que de conduire à une immense boucherie une foule considérable d'hommes armés, mais hors d'état de tenir devant des troupes aguerries comme l'étaient celles qui bloquaient Paris, retranchées et abritées admirablement.

Dans de semblables conditions, une sortie en masse aurait eu de déplorables conséquences que les révolutionnaires n'auraient pas manqué d'imputer au gouvernement. Cette responsabilité, il ne voulut pas la prendre, et il eut bien raison.

Le jour même, le général Trochu répondit :

« Au moment où l'ennemi redouble ses efforts d'intimi-
« dation, on cherche à égarer les citoyens de Paris par
« la tromperie et la calomnie. On exploite contre la
« défense nos souffrances et nos sacrifices.

« Rien ne fera tomber les armes de nos mains. Cou-
« rage, confiance, patriotisme !

« Le gouverneur de Paris ne capitulera pas.

Le gouverneur de Paris : Général TROCHU.

Cette dernière déclaration était bien imprudente,
surtout en présence des souffrances résultant de la priva-
tion des choses les plus indispensables à la vie.

Pendant ce temps, le bombardement de Paris redou-
blait d'intensité, et commençait à faire sentir ses cruels
effets ; d'un autre côté les privations devenaient de plus
en plus grandes, et chacun sentait que bientôt tout
moyen de résistance nous serait enlevé, et qu'il faudrait
se rendre à discrétion.

Cette perspective douloureuse, en semant l'inquié-
tude dans les esprits, fit naître cette pensée qu'il fallait
encore tenter un dernier effort avant de subir la loi du
vainqueur.

Au point de vue militaire, le général Trochu était
opposé à une nouvelle sortie, appelée selon lui à un
résultat aussi désastreux que celui des précédentes.
Toutefois, les membres du Gouvernement se faisant
l'écho du sentiment public, et partageant, eux aussi, la
défiance générale au sujet du plan du général Trochu,
exigèrent que cette tentative suprême ait lieu, et elle
fut fixée au 19 janvier.

Ce jour-là, dès la première heure, et par un brouil-
lard intense, les troupes se concentrèrent vers l'ouest
du côté de Versailles sous la direction du général Tro-

chu. Plus de 100,000 hommes prirent part à l'action.

Le général Ducrot chargé de l'attaque de droite, partant de Saint-Denis, ayant à franchir une distance de douze kilomètres, ne put arriver au point qui lui était assigné qu'après un retard de deux heures, et alors que depuis déjà longtemps l'action générale était engagée.

Surpris par notre attaque, et malgré une résistance très vive, les Prussiens malgré leurs retranchements durent nous céder du terrain, mais ils s'empressèrent comme toujours de diriger des forces considérables sur les points menacés, et vers deux heures de l'après-midi ils reprirent l'offensive ; à quatre heures nos troupes, engagées depuis le matin, étaient obligées de lâcher pied et de se replier sous la protection des canons du fort du Mont-Valérien.

Malgré le courage déployé sur le champ de bataille par nos jeunes troupes, cet effort suprême qui devait être le dernier avait encore abouti à un échec.

La population parisienne apprenait en même temps que le 14 janvier le général Chanzy, après deux jours de combat près du Mans contre l'armée du prince Frédéric-Charles, avait été obligé de battre en retraite derrière la Mayenne, se trouvant ainsi rejeté à plus de 200 kilomètres de Paris.

D'un autre côté, la nouvelle était parvenue que le général Bourbaki se dirigeait sur Belfort afin d'inquiéter les communications de l'ennemi entre l'Allemagne et la France. Quant au général Faidherbe, on le savait rejeté par l'ennemi au delà de Saint-Quentin et, appuyé sur les places fortes du Nord, obligé de réparer ses pertes.

La position de ces armées indiquait suffisamment

que Paris ne pouvait pas espérer de longtemps aucun secours de la province, et qu'il ne devait plus compter que sur ses propres forces.

Sous l'impression de ces fâcheux événements, le gouvernement prit enfin une décision importante en enlevant au général Trochu le commandement en chef des troupes de Paris, qui fut confié au général Vinoy, pour ne lui laisser que la présidence du gouvernement de la Défense nationale.

Cette mesure qui satisfaisait l'opinion publique ne pouvait, hélas ! modifier la triste situation des assiégés, et l'on peut dire qu'elle marqua le commencement de l'agonie de la défense de Paris.

L'éloignement des armées de province fut toujours d'au moins 120 kilomètres, et, avec un peu de réflexion, on reconnaîtra facilement que Paris, livré à ses propres forces, ne put à aucune époque se débloquer. En effet, en admettant que nos troupes par un effort suprême aient pu rompre la ligne d'investissement et s'avancer à 4 ou 5 lieues de Paris, il eût fallu pour continuer leur marche vers la province que chaque hommes portât avec lui 7 ou 8 jours de vivres, outre les munitions nécessaires et autres accessoires indispensables. Ces troupes, ayant à faire encore au moins 100 kilomètres, n'auraient pas fait beaucoup de chemin en un jour, surtout en raison des combats continuels qu'il leur eût fallu livrer à un ennemi dont toutes les forces se seraient réunies pour entraver leur marche. Combien parmi ces jeunes soldats n'auraient pu résister à de telles fatigues et seraient restés en route ! Il eût fallu aussi faire garder le terrain conquis, et combattre toujours victorieusement, car le moindre revers se fût aussitôt changé en une épouvantable catastrophe.

Cet exposé, sombre mais véridique, démontrera aux plus incrédules qu'une armée de province victorieuse et s'avançant jusqu'aux forts de Paris pouvait seule, en donnant la main à sa garnison, en opérer le déblocquement.

Dans une population aussi nombreuse que l'était celle de Paris, on comprendra facilement la diversité des sentiments qui animaient ses défenseurs. Les uns, les plus vaillants, défendaient le sol français avec le plus grand courage, honteux de voir les Prussiens marcher victorieux sur les ruines de la patrie. D'autres, moins braves, n'admettaient la résistance que dans l'espoir de voir bientôt les armées de province arriver à notre secours. Ce furent les premiers découragés par les dernières nouvelles.

Ne voulant rien cacher de ce que nous croyons être la vérité, nous dirons qu'il existait encore une autre catégorie de défenseurs, composée, en petit nombre si l'on veut, d'individus ennemis de tout travail, vivant le plus souvent d'expédients, population interlope, hétérogène, toujours prête pour le désordre, et qui ne voyaient pas arriver sans appréhension la fin de la résistance et le moment où ils cesseraient d'être payés et nourris comme soldats. Enfin, combien de gens se trouvaient menacés de perdre les excellents emplois qu'ils n'avaient obtenus qu'en raison de l'état de guerre, et qu'ils savaient ne pouvoir conserver après la paix !

Le 22 janvier, des gardes nationaux mobilisés forcèrent les portes de Mazas et en firent sortir quelques chefs du parti révolutionnaire, entre autres Flourens. Après s'être emparés pendant un certain temps de la mairie de Belleville, ils descendirent sur la place de l'Hôtel de Ville. Ils y engagèrent une vive fusillade à laquelle répondirent les mobiles, et bientôt la place se trouva balayée. Quelques arrestations furent faites et les agresseurs se retirèrent.

Cette honte de verser le sang français sous les yeux de l'ennemi et sans le moindre motif ne devait pas, comme on le voit, être épargnée à la noble cité, dont le courage et l'abnégation ne se démentit pas un seul instant pendant ces longs mois de souffrances et de privations de toutes sortes.

Le lendemain 23 janvier, un décret supprimait deux journaux révolutionnaires et fermait les clubs. Ces mesures étaient excellentes, mais elles étaient prises quatre mois trop tard.

Le bombardement de Paris, commencé le 5 janvier, avait de jour en jour augmenté d'intensité. Les Prussiens lancèrent sur la ville des obus dont certains pesaient jusqu'à 90 kilos, atteignant sur la 'rive gauche, outre les maisons particulières, les hôpitaux, les ambulances, les écoles, Saint-Sulpice, la Sorbonne, le Val-de-Grâce où des blessés furent tués dans leur lit pendant la nuit ; 22 obus tombèrent sur l'hôpital de la Pitié.

Sept arrondissements de Paris subirent les effets du bombardement, qui s'étendit en outre à la ville de Saint-Denis.

La population dut se réfugier dans les caves.

Un froid excessif de 8 à 12 degrés, qui avait duré de fin décembre au 20 janvier, avait considérablement augmenté les souffrances de tous et altéré la santé publique. A cette époque, on comptait dans Paris plus de 450,000 nécessiteux. La mortalité qui avait triplé atteignait le chiffre énorme de 4,500 décès [par semaine, qu'il fallait enterrer sans cercueil faute de bois pour en faire.

Paris n'était plus éclairé qu'en partie et au pétrole.

Depuis le 15 décembre, la population était rationnée à 30 grammes de mauvaise viande de cheval, qu'on ne pouvait obtenir qu'après deux ou trois heures d'attente à la porte des boucheries municipales. On ne pouvait rien se procurer en dehors, un lapin se vendait 45 francs, un chat 20 francs, une livre de beurre 40 francs et, même à de pareils prix, ces aliments étaient presque introuvables.

Le 15 janvier la ration de pain fut réduite de 500 à 300 grammes, et chacun sait qu'il contenait de la farine de riz, d'avoine, et fort peu de froment.

Cette ressource si faible cependant allait bientôt nous manquer. En effet, le 22 janvier, la Commission d'alimentation fit connaître au gouvernement qu'une erreur avait été commise, et qu'il ne restait plus pour la journée du 24 que trois mille quintaux de farines diverses diponibles: et la consommation quotidienne était de 5,200. Les membres du gouvernement furent atterrés. Il fallut recourir aux réserves du ministère de la guerre ; on arriva par ce moyen à assurer l'alimentation de Paris jusqu'au 31 janvier.

Il n'y avait pas un instant à perdre ; il fallait négocier avec le vainqueur et éviter à tout prix à une population de deux millions d'âmes de manquer de pain.

M. J. Favre fut encore une fois chargé de cette pénible mission.

L'armistice signé.

Mis en présence de M. de Bismarck, M. J. Favre lui
dit qu'il venait reprendre l'entretien commencé à Ferrières. M. de Bismarck lui répondit : « Vous arrivez
« trop tard, nous avons traité avec votre empereur
« sachant que vous ne pouviez ni ne vouliez vous enga-
« ger pour la France.

« Vous avez amené par votre fait un état de choses
« facile à prévoir et qu'il eût été aussi simple que sage
« d'éviter. Votre erreur a été de croire, après la capi-
« tulation de Sedan, qu'il vous était possible de refaire
« des armées. Les vôtres étaient détruites, et, quel que
« soit le patriotisme d'une nation, elle ne peut impro-
« viser des armées.

« Au commencement de la campagne nous avons
« trouvé le troupier français avec toute sa valeur, seu-
« lement il était commandé par des chefs incapables,
« c'est pourquoi nous vous avons battus.

« S'il suffisait de donner un fusil à un citoyen
« pour en faire un soldat, ce serait une duperie que de
« dépenser le plus clair de la richesse publique à for-
« mer et à entretenir des armées permanentes. Or,
« c'est encore là qu'est la vraie supériorité, et c'est
« pour l'avoir méconnue que vous en êtes à la situation
« actuelle. »

Comme il paraissait disposé à ramener l'Empereur et

l'ancien Corps législatif, M. J. Favre lui dit : « Ce re-
« tour amènerait infailliblement des déchirements inté-
« rieurs et le renversement de la dynastie. — Ceci vous
« regarderait, dit M. de Bismarck ; un gouvernement
« qui provoquerait chez vous la guerre civile nous serait
« plus avantageux que préjudiciable. Nous espérions
« qu'après Sedan il aurait consenti à traiter; c'était son
« devoir. Il a préféré réserver son intérêt personnel
« de souverain. La France expie cruellement cet
« égoïsme. »

M. de Bismarck demanda une contribution de guerre
de un milliard pour la ville de Paris. Après avoir offert
cent millions, M. J. Favre obtint qu'elle fût fixée à
deux cents millions, ce qui déjà était énorme.

M. de Bismarck demanda ensuite la reddition de
Belfort qui depuis si longtemps résistait aux Allemands, et dans tous les cas il refusait que cette ville
fût comprise dans l'armistice.

M. J. Favre dut se faire accompagner par le général
de Beaufort-d'Hautpoul d'abord, et ensuite par le général de Valdan pour régler tout ce qui avait trait aux
questions militaires.

Le jeudi 26, les négociateurs étaient d'accord sur les
points principaux, et ils convinrent que le feu cesserait
le lendemain 27 à minuit.

La convention d'armistice fut soumise par M. J. Favre, avant d'être signée, aux membres du gouvernement de la Défense nationale.

L'armistice qui fut signé le 28 janvier contenait ce
qui suit :

« Un armistice général sur toute la ligne des opéra-
« tions militaires en cours d'exécution entre les armées
« allemandes et les armées françaises commencera

« pour Paris aujourd'hui même, pour les départements
« dans un délai de trois jours.

« La durée de l'armistice sera de 21 jours. Les ar-
« mées belligérantes conserveront leurs positions res-
« pectives qui seront séparées par une ligne de démar-
« cation.

(Suivent les indications de cette ligne pour les armées du Nord et du Centre.)

« ..... A partir de ce point, la ligne de démarcation
« sera réservée à une entente qui aura lieu aussitôt
« que les parties contractantes seront renseignées sur la
« situation actuelle des opérations militaires en exécu-
« tion dans les départements de la Côte-d'Or, du Doubs
« et du Jura.

« Les opérations militaires sur le terrain de ces dé-
« partements se continueront ainsi que le siège de Bel-
« fort indépendamment de l'armistice, jusqu'au mo-
« ment où on se sera mis d'accord sur la ligne de
« démarcation dont le tracé, à travers les trois dépar-
« tements mentionnés, a été réservé à une entente ulté-
« rieure.

« Il sera fait immédiatement remise à l'armée alle-
« mande par l'autorité militaire française de tous les
« forts de Paris, ainsi que de leur matériel de guerre.

« L'enceinte sera désarmée de ses canons.

« Les garnisons des forts (troupes de ligne, gardes
« mobiles et marins), seront prisonnières de guerre,
« sauf une division de douze mille hommes. »

Ces troupes devaient déposer leurs armes, rester dans
Paris sans pouvoir en franchir l'enceinte et, à l'expiration de l'armistice, si la paix n'était pas faite, se constituer prisonnières à l'armée allemande.

Les officiers conservaient leurs armes, et la liste nominative en devait-être remise aux autorités militaires allemandes.

Dans son livre : *Le gouvernement de la Défense nationale*, M. J. Favre dit qu'il n'obtint que fort peu de concessions de M. de Bismarck, lequel invoquait souvent ce suprême argument : si vous n'êtes pas disposé à une entente, n'allons pas plus loin et séparons-nous. Que pouvait faire M. J. Favre dominé par la crainte de voir bientôt sans pain une population de deux millions d'âmes, sans compter les troupes régulières ?

On a accusé depuis M. J. Favre d'avoir oublié l'armée de l'Est. C'est une erreur profonde. Toutefois, une omission inconcevable fut commise au sujet de cette armée. Voici dans quelles circonstances.

M. de Bismarck savait fort bien que dans l'est l'armée allemande était dans une bonne position, et celle de Bourbaki dans une mauvaise ; grâce à la facilité de ses communications, il n'ignorait pas que la continuation des hostilités lui serait favorable.

M. J. Favre, au contraire, par suite du blocus de Paris, n'avait de l'armée de Bourbaki que des nouvelles déjà anciennes ; comme elles étaient encourageantes, il espérait que la continuation des opérations dans l'Est permettrait au général Bourbaki de débloquer Belfort, et nous vaudrait des conditions moins onéreuses.

Ce qui reste inexplicable, c'est que les membres du gouvernement, qui avaient eu sous les yeux le projet d'armistice avant sa signature, n'aient pas tenu plus de compte, et malgré sa précision, de la clause stipulant que les opérations se poursuivraient dans l'Est jusqu'à la fixation de la ligne de démarcation. L'armistice était bien général, sans exception, mais il leur échappa que sa mise en pratique dans un délai de trois jours pour les départements ne s'appliquait pas à l'Est.

Le 28 janvier M. J. Favre adressa à M. Gambetta une dépêche datée de Versailles 11 heures du soir, ainsi conçue :

« Nous avons signé un armistice, faites-le exécuter « immédiatement **partout.** »

Cette dépêche, qui fut envoyée par l'entremise des Allemands, était contresignée par M. de Bismarck qui se garda bien de signaler l'erreur.

Ce fut seulement le 15 février qu'une convention supplémentaire, fixant la délimitation des territoires occupés par les Allemands et les Français, fut conclue entre M. de Bismarck et M. J. Favre. Belfort était rendue aux Allemands, mais la garnison sortait de la place avec armes et bagages et les honneurs de la guerre, et enfin les trois départements du Jura, du Doubs et de la Côte-d'Or se trouvaient compris dans l'armistice conclu le 28 janvier.

Au reçu de la dépêche de M. J. Favre, M. Gambetta fit cesser le feu partout, mais dans l'Est les généraux allemands continuèrent leur marche en avant contre nos troupes qui ne se défendaient plus.

Par une dépêche du 31 janvier, M. Gambetta signala cet état de choses qui dura 48 heures, et la dépêche du 28 fut rectifiée ; l'erreur avait été reconnue.

Devant la Commission d'enquête du 4 septembre, les explications les plus complètes furent fournies. Il fut reconnu que la situation de l'armée de Bourbaki était extrêmement mauvaise et que les Allemands, qui connaissaient cette position, avaient traîné en longueur l'application de l'armistice à l'armée de l'Est afin d'avoir le temps nécessaire pour achever de la détruire totalement, ou de la rejeter en Suisse.

Il fut reconstaté depuis que cette omission n'influa

guère sur le sort de l'armée de l'Est. Le général Clinchant qui, au moment de la retraite en Suisse, remplaçait le général Bourbaki le reconnut lui-même devant la Commission d'enquête, et ajouta : « Les Prussiens « ne voulaient pas laisser une armée française sur « pied. Ils savaient bien que l'armée de l'Est était « perdue si elle était exclue de l'armistice ; et c'est « pour cette raison qu'ils ne voulurent pas la compren- « dre dans la convention d'armistice. »

La faute n'en fut pas moins commise.

Pendant les négociations, M. J. Favre, qui se rendait tous les jours à Versailles pour sauver de la famine la population parisienne, était obligé de le faire en secret. Aussi, lorsque le 27 janvier le *Journal officiel* annonça l'accord et la signature de l'armistice pour le lendemain, l'émotion fut-elle très grande dans Paris.

Malgré la nécessité évidente de cesser la lutte, l'armistice fut accueilli par un immense désespoir mêlé de fureur chez les uns, d'un abattement complet chez les autres.

Après avoir tant souffert pendant un aussi long siège, on préférait se croire trahi que de s'avouer vaincu. Nous l'étions cependant, mais l'ennemi lui-même admirait le courage des Parisiens que la faim seule avait pu réduire.

Les opérations militaires étaient terminées. Ce n'était pas la bravoure de nos adversaires qui nous avait vaincus ; c'était la supériorité de leur organisation, de leur armement, et leur discipline. Leurs officiers s'étaient montrés supérieurs aux nôtres, et les avaient vaincus, parce qu'ils connaissaient parfaitement l'art militaire, et que les nôtres se reposaient davantage sur leur bravoure et celle de leurs soldats. Or, aujourd'hui la bravoure ne suffit plus ; elle sert à bien mourir, mais elle est insuffisante pour obtenir la victoire.

Les préliminaires de paix.

Aussitôt l'armistice signé, il fut procédé à l'élection d'une Assemblée nationale qui seule avait qualité pour traiter de la paix.

Réunie à Bordeaux, elle désigna par acclamation M. Thiers comme chef du gouvernement de la République. M. Thiers partit aussitôt pour Versailles, accompagné de M. J. Favre, pour y négocier les conditions de la paix; l'Assemblée délégua quinze de ses membres pour les aider de leurs conseils. Les délégués s'installèrent à Paris, et, tous les soirs en arrivant de Versailles, MM. Thiers et J. Favre leur rendaient compte de la marche des négociations.

Leur première entrevue avec M. de Bismarck fut marquée par un grave incident. M. de Bismarck leur fit connaître la nouvelle frontière exigée par la Prusse, et fixa l'indemnité de guerre à six milliards. M. Thiers voulut présenter ses objections à de pareilles prétentions, mais M. de Bismarck répliqua qu'il n'y avait pas à discuter, que ces conditions étaient un *ultimatum* à accepter ou à refuser.

M. Thiers répondit que M. J. Favre avait signé un armistice en vue de négocier les conditions de paix; que toute négociation comporte le droit de discussion; que si ce droit de présenter des observations leur était refusé, les négociateurs français n'avaient qu'à se retirer. Après avoir consulté le roi de Prusse, M. de Bismarck reconnut à MM.Thiers et J.Favre le droit de discuter les conditions proposées.

La discussion roula d'abord sur l'énormité du chiffre de six milliards. M. Thiers démontra combien il était exagéré, et argua de l'impossibilité pour aucun État de les payer.

Ce ne fut qu'à l'entrevue suivante qu'ils obtinrent qu'il fût réduit à cinq milliards.

La nouvelle frontière fut l'objet de discussions fort vives. Les négociateurs français se trouvèrent en présence d'une résolution arrêtée depuis longtemps.

Il leur fut présenté une indication de la nouvelle frontière, qu'une commission composée de délégués allemands et français serait chargée d'exécuter sur le terrain. Après l'énoncé des points de séparation des deux territoires, les préliminaires de paix portent ce qui suit : « La frontière, telle qu'elle vient d'être décrite, se « trouve marquée en vert sur deux exemplaires con- « formes de la carte du territoire formant le gouverne- « ment général d'Alsace publiée à Berlin, **en septem- « bre 1870**, par la division géographique et statistique « de l'État-major général, et dont un exemplaire sera « joint à chacune des deux expéditions du présent « traité. »

Ainsi après Sedan, l'état-major prussien avait fixé la limite du gouvernement général d'Alsace auquel, outre l'Alsace proprement dite, il avait ajouté Belfort et une partie de la Lorraine avec Metz. Ces limites avaient été indiquées sur une carte qui fut publiée officiellement à Berlin au mois de septembre 1870.

Nous avons démontré précédemment, par des citations **officielles** émanées de M. de Bismarck, qu'après Sedan la Prusse avait pris la résolution de nous dépouiller de l'Alsace et de la Lorraine. A ceux qui voudraient quand même prétendre le contraire, il doit suffire de leur fournir cette preuve nouvelle et irrécusable, puisqu'elle figure dans le traité des préliminaires de paix, pour qu'ils ne puissent douter, qu'après Sedan, la Prusse a constamment poursuivi ce but.

MM. Thiers et J. Favre durent se borner à faire rectifier la nouvelle frontière qui leur était imposée.

La difficulté capitale pour eux fut d'obtenir que Belfort, qui n'avait jamais fait partie de l'Alsace, restât à la France. Pour y parvenir, M. Thiers fit des prodiges d'efforts, de ténacité et d'éloquence. Chaque jour, M. de Bismarck à bout d'arguments menaçait de rompre les négociations et de reprendre les hostilités.

Ce suprême et brutal moyen de raisonner ne découragea pas les négociateurs français.

Il avait résolu de faire entrer dans Paris une partie de l'armée allemande ; il finit par leur proposer de renoncer à nous infliger cette humiliation s'ils consentaient à cesser de revendiquer Belfort. MM. Thiers et J. Favre firent appel à tout leur courage, et acceptèrent au contraire l'entrée des troupes allemandes dans Paris, pourvu que Belfort nous restât.

Enfin, après avoir pris les ordres du roi, il fut convenu que la ville et les fortifications de Belfort resteraient à la France avec un rayon à déterminer ultérieurement. Par contre, MM. Thiers et J. Favre durent céder en plus à l'Allemagne deux villages du département de la Moselle. Il fut entendu en outre qu'un certain nombre de troupes allemandes entreraient dans Paris et occuperaient les Champs-Élysées, de la Seine au faubourg Saint-Honoré, jusqu'à la place de la Concorde.

Ces préliminaires de paix qui nous imposaient les

plus lourds sacrifices furent signés le 26 février, et soumis ensuite à la ratification de l'Assemblée nationale.

Dans le livre de M. J. Favre, que nous avons déjà cité, il dit que M. Thiers et lui revinrent le soir même à Paris sans échanger une parole, et que M. Thiers, brisé par son émotion longtemps contenue, mais à laquelle il pouvait enfin donner un libre cours, s'essuya les yeux pendant tout le trajet de Versailles à Paris.

Ces conditions de paix causèrent sur l'esprit de la population parisienne la plus profonde stupeur. Après avoir enduré tant de souffrances et de privations, le sentiment général se refusait à croire que nous puissions être vaincus. Il admettait plutôt que nous étions trahis. Oui, nous l'étions, mais par la mauvaise fortune.

Ce fut dans la séance du 1er mars, à Bordeaux, que l'Assemblée nationale eut à délibérer sur les préliminaires de la paix.

M. Bamberger, député de Strasbourg, monta à la tribune, et d'une voix entrecoupée par l'émotion s'exprima ainsi :

« Ce traité constitue l'une des plus grandes iniquités
« que l'histoire des peuples et les annales de la diplo-
« matie auront à enregistrer. Un seul homme, je le
« déclare tout haut, un seul homme pouvait signer un
« pareil traité. Cet homme c'est Napoléon III, dont le
« nom restera éternellement cloué au pilori de l'his-
« toire. »

M. Conti, député bonapartiste, voulut parler. Il rappela que plusieurs de ses collègues avaient prêté serment à l'Empire. Et l'Empereur, lui cria-t-on, n'avait-il pas prêté serment à la République ?

M. de Franclieu dit : « Descendez de la tribune, les
« bourreaux n'ont pas le droit d'insulter les victimes. »

M. Target déposa alors le projet de résolution suivant :

« L'Assemblée nationale confirme la déchéance de « Napoléon III et de sa dynastie déjà prononcée par le « suffrage universel, et le déclare responsable de l'in- « vasion, de la ruine, et du démembrement de la « France. »

M. Thiers monta à la tribune et y fit cette déclaration :

« Les princes de l'Europe disent, je les ai entendus, « que la France a voulu la guerre ; ce n'est pas vrai ; « c'est vous qui l'avez voulue ; la vérité se dresse de- « vant vous. C'est votre châtiment d'être ici pour cons- « tater l'humiliation et l'épreuve à laquelle vos fautes « nous ont condamnés. »

Le projet de résolution déposé par M. Target fut voté par acclamation, 4 ou 5 députés seulement se levèrent à la contre-épreuve.

Les préliminaires de paix furent ratifiés à une très grande majorité. Malgré la situation désespérée de la France, 98 députés votèrent contre, et pour la continuation de la guerre, parmi lesquels on peut citer le comte de l'Aigle, Des Rotours, Brame, le duc d'Audiffred-Pasquier, le duc de Larochefoucauld, le marquis de la Rochejaquelein, Courbet-Poulard, de Renneville, les généraux Chanzy, d'Aurelles de Paladines, Chareton, Loysel, Frébault, Mazures, l'amiral Jauréguibéry, etc., etc., etc.

Conclusion.

Il ne nous reste plus qu'à résumer et à préciser les responsabilités telles qu'elles ressortent des faits que nous venons d'exposer, avec une exactitude qui défie toute preuve contraire.

Pour justifier certaines appréciations, nous avons, dans ce travail, recueilli de préférence le témoignage des hommes ou des journaux favorables à l'Empire. Voici une dernière citation du journal *la Patrie*, journal qui est resté bonapartiste ; elle est du 2 mars 1871, aussitôt la paix signée :

« On ne tardera pas à fixer les responsabilités de « chacun dans ce désastre. Et d'abord à l'Empire la « sienne. **Jamais gouvernement n'a embarqué « plus légèrement une nation dans de si terri- « bles aventures. Tout ce que peuvent faire la « paresse, l'infatuation et l'ignorance, nous l'a- » vons cruellement éprouvé.** »

Sans pouvoir s'expliquer comment des hommes qui ont porté sur l'Empire un tel jugement ont osé depuis, et tous les jours encore, le réhabiliter et travailler même au retour en France d'un tel régime, il faut bien reconnaître que ce jugement n'est que trop bien justifié.

Nous avons vu Napoléon III renverser en France le

gouvernement parlementaire et y substituer son pouvoir personnel.

A peine sur le trône, et après avoir dit à Bordeaux : l'Empire c'est la paix, nous l'avons vu faire à la Russie, notre alliée naturelle, la guerre la plus contraire aux intérêts français.

En intervenant un peu plus tard en Italie, nous avons assisté à ses efforts impuissants pour concilier deux principes inconciliables ; mécontenter le Pape et les catholiques d'une part, et l'Italie de l'autre, et sans que cette puissance, malgré nos sacrifices, devînt une alliée pour la France.

Nous avons fait connaître les causes réelles de la guerre du Mexique, entreprise en vue de favoriser des spéculations honteuses, et les conséquences déplorables qu'elle eut pour la France.

Nous avons vu l'Empereur se laissant leurrer par les promesses de M. de Bismarck, et en 1866, après la défaite de l'Autriche, alors qu'il devait montrer de la décision, alors que la Prusse ne pouvait pas tirer parti de sa victoire sans tenir compte de la volonté de la France, et qu'une occasion unique s'offrait de lui faire payer sa prépondérance en Allemagne par l'abandon à la France des bords du Rhin ; nous avons vu l'Empereur commettre la faute impardonnable de laisser s'accomplir l'hégémonie de la Prusse, avec une imprévoyance et dans une inaction inconcevables.

Enfin, en 1870, alors qu'il n'avait été refusé à son gouvernement, **ni un homme ni un écu,** qu'il devait mieux que personne savoir que nous n'étions pas prêts pour faire la guerre, **après avoir obtenu le retrait de la candidature du prince de Hohenzollern,** nous avons vu l'Empereur chercher, par une nouvelle prétention, l'occasion de déclarer la guerre à la Prusse.

Nous avons vu plus tard comment il sut commander nos armées, et décider la marche sur Sedan dans l'intérêt de sa dynastie, en sacrifiant ceux de la défense du pays.

C'est donc avec juste raison que l'Assemblée nationale à Bordeaux l'a déclaré responsable de l'invasion, de la ruine et du démembrement de la France.

A côté de la responsabilité propre de l'Empereur, se place celle de ses différents ministres qui ont secondé sa désastreuse politique extérieure, notamment ceux de 1870, et particulièrement les maréchaux Niel et Lebœuf qui furent ses derniers ministres de la guerre. Non seulement ils ne surent pas réorganiser notre armée, et quoique les Chambres ne leur aient refusé aucun crédit, mais ils eurent encore le tort, le premier surtout, de tromper la France en répétant sur tous les tons et en toutes circonstances que nous avions la meilleure armée de l'Europe, qu'elle était pourvue de tout, que nous étions prêts, absolument prêts.

Parmi ses différents ministres, pas un n'eut le courage de rompre ouvertement avec cette politique néfaste. Après Sadowa, M. Drouyn de l'Huys, n'ayant pu faire sortir l'Empereur de son apathie, donna sa démission de ministre des affaires étrangères, mais il n'eut pas l'énergie nécessaire pour faire connaître ses motifs et en faire juge l'opinion publique.

Pas un de ses ministres n'eut le courage de combattre ouvertement les idées personnelles de l'Empereur, et de leur opposer la puissance de la conscience nationale qui semblait enfin se réveiller.

Nous avons vu le ton peu diplomatique employé par M. de Gramont dans sa déclaration du 6 juillet, déclaration qui éveilla les susceptibilités du roi de Prusse, et qui fut interprétée par les puissances étrangères comme un indice de l'intention du gouvernement français d'aboutir à la guerre.

Dans l'ordre militaire, nous avons à peine besoin de rappeler la conduite du maréchal Bazaine, ambitionnant de jouer un rôle politique et de restaurer l'Empire en l'appuyant sur l'armée placée sous ses ordres. Ce fut cette ambition de devenir l'arbitre des destinées de la France qui détermina chez lui l'abandon de ses devoirs, et qui lui fit encourir la condamnation à mort dont il fut frappé.

Le général Palikao a, lui aussi, une large part de responsabilité par suite de la préoccupation constante qu'il témoigna au salut de la dynastie impériale, et qui lui fit perdre de vue que l'intérêt de la défense nationale devait passer avant tout autre. C'est ainsi seulement que peut s'expliquer l'insistance qu'il mit à déterminer la marche du maréchal Mac-Mahon sur Metz, et qui aboutit à la catastrophe de Sedan.

La part de responsabilité de ce dernier dans cette funeste détermination est incontestablement moins grande.

On n'a pas oublié qu'après avoir combattu la marche vers le nord en se plaçant au point de vue militaire, il eut cependant le tort de s'y associer, cédant ainsi à des considérations politiques auxquelles il aurait dû se soustraire.

Devant la commission d'enquête nommée par l'Assemblée nationale, le maréchal Mac-Mahon essaya de justifier sa résolution en affirmant qu'il n'avait pas reçu la dépêche du 20 août, dans laquelle le maréchal Bazaine lui disait que l'ennemi grossissait toujours autour de lui, et qu'il le préviendrait de sa marche si toutefois il pouvait l'entreprendre sans compromettre son armée.

Nous avons donné la preuve que cette importante dépêche qui aurait dû arrêter sa marche était bien parvenue à son état-major le 23, et que le colonel d'Absac, son officier d'ordonnance, en avait tenu entre les mains l'original le 26 à Rethel.

Si néanmoins le maréchal Mac-Mahon peut à la rigueur bénéficier d'un certain doute au sujet de la réception de cette dépêche, il n'en saurait être de même pour le général Palikao qui en avait reçu la copie le 22, laquelle fut retrouvée aux archives du ministère de la guerre, ainsi du reste qu'il le reconnut lors du procès du maréchal Bazaine, dans l'audience du conseil de guerre du 5 novembre 1873.

Il est donc inexcusable d'avoir, malgré la connaissance qu'il avait de cette dépêche, insisté comme il l'a fait pour la marche de l'armée de Châlons vers le nord, au lieu de la laisser se replier sur Paris.

Quant au général Trochu, après avoir loyalement prévenu les membres du gouvernement de la Défense nationale de l'impossibilité pour Paris de se débloquer seul, il aurait mieux fait de laisser à un autre le soin d'organiser une défense dans laquelle il n'avait pas confiance. Cet autre, animé d'une foi complète et ardente, eût sans doute tiré un meilleur parti des ressources renfermées dans Paris.

Une large part de responsabilité doit peser aussi sur tous ces députés, produits de la candidature officielle, qui pendant si longtemps témoignèrent à l'Empereur et à son gouvernement une confiance aveugle, et leur donnèrent constamment une approbation systématique.

La France elle-même fut aussi bien coupable. Sans examiner la valeur réelle de cet homme, sans tenir compte de ses tentatives de Strasbourg et de Boulogne qui lui révélaient son ambition, la France s'engoua du prince Louis-Napoléon uniquement en raison du nom qu'il portait, et en souvenir de son oncle. Elle s'abandonna au despotisme en lui sacrifiant les libertés publiques, et, par sa docilité à nommer les candidats qui lui étaient désignés par les préfets, elle sacrifia le contrôle de son gouvernement.

La France fut longtemps la dupe de mensonges pompeux servis par un grand et luxueux apparat. Aux yeux de la majorité des Français, l'Empereur était une sorte de demi-dieu. Ce fétichisme avait gagné nombre d'hommes intelligents qui acceptaient tout ce qui sortait de sa bouche comme parole d'évangile.

Grande et cruelle fut la déception de cette nation trop confiante lorsque les événements vinrent enfin lui dessiller les yeux et lui démontrer l'ineptie, l'incurie de son gouvernement. Après qu'elle eut été perdue par celui qui avait trahi sa confiance, la France n'a pas désespéré ; elle a fait un effort suprême pour repousser les envahisseurs, et tout au moins pour sauver son honneur.

C'est animé de ces mêmes sentiments que Paris a soutenu vaillamment un siège de près de cinq mois.

Une nation capable de pareils sacrifices, non seulement mérite les sympathies des nations civilisées, mais elle acquiert le droit d'avoir confiance en elle-même et d'envisager l'avenir sans crainte.

Personne ne saurait contester que la France, qui a si cruellement expié ses erreurs politiques, mérite de se relever de ses désastres. Sa situation au centre de l'Europe, son admirable position topographique, la fertilité de son sol, et surtout son merveilleux génie artistique, tout concourt à la placer à la tête des nations civilisées.

Que lui faut-il donc pour qu'elle reprenne sa place au premier rang ? Il lui faut d'abord se rappeler sans cesse la faute qu'elle commit en 1851 en se livrant à un homme, et se garder plus que jamais des prétendus sauveurs quels qu'ils soient. Ils endorment par des protestations de dévouement la vigilance des uns, excitent les appétits et les ambitions des autres, promettent à ceux-ci l'appui d'un gouvernement fort et libéral, et à ceux-là font entrevoir le mirage d'une dictature démocratique en décrétant le bonheur universel. Ce dévouement n'est qu'apparent, et, en réalité, ils ne recherchent le pouvoir que pour satisfaire leur ambition. Que la France n'oublie jamais que ces prétendus sauveurs ne peuvent édifier leur domination que sur les ruines des libertés publiques, et aux dépens du contrôle de son gouvernement.

La cruelle expiation que les événements nous ont infligée, nos enfants doivent aussi la bien connaître, s'ils veulent éviter pour eux-mêmes d'aussi grandes calamités.

Le gouvernement républicain sous lequel nous vivons ne peut produire le bien et réaliser tous les progrès désirables, qu'au tant que les hommes vraiment patriotes feront abstraction de leurs préférences personnelles, pour ne voir que l'intérêt supérieur de la France. C'est le meilleur moyen d'assurer la prospérité et la grandeur de notre chère patrie.

Le gouvernement républicain est pour une nation l'émancipation ; montrons par notre sagesse et notre concorde que nous en sommes dignes, et que nous ne méritons pas d'être remis en tutelle.

FIN

TABLE DES MATIÈRES

FIN DE LA TABLE

Imprimerie DESTENAY, Saint-Amand (Cher).